DÉPARTEMENT D'ÉTUDES LANGAGIÈRES

PRATIQUE DE LA RÉVISION

PAUL A. HORGUELIN
LOUISE BRUNETTE

PRATIQUE DE LA RÉVISION

Données de catalogage avant publication (Canada)

Horguelin, Paul A.
   Pratique de la révision

3e éd., revue et augm.
Comprend des références bibliographiques.
Comprend du texte en anglais.
Pour les étudiants en traduction.
ISBN 2-920342-32-0

   1. Traduction. 2. Traduction – Problèmes et exercices.
I. Brunette, Louise. II. Linguatech (Firme). III. Titre.

P306.2.H67 1998   418'.02   C98-901052-X

CHEZ LE MÊME ÉDITEUR

P. Horguelin, *Traducteurs français des xvie et xviie siècles*, Montréal, Linguatech, 1996.

P. Horguelin, *Structure et style*, Montréal, Linguatech, 1985.

B. Hosington et P. Horguelin, *A Practical Guide to Bilingual Revision*, Montréal, Linguatech, 1980.

Révision : Ghislaine Archambault
Correction d'épreuves : Lucie Dubuc
Mise en pages : André Poirier
Maquette de la couverture : Louise Brunette et Jean Poirier

© 1998 Linguatech éditeur inc.
Case postale 92012, Place Portobello
Brossard (Québec) J4W 3K8

Dépôt légal : 4e trimestre 1998
Bibliothèque nationale du Québec
Bibliothèque nationale du Canada

SOMMAIRE

AVANT-PROPOS

La révision comme discipline universitaire autonome et *Pratique de la révision* ont vingt ans. Ce double anniversaire met en évidence tant la nécessité de cet enseignement que le succès du manuel, le premier et toujours le seul en son genre, si l'on excepte son adaptation anglaise.

À vingt ans, on reflète son époque. C'est pourquoi nous avons mis à jour le manuel. La discipline a profondément évolué depuis 1978, mais ce sont surtout les bouleversements qui l'ont marquée depuis les dix dernières années qui ont inspiré la troisième édition. En effet, la décennie qui s'achève a modifié le paysage de la révision sur trois plans : scientifique, professionnel et technologique. Par exemple, on a depuis peu fait entrer notre discipline dans le domaine de la traductologie en dégageant ses assises théoriques. Il faut signaler aussi le réaménagement des tâches des réviseurs et des modalités d'exercice de la révision. Enfin, l'informatique a introduit de nouveaux paramètres dont doivent tenir compte les milieux de l'enseignement et de la profession. Bref, nous avons tenté de dresser un tableau fidèle de la révision d'aujourd'hui.

Actualisé dans son contenu, l'ouvrage a toutefois conservé dans ses grandes lignes le schéma de l'édition antérieure. Les deux premiers chapitres définissent la révision et les démarches évaluatives qui s'y apparentent; ils donnent aussi un bref historique de la discipline et décrivent certains efforts méthodologiques en vue de systématiser l'évaluation de la qualité communicative des textes. Viennent ensuite les principes généraux de la révision, fondements du cours. Enfin, la révision est envisagée dans sa dimension professionnelle : importance (inchangée) des relations humaines et conditions d'exercice. La deuxième partie, celle des travaux pratiques, reproduit le modèle des premières éditions. Cependant, mise à part une révision bilingue, les exercices sont entièrement nouveaux; ils reprennent en tout ou en partie des textes unilingues ou bilingues récents, authentiques et adaptés à l'enseignement par la nature des problèmes, ou objectifs, qu'ils permettent de traiter. Finalement, nous avons modernisé et enrichi tant la section du *Vocabulaire de la révision* que la *Bibliographie*. La partie consacrée à la correction d'épreuves a dorénavant le statut d'annexe : ce déplacement par rapport aux éditions précédentes a pour objet de marquer la spécificité de l'opération, qu'on ne doit pas assimiler à la révision. L'absence d'index n'est pas un oubli : nous avons jugé que le nombre des notions fondamentales examinées ne justifiait pas un répertoire alphabétique des termes clés, d'autant plus que les notions essentielles sont définies dans le *Vocabulaire*.

La rédaction de *Pratique de la révision* a profité des critiques compétentes de quelques inconditionnels de la révision – terminologues, étudiants, et enseignants, en particulier Maurice Rouleau – et nous les remercions de leur aide précieuse.

Les auteurs

Note : Partout où c'était possible, nous avons utilisé le masculin et le féminin. Au regret de ne pouvoir recourir à une forme épicène pour désigner la personne qui révise, nous avons le plus souvent opté pour la forme dite neutre. Que réviseures et révisées ne nous en tiennent pas rigueur.

PREMIÈRE PARTIE :
PRINCIPES ET TECHNIQUE DE LA RÉVISION

1

LA NOTION DE RÉVISION – DÉFINITIONS ET RÉTROSPECTIVE

1.1 LA QUALITÉ EN COMMUNICATION ÉCRITE

Tout texte peut faire l'objet de diverses formes d'intervention visant à améliorer ou à évaluer sa qualité. Si l'intervention a lieu au stade du produit semi-fini, elle consiste en une révision ou en une correction d'épreuves; si elle porte sur un produit fini, elle peut revêtir la forme d'une critique ou d'une évaluation.

Il importe de distinguer ces divers stades et modes. Ils correspondent en effet à des objectifs différents et, dans la pratique, mettent en jeu des techniques tout aussi différentes.

1.1.1 LA RÉVISION

La révision, au sens où nous l'entendons, se définit essentiellement comme *l'examen attentif d'un texte dans le but de le rendre conforme à des critères linguistiques et fonctionnels reconnus*. On retiendra tout de suite, en attendant d'y revenir de façon détaillée, qu'il s'agit d'améliorer le texte ou de le corriger, et non de le récrire ou de le retraduire. La révision ne doit pas être non plus une modification purement gratuite.

On distingue deux grands *types* de révision, selon que le texte à revoir est un original ou une traduction. La **révision unilingue** consiste à assurer la qualité informative et linguistique (contenu et forme) d'un texte original ou présenté comme tel, en vue d'atteindre l'objectif de la communication : informer, convaincre, divertir... Dans le cas d'une **révision bilingue**, s'ajoute un élément d'importance : le texte de départ, dont il s'agit de vérifier l'équivalence en langue d'arrivée. La révision bilingue est donc *comparative*.

Une autre distinction tient compte de la *fonction*. S'il s'agit uniquement de revoir un texte avant sa diffusion pour s'assurer de sa conformité à certains critères, en l'absence de toute communication entre le réviseur et l'auteur ou le traducteur, on parlera de **révision pragmatique**. Si, par contre, à cette fonction s'ajoute celle du perfectionnement du rédacteur ou du traducteur, on dira qu'il s'agit d'une **révision didactique**. Enfin, dans le cas où la révision, unilingue ou bilingue, prend la forme d'un exercice en vue de la formation d'étudiants, elle est dite **pédagogique**.

En dernier lieu, il existe divers *modes* d'intervention différenciés par la nature des acteurs. Par exemple, la **relecture** ou **autorévision** est la révision effectuée selon des règles précises par le rédacteur ou le traducteur lui-même. La **révision réciproque** ou **interrévision** est la révision (didactique) effectuée entre pairs : deux rédacteurs ou deux traducteurs se révisent mutuellement. Cas plus rare, la **révision collective** fait appel à plusieurs personnes – groupe de rédacteurs ou de traducteurs – auxquelles on peut adjoindre divers collaborateurs (ex. : terminologue, conseiller technique, publicitaire). Il faut aussi mentionner un dernier type de révision, le plus souvent à caractère pragmatique, faite par le client ou le donneur d'ouvrage et qu'on peut qualifier de **validation**.

1.1.2 LA CORRECTION D'ÉPREUVES

La correction d'épreuves ne concerne que les textes destinés à l'impression. Elle consiste à indiquer sur une épreuve d'imprimerie (placard) les fautes d'impression, les coquilles et les changements à effectuer. Ces corrections typographiques sont notées à l'aide de signes conventionnels qu'utilisent tous les imprimeurs, avec quelques variantes.

La correction d'épreuves est donc un stade intermédiaire entre la révision et l'impression définitive. Elle assure la qualité typographique du texte imprimé. Selon les entreprises, cabinets ou agences, les épreuves sont corrigées par le traducteur-rédacteur, le réviseur ou un correcteur d'épreuves attitré. La personne qui assume cette tâche doit connaître le protocole des corrections typographiques (v. Annexe A).

À l'ère de l'éditique ou PAO (publication assistée par ordinateur), rédacteurs et traducteurs peuvent voir leur copie ou leur traduction passer directement du traitement de texte à la composition. C'est notamment le cas de nombreux journalistes. L'étape de la correction d'épreuves se trouve ainsi escamotée. Le moins qu'on puisse attendre en l'occurrence est que l'auteur du texte s'impose une relecture attentive – tout en sachant qu'elle ne peut entièrement remplacer la révision par une tierce personne.

1.1.3 LA CRITIQUE

La critique est « l'art de juger les ouvrages de l'esprit, les œuvres littéraires, artistiques. *Par ext.* Jugement porté sur un ouvrage de l'esprit, sur une œuvre d'art » (Robert). Dans ce sens, la critique s'exerce rarement à l'égard des textes dits utilitaires ou informatifs, qui constituent au Canada la majeure partie de la production des rédacteurs et traducteurs. Elle prend plus souvent la forme d'une recension d'ouvrages originaux ou d'une analyse de traductions littéraires.

La critique des traductions est un contrôle *a posteriori*; elle n'obéit donc pas aux mêmes règles que la révision, mais s'apparente plutôt à la critique littéraire. Comme nous le verrons brièvement (2.1.1), c'est un art qui est encore à la recherche d'une méthode.

1.1.4 LA POSTÉDITION DES TRADUCTIONS

Ce travail sur les traductions est la forme la plus récente de démarche révisante. Il représente aussi la forme la plus brute de révision pragmatique, puisqu'il s'agit de la première intervention humaine dans une chaîne de traduction automatique ou TA. Ici, donc, l'auteur de la traduction n'est pas pris en compte puisque la traduction à examiner est un produit de la machine.

Il n'entre pas dans le cadre de ce manuel de détailler les différences et les ressemblances entre postédition et révision traditionnelle. Cependant, il faut prendre garde de les assimiler trop rapidement l'une à l'autre. Considérons un seul cas. On sait que les textes confiés à la traduction automatique sont souvent destinés à des spécialistes pour qui seul compte le degré d'intelligibilité de la traduction. En pareille circonstance, les répétitions ne gênent guère la lecture : le postéditeur ne s'embarrassera donc pas de rechercher des unités lexicales synonymiques dans le but de rompre la monotonie du texte. Par contre, il serait mal inspiré de ne pas assurer au texte toute la rigueur terminologique attendue des lecteurs. En fait, la « qualité » de la postédition est souvent déterminée par la « qualité » du destinataire.

La postédition obéit à des règles générales mais qui varient selon les modalités d'application. Ainsi, certains auteurs[1] établissent une distinction entre *postédition rapide* (*PER*) et *postédition classique* (*PEC*), dont on aura compris qu'elle repose sur le temps consacré à l'examen. Mais, fondamentalement, le postéditeur doit porter une attention particulière aux reports des noms propres ou des noms d'organismes (la TA réserve des surprises à ce chapitre); il vérifie aussi les relations logiques entre les idées; il est attentif aux incidences de ses modifications sur le reste du texte. Sous-tendant

---

[1] Voir A.-M. Löffler-Laurian (1986), « Post-édition rapide et post-édition conventionnelle : Deux modalités d'une activité spécifique II », *Multilingua*, vol. 5, n° 4, p. 225-229.

cette énumération sommaire, on trouve la règle d'or de la postédition : corriger rapidement en s'en tenant à l'essentiel.

1.1.5 L'ÉVALUATION

Comme la critique, mais contrairement à la révision, l'évaluation porte sur un produit fini. Elle relève de la gestion et non de la révision proprement dite. Pour cette raison, elle aboutit à une notation chiffrée : évaluer un texte, c'est aussi lui attribuer une cote d'appréciation. Une application classique de l'évaluation est la notation d'une traduction aux fins de sélection des candidatures dans une opération de recrutement. L'évaluation existe aussi dans un autre contexte, celui de la formation, où elle prend la forme d'un texte noté. Enfin, elle peut servir à mesurer le rendement qualitatif d'un service de communication.

1.1.6 L'ASSURANCE DE LA QUALITÉ

Dans les cabinets et services de traduction-rédaction, l'assurance de la qualité, ou assurance-qualité, regroupe l'ensemble des opérations menées à l'interne en vue d'assurer dans le texte le respect des critères de qualité traductionnelle ou rédaction-nelle de l'organisme et le respect des directives du donneur d'ouvrage.

Sur le plan de la qualité professionnelle, précisément, l'application intégrale des principes d'assurance-qualité ne va pas sans risques. Ainsi, le donneur d'ouvrage n'a pas toujours la compétence requise pour fixer des normes d'acceptabilité : par exemple, le client qui ne connaît pas la langue d'arrivée peut difficilement déterminer le degré de correction linguistique de la traduction commandée. En assurance de la qualité, il est par ailleurs impossible de négliger le fait que, dans certaines circonstances, la « bonne rédaction » est celle qui correspond aux exigences du client, dans la mesure où ces besoins ont été clairement exprimés. Par exemple, si la rapidité du service importe plus au donneur d'ouvrage que la qualité de la rédaction, et qu'il l'a fait savoir, c'est le respect du délai qui doit principalement inspirer le traducteur ou le rédacteur.

1.1.7 LE CONTRÔLE DE LA QUALITÉ

Indissociable de la productivité, le contrôle de la qualité se définit comme la suite des opérations visant à mesurer la conformité du texte traduit aux exigences du client. De façon générale, il assimile traduction et rédaction à tout autre type de produit ou de service offert sur le marché. Aussi ne faut-il pas s'étonner d'y voir associés, par exemple, les coûts de production ou la vitesse d'exécution du travail. Contrairement à

6

l'assurance-qualité, qui s'applique essentiellement à un produit fini, le contrôle de la qualité concerne souvent une traduction ou un texte original – d'un certain volume, il va sans dire – en cours de production. On peut affirmer que la satisfaction du client constitue l'étalon de mesure du contrôle de la qualité.

1.2 BREF HISTORIQUE DE LA RÉVISION BILINGUE

La révision bilingue est une opération connexe à la traduction, laquelle est une des plus anciennes professions du monde puisqu'on peut en faire remonter l'origine au troisième millénaire avant Jésus-Christ. Les premières attestations d'une activité de révision sont toutefois moins anciennes. On les trouve principalement dans le domaine religieux ou plus précisément biblique.

1.2.1 LES PRÉCURSEURS

Si l'on en croit la *Lettre d'Aristée*, il semble bien que le premier réviseur de l'Histoire soit nul autre que le Saint-Esprit... En effet, selon ce document apocryphe datant du IIIe siècle av. J.-C., le pharaon d'Égypte Ptolémée II Philadelphe (283-246 av. J.-C.) aurait fait venir dans l'île de Pharos, près d'Alexandrie, 72 Israélites (ou 70 selon d'autres sources) qui, dans 72 cellules séparées, auraient produit en 72 jours 72 traductions identiques de l'Ancien Testament. Cette première traduction de la Bible hébraïque en grec est depuis connue sous le nom de version des Septante ou la Septante. On peut penser qu'à défaut d'une inspiration divine, elle suppose l'intervention d'un ou plusieurs réviseurs ou coordonnateurs.

Quelques siècles plus tard, le pape Damase charge son secrétaire Jérôme d'établir une révision critique des versions existantes de la Bible. Retiré à Bethléem (390-405), saint Jérôme produit en fait une nouvelle traduction latine de la Bible, la Vulgate, s'attirant critiques et remontrances, notamment de saint Augustin, son contemporain. Celui-ci lui écrit : « Si les choses à traduire sont obscures, il semble que toi aussi tu puisses t'y tromper; si elles sont claires, il semble que ces auteurs [les Septante] n'aient pas pu s'y tromper. » La Vulgate finira néanmoins par s'imposer, mais ce n'est qu'au Concile de Trente, en 1546, qu'elle fut reconnue authentique par l'Église catholique. Si, comme nous l'avons dit, la révision ne doit pas être une retraduction, le patron des traducteurs n'est pas un modèle pour les réviseurs...

Hors du domaine biblique, on pourrait mentionner que les Romains pratiquaient, sinon la révision, du moins la critique de traductions littéraires. Il faut toutefois attendre le IXe siècle pour trouver une activité de révision systématiquement organisée. À cette époque, les califes de Bagdad entreprennent de rendre accessibles au monde arabe les œuvres des savants et des philosophes grecs. Fondateur d'une Maison de la sagesse, le calife Al-Mamoun y établit un véritable centre de traduction où, sous la direction d'un traducteur-réviseur, une équipe de traducteurs spécialisés (en médecine, mathématiques, philosophie...) traduisent quelque deux cents ouvrages et révisent des traductions existantes, tout en assurant la formation et le perfectionnement des nouvelles recrues. On doit à ces traducteurs des réflexions sur la manière de traduire que l'on retrouvera en Europe plusieurs siècles plus tard. En ce qui concerne plus précisément la révision, des témoignages nous apprennent qu'une pratique courante consistait à demander à des collègues spécialisés dans un domaine de vérifier l'exactitude scientifique de la traduction. On faisait également retraduire les traductions jugées non révisables. Enfin, à l'occasion de la révision d'anciennes traductions, les réviseurs indiquent leurs critères d'évaluation[2].

De Bagdad, la capitale de la traduction se déplace vers l'Occident où a lieu une nouvelle transmission des connaissances humaines d'une civilisation à une autre. Au XIIe siècle, l'archevêque Raymond de Tolède crée un « Collège des traducteurs », qui attire bientôt des érudits venant des quatre coins de l'Europe. À l'origine, c'est le « donneur d'ordre » – l'archevêque lui-même – qui vérifie la qualité des traductions. Puis, comme à Bagdad, cette fonction est assumée par le plus célèbre traducteur de cette école, Gérard de Crémone. Au siècle suivant, les traducteurs au service d'Alphonse X le Sage voient leurs traductions révisées par le roi, écrivain et poète, ou par ses secrétaires.

Le siècle de la Renaissance est notamment marqué par l'émergence des langues nationales, qui vont progressivement détrôner le latin comme langue de l'écrit. À la faveur du grand mouvement de la Réforme apparaissent les premières Bibles traduites dans la langue des fidèles, ce qui donne lieu à plusieurs expériences de révision. En France, la première grande Bible protestante, dite d'Olivétan (1535), est révisée par Calvin; celui-ci, dans les années qui suivront, pratiquera l'autorévision à l'occasion de nouvelles éditions de son œuvre capitale, *L'institution de la religion chrétienne*. C'est toutefois en Angleterre qu'est organisée la plus grande opération de révision au temps de la Réforme. Dès 1525, William Tyndale avait fait imprimer en Allemagne sa traduction du Nouveau Testament. La traduction de l'Ancien Testament, interrompue par sa mort, fut complétée par Miles Coverdale. Cette version fondatrice allait servir de base aux nouvelles éditions et versions qui se succèdent jusqu'à la fin du siècle. En 1603, le roi Jacques Ier demande aux membres du haut clergé de produire une traduction de la Bible qui recevrait l'approbation des autorités religieuses et civiles. Quarante-sept

---

[2] Sur la traduction à Bagdad, on lira les études de M. Salama-Carr : (1990), *La traduction à l'époque abbasside. L'école de Hunayn Ibn Ishaq et son importance pour la traduction*, Paris, Didier Érudition, « Traductologie », n° 6; (1993), « L'évaluation des traductions vers l'arabe chez les traducteurs du moyen âge », *TTR*, vol. 6, n° 1, p. 15-25.

érudits, formant un « Comité des réviseurs », se mettent à la tâche. Se servant des versions existantes et les confrontant aux originaux, ils appliquent dans leur travail de révision collective un ensemble de règles imposées par Jacques Iᵉʳ. Le résultat de leurs efforts, l'*Authorized Version* (1611), fut une remarquable réussite, notamment par sa qualité stylistique, et elle ne sera à nouveau révisée qu'à la fin du XIXᵉ siècle.

À notre connaissance, c'est en France qu'on relève une des premières critiques systématiques d'une traduction. En 1635, un certain Bachet de Méziriac fait lire à l'Académie française, nouvellement fondée, un *Discours de la traduction* qui est un véritable réquisitoire contre Jacques Amyot, traducteur des *Vies parallèles* de Plutarque (1559), lui reprochant d'avoir « péché contre les règles qu'un fidèle Traducteur doit observer ponctuellement ». Le « prince des traducteurs » devait être de nouveau la cible d'un critique, Paul-Louis Courier, qui publie au début du XIXᵉ siècle *Les Pastorales de Longus*, « traduction de messire Jacques Amyot, revue, corrigée, complétée, de nouveau refaite en grande partie ». Sa version révisée est accompagnée de nombreuses notes signalant les « grossièretés » et les « sottises » de son prédécesseur, qu'il crédite néanmoins de « quelques passages rendus avec tant de grâce et de précision, qu'il ne se peut rien de mieux ».

Entre-temps, l'intensification de la traduction d'œuvres contemporaines, à l'orée du XVIIIᵉ siècle, avait produit les premiers exemples de collaboration entre auteur et traducteur. Pierre Coste, qui a fait connaître en France le philosophe anglais John Locke, se félicite d'avoir bénéficié de « l'assistance de Mr. Locke, qui a eu la bonté de revoir [sa] traduction ». Il a pu ainsi « bien représenter la pensée de l'Auteur », tout en prenant « un tour un peu différent »... mais sans réussir toutefois à le convaincre de supprimer les « répétitions inutiles ».

Mis à part ces différents cas de critique ou révision par des tiers, les traducteurs de toutes les époques ont pratiqué l'autorévision, mais avec un décalage variable. Si André Gide remettait au lendemain la révision des passages difficiles, Chateaubriand allait plus loin : « J'ai refondu trois fois la traduction sur le manuscrit et le placard; je l'ai remaniée quatre fois d'un bout à l'autre sur les épreuves. » D'autres, comme Gérard de Nerval (traducteur du *Faust* de Goethe) ou Pamphile Le May (traducteur de l'*Évangéline* de Longfellow), révisent leur traduction à chaque nouvelle édition.

1.2.2 LA RÉVISION PROFESSIONNELLE

À partir du XXᵉ siècle, les traducteurs littéraires remplacent peu à peu les écrivains-traducteurs, et le recours à la révision tend à se généraliser chez les éditeurs. Parallèlement, l'accroissement rapide du volume des traductions non littéraires nécessite l'organisation de services de traduction qui, en se structurant, vont en quelque sorte institutionnaliser la fonction de réviseur.

Ce sont les services de traduction des grands organismes internationaux qui ouvrent la voie : Société des Nations, puis, après la Deuxième Guerre mondiale, Organisation des Nations Unies et Commission des communautés européennes. À l'ONU, par exemple, on estime que 80 % des textes traduits sont revus par des réviseurs attitrés. Voici comment est exécutée la fonction de révision :

> La majeure partie des textes établis par les traducteurs titularisés et la totalité de ceux établis par les traducteurs stagiaires est vérifiée et harmonisée par les réviseurs, qui sont aussi appelés à traduire directement bon nombre de documents urgents ou difficiles et dont le travail est alors vérifié par un de leurs collègues si la nature et l'importance du texte le justifient.

> Les traductions de textes ne comptant pas parmi les plus délicats, établies par des traducteurs particulièrement compétents et expérimentés, sont, selon le système de l'« autorévision », vérifiées par leurs auteurs mêmes, qui en assument la responsabilité[3].

À la Communauté européenne, la majorité des traductions sont également révisées. Le poste de réviseur est un des paliers de la structure hiérarchique, mais il existe aussi une catégorie de « traducteurs principaux » qui s'autorévisent.

Dans le secteur privé, la révision par des tiers ne semble pas généralisée en Europe[4]. Un sondage réalisé il y a quelques années auprès des traducteurs belges donnait les chiffres suivants[5] :

Traductions révisées	66 %
Non révisées	13 %
Pas de réponse	21 %

À la question « Qui révise les traductions? », on lit ces réponses : Le bureau interne ou externe, la secrétaire de direction, le traducteur-réviseur ou le traducteur-

---

[3] Nations Unies, Division de traduction, Service français (1988), *Manuel à l'usage des traducteurs*, New York, Nations Unies, p. 3.

[4] G. Van Slype *et al.* (1981), *Mieux traduire pour mieux communiquer : Étude prospective du marché de la traduction préparée pour la Commission des communautés européennes, Direction générale Marché de l'information et innovation*, Luxembourg, Infotecture pour la Commission des communautés européennes.

[5] Chambre belge des traducteurs, interprètes et philologues (1984), *Le linguiste = De Taalkundige*, n° 4-5-6, p. 6-7.

directeur, un cadre supérieur et/ou ingénieur, un technicien, un autre traducteur, le cadre scientifique.

La réticence à l'égard de la révision se retrouve dans cette observation d'un traducteur français :

Nous avons dit : révision. Prononcer ce mot provoque chez nous pleurs et grincements de dents. Le réviseur, relecteur, correcteur, rewriter n'a pas bonne presse dans notre corporation. Et pourtant, il est nécessaire. Il est indispensable qu'un texte soit relu, et pas seulement par le traducteur lui-même, car ce dernier n'est pas infaillible[6].

En résumé, on peut dire que la révision professionnelle est une conséquence de la spécialisation des fonctions qui s'est produite dès que la traduction est devenue une activité organisée. Le même processus est intervenu au Canada, comme nous le verrons au chapitre 6.

1.3   L'ÉVOLUTION DES CRITÈRES DE QUALITÉ

Qu'elle soit unilingue ou bilingue, la révision implique nécessairement, sinon essentiellement, un jugement sur la qualité d'un texte. Or, à moins d'être purement subjectif, et donc contestable, ce jugement doit se faire le plus possible en fonction de critères reconnus. C'est là que les choses se compliquent, car la réponse à la question fondamentale « Qu'est-ce qu'un bon texte? » ou « Qu'est-ce qu'une bonne traduction? » peut varier selon les genres ou selon les époques. Ce qui importe, cependant, c'est d'établir un consensus sur la grille à appliquer. D'ailleurs, l'amélioration d'un texte n'est possible et valable que si le réviseur (et, le cas échéant, le révisé) sait exactement quels paramètres vont guider l'évaluation du texte. C'est ce que nous allons tenter de préciser brièvement – avant d'y revenir de façon plus exhaustive au chapitre 3 – par un rappel du cheminement qui devait conduire aux concepts contemporains.

1.3.1   RÉVISION BILINGUE

Les critères applicables à la révision bilingue sont évidemment associés à ceux de la traduction. Or, historiquement, les règles concernant la manière de traduire ont été énoncées en fonction de deux genres dominants : la traduction religieuse et la traduction littéraire. Cet héritage pèsera lourd lorsque viendra le moment d'établir des critères applicables aux autres genres. En outre, on a longtemps accepté comme une dichotomie essentielle à la traduction l'opposition – ou la coexistence – de deux modes : la

---

[6] M. Voituriez (1985), « Le traducteur, créateur méconnu », *Traduire*, n° 124, p. 12.

traduction littérale et la traduction libre. Et de fait, on peut délimiter des époques au cours desquelles l'une des deux tendances a prédominé (« belles infidèles » au XVIIe siècle, littéralité au XIXe), tout comme on peut observer que les traducteurs bibliques contemporains se divisent encore en deux grandes écoles, celle de l'équivalence dynamique et celle de l'équivalence formelle. Enfin, en étudiant l'évolution de l'art de traduire au cours des âges, on arrive à une troisième constatation : à chaque postulat ou critère énoncé correspond un postulat ou critère diamétralement opposé...

Sans doute – et cette vérité s'impose de plus en plus – est-il illusoire de croire à des critères immuables, valables pour toutes les traductions. C'est pourquoi les traducteurs ont tenté très tôt de classer leurs productions suivant des modes qui appelleraient chacun des paramètres spécifiques, relativement faciles à définir, croyait-on : ainsi en a-t-il été un temps du trinôme *mot-à-mot*, *traduction proprement dite* et *imitation*. Mais il a fallu revoir le principe même de ces catégorisations. À partir de la seconde moitié du XXe siècle, après plusieurs centaines d'années de maturation, se dégage sous l'impulsion de diverses écoles traductologiques un ensemble de théories de la traduction. S'il n'y a pas unanimité, on observe toutefois une tendance dominante. Il se dessine une certaine conception de la qualité des traductions et, concurremment, on entreprend la recherche de moyens pour mesurer cette qualité. On sent en effet le besoin de fixer de nouveaux paramètres, car la traduction a évolué dans sa forme et dans ses modalités. Ce besoin s'est encore intensifié depuis les années 70 où l'on a vu se renverser l'habituelle proportion traductions littéraires/ traductions pragmatiques. Théoriquement, on peut avancer que d'une pratique, la traduction littéraire, destinée à produire des émotions chez un public anonyme, on est passé massivement à une activité utilitaire tournée vers un public connu d'avance. Le changement de visée ne pouvait pas aller sans transformation des critères. Enfin, la multiplication des échanges, favorisée notamment par la libéralisation des marchés et les percées technologiques, a donné à la traduction un rôle de premier plan.

Aujourd'hui, on assiste à un foisonnement de théories de la traduction presque toutes dirigées cependant vers la définition de la qualité et, fait nouveau, vers la recherche de l'efficacité de la communication. Ces objectifs modernes, ajoutés au fait que les réviseurs traitent essentiellement des textes de spécialité ou des textes pragmatiques, qui se caractérisent par leur objectif utilitaire, ont forcé la révision à réexaminer ses paramètres.

Au terme de cette rétrospective, on peut tirer une conclusion : les critères de qualité en matière de traduction sont une notion relative qui varie en fonction de plusieurs facteurs, notamment le temps, le lieu, les circonstances de la communication, les théories dominantes, le genre de traduction, la nature du texte et sa finalité et, enfin, le destinataire. Cette relativité admise, il est possible d'arriver à une définition de la traduction qui constitue une synthèse des critères contemporains généralement acceptés – et peut donc servir de guide pour la révision. À l'heure actuelle où, en traduction comme dans tous les domaines impliquant des échanges humains, l'accent est mis sur la communication, on peut dire que toute traduction doit pouvoir satisfaire aux critères suivants : **exactitude, correction, lisibilité, adaptation fonctionnelle** à la destination et **rentabilité**. Nous expliciterons ces critères ou paramètres au chapitre 3.

1.3.2 RÉVISION UNILINGUE

Si l'on convient que pour bien traduire il faut savoir rédiger, il s'ensuit que traduction et rédaction obéissent à des critères communs. Il existe certes quelques divergences, du fait que l'opération en jeu est, selon le cas, interlinguale ou intralinguale. Mais les spécificités sont atténuées par le partage d'un même objectif : transmettre efficacement un message.

Que la traduction et la rédaction professionnelles soient des actes de communication semble aujourd'hui un point acquis, mais il n'en a pas toujours été ainsi. La tradition littéraire, transmise par l'enseignement, a longtemps tenu lieu de norme pour tous les types d'écrit. L'école enseignait l'art de la composition et de la dissertation par l'imitation des « bons auteurs », exercice fort recommandable mais qui privilégiait une forme d'écriture au détriment des autres. Tous les précis, manuels, exercices de style puisaient leurs modèles et leurs exemples dans la langue littéraire, et c'est sans doute avec surprise que nombre de bacheliers constataient, en entamant leur carrière professionnelle, que « la littérature n'est pas une bonne école de rédaction[7] ».

Outre cette confusion avec l'écriture littéraire, la communication écrite a été réduite à sa dimension linguistique et à ses composantes traditionnelles : orthographe, grammaire et style. C'est le seul aspect dont traitent la plupart des manuels de rédaction professionnelle publiés vers le milieu du siècle, qu'il s'agisse de correspondance commerciale, de rédaction de rapports ou de « littérature administrative ». Cette conception a été remise en cause par les théoriciens de l'information, qui ont placé l'accent sur la lisibilité et l'efficacité des textes. Il en est résulté de nouveaux critères concernant notamment la compréhension, la mémorisation et la perception du message par le destinataire, critères que l'on peut évaluer par des systèmes de mesure (v. 2.3). Pour résumer cette évolution, disons qu'on est passé du savoir écrire au savoir communiquer.

En révision unilingue, on ne peut donc se contenter de vérifier la qualité linguistique des textes. Il faut aller plus loin et, pratiquant l'empathie (aptitude à se mettre à la

---

[7] S. Sainderichin (1975), *Écrire pour être lu*, Paris, Entreprise moderne d'édition.

place du destinataire), s'assurer que le texte révisé a atteint la cible, c'est-à-dire qu'il sera lu et qu'il provoquera la réaction attendue.

1.3.3 LA NORME ET L'USAGE

Les questions de norme et d'usage sont au cœur même du travail de révision, et tout réviseur conscient de son rôle se doit d'y réfléchir. D'ailleurs la pratique quotidienne se charge de lui rappeler cette exigence. En effet, sa position en matière de norme – tout comme celle du rédacteur ou du traducteur de textes utilitaires – est loin d'être confortable. D'une part, on lui attribue le rôle de gardien de la langue et, d'autre part, il doit répondre aux attentes des usagers ou des donneurs d'ordre, qui ne partagent pas nécessairement sa conception du « bon usage ». En outre, en position de langue minoritaire – comme c'est le cas, par exemple, pour le français par rapport à l'anglais au Canada –, la notion de norme se colore souvent d'une connotation politique ou nationaliste qui risque à tout moment de mettre en péril l'objectivité du réviseur. La situation se complique d'autant plus que, pour les langues minoritaires, il n'existe parfois pas de norme officielle[8]. Il s'ensuit que le réviseur doit constamment faire appel à son « jugement linguistique », tout en essayant de ne pas confondre *la* norme et *sa* norme; c'est à cette condition qu'il peut éviter que ses rapports avec révisés et donneurs d'ouvrage ne dégénèrent en affrontements entre idiolectes. « La plus part des occasions des troubles du monde sont grammairiennes », constatait déjà Montaigne; et de fait, le débat sur la qualité de la langue se poursuit depuis des siècles.

En simplifiant, on peut dire que deux tendances s'opposent. D'un côté se rangent les théoriciens et grammairiens qui veulent fixer le langage à l'aide de règles fondées sur la raison et la logique. Héritée de l'Antiquité, cette tendance connaît son apogée au XVIIe siècle, époque marquée par une grande entreprise d'épuration et de codification du langage à laquelle participent des écrivains comme Malherbe, les grammairiens de Port-Royal et l'Académie française nouvellement fondée. L'objectif était louable : perfectionner la langue comme instrument de pensée et éviter qu'une évolution trop rapide ne rende incompréhensibles les écrits des siècles passés. Mais c'était faire abstraction de deux réalités, à savoir que les langues ne sont pas guidées par la raison et qu'il est vain de vouloir en arrêter l'évolution.

Quant à la seconde tendance, elle réunit ceux pour qui le seul critère est l'usage. Or, l'usage est un concept mouvant : il varie selon l'époque et le lieu. En outre, se pose la question essentielle : qui détermine l'usage? Pour certains, c'est l'ensemble ou

---

[8] Sur l'absence d'une norme pour le français québécois, voir H. Cajolet-Laganière et P. Martel (1995), *La qualité de la langue au Québec*, Québec, Institut québécois de recherche sur la culture, « Diagnostic », no 18.

la majorité de la collectivité linguistique. Mais dans les cas litigieux, ceux qui font vraiment problème, on constate que les avis sont à peu près également partagés... Pour d'autres, c'est un groupe social : « Le bon usage actuel est le consentement des bons écrivains et des gens qui ont souci de bien s'exprimer », affirme Grevisse – après Vaugelas, Voltaire et beaucoup d'autres. Mais on ne précise pas ce qu'il faut entendre par « bon écrivain » et « bien s'exprimer ». De plus, cette conception « élitiste » de l'usage a été contestée à l'époque contemporaine, du fait qu'elle privilégie la langue écrite et exclut l'apport d'autres éléments de la société.

Pour sortir, ou tenter de sortir, du dilemme norme/usage, et ne pas ramener le débat à une simple querelle entre puristes et laxistes, on a avantage à faire intervenir la notion de *niveaux de langue*. Il ne s'agit plus alors de rechercher le critère absolu en matière de qualité de langue, mais plus simplement de constater « qu'il n'y a pas une norme mais *des* normes, différentes selon les niveaux sociolinguistiques et les circonstances de la communication[9] ». Il importe notamment de bien distinguer, dans les médias, la langue parlée et la langue écrite. On se rappellera aussi que la dispersion géographique des collectivités linguistiques engendre des usages régionaux qui, *dans la mesure où ils comblent des lacunes de la langue commune*, ou répondent à un besoin d'expressivité d'un groupe donné, relèvent de la pluralité des normes.

En conclusion, le réviseur doit certes avoir une connaissance profonde de la langue, de ses ressources et de ses difficultés, mais cette connaissance ne doit pas conduire au dogmatisme ni au « fixisme ». Peut-être devrait-il s'inspirer de cette opinion peu orthodoxe : « Savoir sa langue, c'est en connaître assez bien les règles [et les usages] pour se permettre de ne les violer qu'à propos » (Marcel Jouhandeau). Pour affiner son jugement linguistique, le meilleur moyen est encore la lecture. Lire des ouvrages traitant de problèmes de langage, pour se faire une opinion éclairée à partir de la diversité des points de vue et aussi pour se persuader de la relativité des normes et des usages; lire aussi, régulièrement, un échantillon varié de publications (œuvres littéraires, magazines d'actualité, revues spécialisées, publications professionnelles...) pour constater *de visu* que la langue, « comme tout ce qui vit, est en perpétuelle évolution » (Dauzat). Le réviseur devrait également s'intéresser à l'« état linguistique » des autres pays de la francophonie : à ce chapitre, la technologie lui facilite la tâche en mettant à sa disposition des médias, électroniques ou autres, qui lui assurent un contact avec le reste du monde, sans effort et à peu de frais. Finalement, il faut encore et toujours se rappeler que *le but primordial de la révision est de faciliter la communication.*

---

[9] É. Bédard et J. Maurais (dir.) (1983), *La norme linguistique*, Québec/Paris, Conseil de la langue française/Le Robert.

En une fois comme en cent : *tout est dans l'USAGE.*

● **L'USAGE, *voilà le grand mot et le vrai maître.***

Mais pour bien le servir, il nous faut le connaître.

— *Lisons, lisons beaucoup, lisons comme des brutes.*

— Ouvrons l'œil et le bon; et puis aussi l'oreille;

— écoutons sans cesse ce qui se dit

là où l'on parle un bon français;

— prenons le vent, tournons-nous de côté et d'autre,

— ne laissons rien échapper, car

seule une *vigilance constante* pourra,

à la longue,

faire de nous des gens possédant bien

leur instrument d'expression et,

par conséquent,

de bons traducteurs.

Source : Irène de Buisseret, *Deux langues, six idiomes*, Ottawa, Carlton-Green Publishing Co., 1975.

2

LA RECHERCHE D'UNE MÉTHODE

Longtemps les diverses modalités d'évaluation des traductions ont porté la marque de l'empirisme, s'exposant ainsi à être taxées de subjectivisme. Les premiers efforts d'objectivisation sont apparus à une époque relativement récente, dans le sillage de l'émergence des théories de la traduction. En fait, c'est Jean Darbelnet qui a posé les jalons d'une véritable réflexion sur la discipline qui nous intéresse, car même s'il ne traitait pas expressément de la révision, il n'en a pas moins contribué à donner des assises à l'évaluation. Concrètement, Darbelnet[1] proposait cinq critères garantissant une traduction « à l'abri de tout reproche » :

1) transmettre exactement le message de l'original;

2) observer les normes grammaticales de son temps;

3) être idiomatique;

4) être dans le même ton que l'original (équivalence stylistique);

5) être pleinement intelligible pour le lecteur qui appartient à une autre culture (adaptation culturelle).

Quelques années plus tard, répondant à une demande du Bureau des traductions d'Ottawa, Darbelnet allait construire une grille de révision-évaluation s'inspirant largement des cinq paramètres originaux. Nous reviendrons (chap. 3) sur cette échelle qui repose sur la notion de « niveaux ».

---

[1] J. Darbelnet (1970), « Traduction littérale ou traduction libre? », *Meta*, vol. 15, n° 2, p. 89.

Mais en dépit de ce qui ressemble à une systématisation de la traduction-révision, les paramètres de Darbelnet ne suffirent pas à dissiper les doutes ni à satisfaire les besoins de ceux qui aspiraient à la rationalisation de l'opération révisante. On se mit en quête de critères chiffrables qui auraient garanti l'objectivité. Or, dès qu'il est question de données quantifiables, on sort du domaine de la révision proprement dite pour entrer dans celui de l'évaluation. Par ailleurs, puisque les deux démarches, révision et évaluation, sont l'une et l'autre inspirées par une certaine recherche de la qualité et que leurs éléments d'appréciation se ressemblent, il vaut la peine de s'arrêter aux modes d'évaluation et à leur évolution.

Étant donné les liens étroits entre la rédaction et la traduction, il faut aussi mentionner les tentatives nombreuses visant à systématiser l'évaluation des productions originales et à mesurer l'efficacité des textes. À l'évaluation traditionnelle, essentiellement axée sur la qualité stylistique, sont venus s'ajouter d'autres critères qui font une large place à la réaction du destinataire. Rédaction et révision se rejoignent ici du fait que désormais le phare est braqué sur le récepteur du texte rédigé ou traduit.

2.1 EN QUÊTE D'OBJECTIVITÉ

Qu'il s'agisse de textes littéraires ou de textes utilitaires, théoriciens et praticiens cherchent depuis longtemps à définir la qualité d'un texte traduit et à mettre au point les instruments de mesure de cette qualité. Cicéron, il est vrai, se posait déjà la question « Qu'est-ce qu'une bonne traduction? », et l'histoire ne manque pas de traducteurs qui ont tenté d'y répondre. Il aura cependant fallu attendre que la profession s'organise dans le monde occidental avant d'assister à la première tentative concertée pour déterminer les caractéristiques d'une traduction de qualité. En 1959, le troisième congrès de la Fédération internationale des traducteurs (FIT) fut l'occasion de ce questionnement collectif. Si les communications présentées dans le cadre de ce rassemblement ont fait progresser le débat en élargissant la notion de qualité, elles n'ont toutefois pas mené à la mise en place d'un véritable mode d'évaluation.

2.1.1 LA CRITIQUE DES TEXTES LITTÉRAIRES

Il y a quarante ans, les traducteurs littéraires déploraient que la critique des traductions soit trop souvent le fait de commentateurs ignorants des principes de l'opération traduisante. Aujourd'hui, l'activité de critique a considérablement diminué, au Canada à tout le moins, mais on continue de lire et d'entendre des jugements purement stylistiques, et subjectifs, sur des œuvres traduites. Il ne peut en être autrement : la traduction littéraire ne s'est pas dotée de grilles d'analyse qui pourraient parer l'impressionnisme des critiques.

Cette absence de méthode, ou de méthodologie, explique sans doute la diversité des pratiques révisantes dans le monde de la traduction littéraire. En fait, dans les maisons d'édition, les traductions ne passent pas obligatoirement par la révision, mais font le plus souvent l'objet d'une correction linguistique, généralement nécessaire. Dans nombre de cas, il est vrai, le traducteur, de son propre chef, soumet son texte au jugement d'un réviseur de son choix. Une autre habitude assez répandue chez les éditeurs (et décriée avec véhémence par nombre de traducteurs) consiste à ne confier au réviseur-relecteur que le texte d'arrivée. En raison des modalités particulières de la révision des textes littéraires originaux ou traduits, ceux-ci échappent à toute évaluation chiffrée, et il est intéressant de constater, à propos des textes traduits, que si les traductions littéraires restent les plus étudiées par les traductologues, personne à ce jour n'en a proposé de mode d'évaluation opérationnel et convaincant. Dans ce domaine, on ne note pas de percées majeures depuis la déclaration suivante de la présidente de la FIT lors du Congrès de Vienne (1984) :

> *La critique de la traduction* [littéraire] *devient de plus en plus une nécessité urgente, bien qu'elle ne soit encore qu'à ses débuts et qu'elle n'ait pas occupé sa place d'intermédiaire dans le développement et le perfectionnement de la traduction. Les compétences du critique de la traduction ne sont pas non plus bien précisées.*

Or, la critique des traductions n'a jamais vraiment emboîté le pas à la critique littéraire qui, pour sa part, s'est pourvue de moyens d'analyse au cours des dernières décennies.

2.1.2 L'ÉVALUATION DES TEXTES NON LITTÉRAIRES

Dans le domaine des textes dits utilitaires, on constate par contre, depuis le début des années 70, d'intéressantes tentatives de systématisation de l'évaluation. Cette recherche a entraîné la construction de divers groupes de paramètres raffinés et constituant autant de grilles applicables aux textes qualifiés de généraux. À ce sujet, on ne peut passer sous silence l'initiative du Bureau des traductions, qui a fait œuvre de pionnier en réalisant un système chiffré de mesure de la qualité des traductions : le SICAL ou Système canadien d'appréciation de la qualité linguistique [2]. Malheureusement, la grille d'évaluation, en partie mise au point par Darbelnet, ne peut s'appliquer à la révision.

---

[2] Pour en savoir davantage sur le SICAL et son barème, voir : A. Covacs (1978), *Le système canadien d'appréciation de la qualité linguistique (SICAL)*, Ottawa, Bureau des traductions, Division de la qualité linguistique (DICAL); D. Gouadec (1995), *Assurance qualité en traduction : perspectives professionnelles; implications pédagogiques*, Université de Rennes 2; R. Larose (1989), *Théories contemporaines de la traduction,* 2e éd., Québec, Presses de l'Université du Québec.

En effet, ou bien son efficacité dépend de l'ampleur de l'échantillonnage, ou le nombre de ses paramètres est irréaliste (il atteint 675 dans un cas précis) eu égard à la rentabilité de la révision. Sur le plan théorique, on peut aussi reprocher aux ensembles détaillés de paramètres de la traduction de procéder par découpage des textes, par morcellement, ce qui revient presque à travailler sur des phrases décontextualisées. Or, rien ne ressemble moins à la pratique révisante professionnelle, et les praticiens ont pressenti depuis longtemps l'importance de considérer le texte à réviser comme un ensemble cohérent inséré dans un acte de communication. Les progrès théoriques des dernières années ont confirmé leur intuition.

2.1.3 LES UNITÉS DE TRADUCTION

La détermination de la qualité des traductions par le recours à des grilles critériées nous amène presque automatiquement à la notion classique d'*unité de traduction*. Les unités d'analyse ou les types de segments définis par des chercheurs comme Van Hoof[3], Harris[4], Vinay et Darbelnet[5] et Spilka[6] ne pouvaient-ils pas servir à mesurer au moins le transfert exact du contenu du texte original? Comme le révèle l'examen des définitions de certaines des unités en cause, on a pu le croire tant et aussi longtemps qu'on a assimilé la traduction à un acte essentiellement linguistique. Considérons les deux plus connues, assez représentatives. Pour Vinay et Darbelnet, l'unité de traduction (UT) se définit comme :

> *Le plus petit segment de l'énoncé dont la cohésion des signes est telle qu'ils ne doivent pas être traduits séparément*[7].

Quant à Van Hoof, il appelle *unité de traduction* :

> *Le plus petit assemblage de mots qui contribuent à l'expression d'un seul fragment de message et dont le degré d'interdépendance est tel qu'ils ne peuvent se traduire isolément dans le cadre du message total*[8].

[3] H. Van Hoof (1971), « Recherche d'un modèle d'analyse en traduction », *Meta*, vol. 16, n° 1-2, p. 83-94.

[4] B. Harris (1975), « Notation and index for informative congruence in translation », *Meta*, vol. 20, n° 3, p. 184-193.

[5] J.-P. Vinay et J. Darbelnet (1977), *Stylistique comparée du français et de l'anglais. Méthode de traduction*, nouv. éd. revue et corr., Montréal, Beauchemin.

[6] I. V. Spilka (1984), « Analyse de traduction », A. Thomas et J. Flamand (dir.), *La traduction : l'universitaire et le praticien*, Ottawa, Éditions de l'Université d'Ottawa, p. 72-81. Dans cet article (p. 75), Spilka ne traite pas d'*unités de traduction*, mais de *segments*. Qui plus est, elle émet des doutes à l'égard des UT de Vinay et Darbelnet : « Il s'avère [...] difficile, sinon impossible, de définir convenablement l'unité de traduction; celle-ci semble déterminée plus par le couple de langues en présence que par des critères intrinsèques propres à la langue de départ. »

[7] Vinay et Darbelnet, *op. cit.*, p. 16.

[8] Van Hoof, art. cit., p. 89.

On le constate : la notion d'*unité* implique la fragmentation du texte. Or, comme la traductologie moderne s'efforce de faire du texte lui-même l'unité de traduction, les morcellements dont il vient d'être question sont désormais sans objet, et l'unité de traduction est pour ainsi dire tombée en disgrâce. D'ailleurs, malgré toutes les recherches traductologiques, y compris celles de la linguistique computationnelle, on n'a pas réussi à créer d'algorithmes assurant la distinction automatique d'éventuelles unités constitutives d'un texte traduit ou à traduire. Du moment où le texte doit être considéré dans son ensemble, il devient futile d'essayer de l'évaluer en le sectionnant. Il y a plus : même en admettant l'existence d'unités de sens, réviser un texte en fonction de ces hypothétiques unités ne réglerait pas la question de l'évaluation objective. En effet, le sens se construit à la jonction de la perception du linguistique (en traduction, les signes graphiques qui constituent le texte) et des connaissances du lecteur. Le bagage cognitif de chacun variant en fonction, par exemple, de l'expérience, de la formation, de la culture personnelle, les unités de sens ne peuvent être universelles. En d'autres termes, ces unités de compréhension ou de traduction varient elles aussi en fonction des individus et, par conséquent, sont éminemment empreintes de subjectivité. De ce fait, elles n'ont pas leur place en révision[9].

2.2 Vers un modèle global

En matière d'évaluation, tous les chercheurs ne se sont pas attachés à déterminer des critères chiffrés ou quantifiables. C'est notamment le cas de l'équipe Nida et Taber[10] et de Juliane House[11]. Parce que leurs travaux, particulièrement ceux de House, ont influencé nos propres démarches et parce que ces auteurs ont fait école, il importe que soient présentées les tentatives d'élaboration de leurs systèmes globaux d'évaluation, sinon de révision, des textes traduits.

2.2.1 L'équivalence dynamique

Une première orientation est donnée dans les années 60 par le linguiste américain Eugene A. Nida[12] et son collaborateur Charles A. Taber. Ces auteurs écartent la correspondance formelle, qui vise à « reproduire dans la traduction la forme de l'original », et y substituent l'*équivalence dynamique*, « qualité d'une traduction dans laquelle le message du texte original a été transféré dans la langue réceptrice de telle manière que la réaction du récepteur est essentiellement la même que celle des récepteurs du texte

---

[9] Au moment des premiers apprentissages, les unités de traduction définies par Vinay et Darbelnet ne sont pas sans intérêt. En permettant une certaine vérification mathématique, elles rassurent les traducteurs en formation.

[10] E. A. Nida et C. A. Taber (1974©1969), *The Theory and Practice of Translation*, Leiden, E.J. Brill.

[11] J. House (1977), « A model for assessing translation quality », *Meta*, vol. 22, nº 2, p. 103-109.

[12] E. A. Nida (1964), *Towards a Science of Translating*, Leiden, E.J. Brill.

original ». Nous reprendrons d'ailleurs ce même principe de la réaction du lecteur de la traduction au moment où il sera question de l'adaptation au destinataire. Pour Nida et Taber, une traduction réussie satisfait à trois paramètres : intelligibilité, lisibilité et réaction affective. La vérification des critères en cause passe par trois questions :

1) « Les récepteurs comprennent-ils le message d'une manière correcte? » (Intelligibilité)

2) « Comprennent-ils facilement? » (Lisibilité)

3) « Se sentent-ils attirés et concernés par la traduction, parce qu'elle a une forme agréable et convaincante? » (Réaction affective et volitive)

Dans le chapitre de *Theory and Practice of Translation* qu'ils consacrent à l'évaluation de la traduction, les auteurs traitent de la longueur du texte. Sans en faire un critère de qualité, ils considèrent qu'une bonne traduction est habituellement plus longue que l'original : « le traducteur est obligé, soit par la structure de la langue réceptrice, soit par les besoins des lecteurs, de rendre explicites certaines informations implicites de l'original »; en outre, pour faciliter l'assimilation du message, il peut être nécessaire de pratiquer la redondance. Nida et Taber vont ensuite proposer des techniques de vérification de la pertinence de leurs critères et du principe de la traduction « explicative ».

Des théories et des méthodes de ce tandem de traductologues, on retient aujourd'hui la place privilégiée du récepteur du message dans la chaîne de la communication et, par conséquent, la primauté du texte d'arrivée. Par ailleurs, aucun réviseur ne considère automatiquement l'explicitation comme une qualité d'une traduction : les tendances actuelles iraient plutôt à l'encontre de la prise de position de Nida et Taber[13]. En outre, leur méthode d'évaluation, qui exclut pour ainsi dire toute confrontation avec l'original, est difficilement conciliable avec la pratique révisante à vocation pédagogique. Aussi en reste-t-il bien peu de traces dans les techniques actuelles de révision.

2.2.2 L'ÉCOLE FONCTIONNELLE

Une des critiques les plus acharnées des modes d'évaluation et des orientations de Nida et Taber est Juliane House, dont le livre *A Model for Translation Quality Assessment*, publié en 1977 et réédité en 1981, a eu une très large audience et continue d'inspirer nombre de ceux qui se penchent sur les méthodes de révision pour les améliorer[14]. House appartient à l'école dite fonctionnelle; pour les tenants de cette

---

[13] Voir, entre autres, A. Berman (1984), *L'épreuve de l'étranger; culture et traduction dans l'Allemagne romantique*, Paris, Gallimard.

[14] L'ouvrage a d'ailleurs servi de point de départ à la réflexion de R. Larose (1989) dans *Théories contemporaines de la traduction*.

mouvance, la qualité d'un texte est proportionnelle au succès avec lequel il réalise sa destination. La fonction du texte, le *skopos*, dans le métalangage contemporain, se mesure à l'aide de huit paramètres assez rigides, applicables d'après leur conceptrice à tous les types de textes, à l'exception de la poésie. Le modèle linguistique-situationnel de House aboutit à un *profil textuel*; le degré de conformité de la traduction à ce profil idéal détermine la qualité du texte traduit. Voici les paramètres proposés :

1. Origine géographique	Langue utilisée par l'émetteur (standard ou dialecte).	
2. Classe sociale	Se reflétant dans le niveau de langue.	
3. Époque	Situation du texte dans le temps.	
4. Moyen	Texte écrit pour être lu ou entendu.	
5. Participation	Monologue ou dialogue; personnalisation du message.	
6. Rapport social	Rôle social de l'émetteur par rapport au récepteur.	
7. Attitude	« Style » de l'émetteur : distant, informel...	
8. Domaine	Activité professionnelle de l'émetteur et sujet du texte.	

Cette grille a fait ses preuves en didactique des langues secondes. Cependant, elle n'a jamais vraiment trouvé d'application en révision bilingue, sans doute à cause de la place insuffisante qu'elle fait au sens et sans doute aussi parce qu'elle ne s'intéresse pas au traducteur : le profil textuel de House permet, certes, de mettre en lumière les déficiences du texte traduit, mais il n'explique pas les insuffisances de la démarche du traducteur. En fait, la méthode repose sur un *a priori* incompatible avec la révision : l'auteur de la traduction ne maîtrise pas la langue à traduire. Voilà pourquoi l'évaluation linguistique la domine. Or, la révision dépasse largement la vérification de la langue. Mais l'apport de House s'insère dans un courant qui a marqué la révision pour ainsi dire sans le vouloir. En effet, la réflexion de cette auteure se situe dans la tendance apparue dans les années 70 et portée à juger les traductions à la lumière de leur adaptation aux destinataires. Il vaut la peine de s'y arrêter.

2.2.2.1 LES TYPOLOGIES DE TEXTES

L'école fonctionnelle, entièrement tournée vers la destination du texte, privilégie du même coup la fidélité au lecteur. En effet, la finalité présumée d'un texte reste une vue de l'esprit si on ne peut mesurer son efficacité à la réaction du destinataire. Il faut préciser que ce courant fonctionnel repose sur la typologie des textes, et nous devons à Katharina Reiß[15] la première tentative d'un classement textuel pour les traductions. Toutefois, on n'indique nulle part une méthode d'application des critères proposés.

Prenant appui sur les fonctions linguistiques de Jakobson, Reiß divise les textes à traduire en trois classes : textes « opératifs » (fonction appellative de Jakobson), textes « expressifs » (fonction émotive) et textes « informatifs » (fonction référentielle). Pour Reiß, à chacune de ces catégories de textes correspondrait une « stratégie », un mode particulier de traduction. Cependant, la pratique de la révision contredit ses conclusions. En effet, les textes qui se traduisent par application de « recettes » (ex. : horaires de télévision; règlements de concours, de loteries) ne sont généralement pas révisés ou ne le sont qu'à l'occasion des toutes premières prestations d'un débutant, au moment où la stratégie est transmise au traducteur sans expérience. De plus, en raison de leur caractère stéréotypé, ces écrits peuvent avantageusement être confiés à la traduction automatique. S'ils sont le fait de la traduction humaine, leur amélioration relève davantage de la correction du texte que d'un acte véritable de formation du traducteur. Or, la révision s'intéresse moins à l'application de modèles qu'à la qualité du rendu d'un discours unique et imprévisible. Maurice Pergnier explique bien ce caractère original des énoncés intéressant la traduction et la révision :

> [...] *si nous envisageons les objets concrets sur lesquels porte une opération de traduction, nous constatons que : chaque acte de parole est tout d'abord une rencontre spécifique entre les données de la langue et un ensemble de données extra-linguistiques individuelles, non seulement parce que le message traduit est émis par un individu particulier défini en tant que personne par un ensemble de caractères spécifiques [...] mais aussi parce que celui-ci s'exprime dans des circonstances particulières, sur un objet particulier qu'il conceptualise d'une façon particulière et sur lequel il s'exprime avec une intention spécifique. L'acte de parole [...] qui constitue l'objet d'une opération traduisante est la rencontre originale dans le cerveau d'un individu d'un vouloir-dire non linguistique avant son énonciation, et des moyens linguistiques par lesquels il s'énonce* [16].

Comme on s'en rend compte, il y a incompatibilité entre le caractère individuel et mouvant du discours d'une part et, d'autre part, la traduction ramenée par Reiß à une série d'algorithmes.

---

[15] K. Reiß (1976), « Text typology and the quality of translation », BAAL Seminar of Translation, Exeter, UK, [s.p.]. On trouvera un résumé et une critique des travaux de Reiß dans House (*op. cit.*, p. 22-24) et dans H. Bühler (1979), « Suprasentential semantics and translation », *Meta*, vol. 24, n° 2, p. 451-458.

[16] M. Pergnier (1980), « Le triangle linguistique », *Le français moderne*, vol. 48, n° 4, p. 331-332.

Plus récemment, d'autres ont aussi cherché à mesurer la qualité des traductions à l'aide d'une typologie. C'est le cas des traducteurs-pédagogues Hatim et Mason[17], qui distinguent trois catégories de textes : textes « argumentatifs » (comportant un jugement de valeur), « factuels » (exempts de jugement de valeur) et « incitatifs » (entraînant une action forcée ou volontaire)[18]. Ce classement présente trop de points communs avec celui de Reiß pour échapper à la critique[19]. Il néglige notamment le caractère hybride des textes individuels de traduction. Dans la pratique, rarement le traducteur anglais-français se trouve-t-il en présence d'un texte anglais entièrement factuel ou entièrement incitatif; le texte traduit (même dans les cas où il vise les mêmes fins que l'original anglais) n'est jamais lui non plus entièrement incitatif ou explicatif, pour ne citer que ces deux types. Ces « fonctions » ou « attributs » sont davantage de l'ordre de la dominance que de l'exclusivité. Par ailleurs, c'est aussi l'avis déclaré de Hatim et Mason, malgré leur propre classement limitatif à trois volets : *The problem is that, however the typology is set up, any real text will display features of more than one type*[20].

Si on ne peut feindre d'ignorer les limites de la proposition de Hatim et Mason, il faut en signaler les mérites. En effet, la typologie proposée laisse entrevoir une application à la révision puisqu'elle est centrée sur la notion capitale de finalité, c'est-à-dire qu'elle nous ramène à l'une ou à l'autre des intentions de base[21] de tout texte : convaincre, informer ou faire agir. Adopter ce classement, c'est voir dans le respect de l'intentionnalité du texte d'arrivée (si elle est identique à celle du texte original) la mesure de la réussite d'une traduction. Un texte fidèle à l'intention de son émetteur peut-il transmettre autre chose que le contenu informationnel et affectif de l'original et peut-il ne pas le transmettre dans son intégrité? Ce n'est qu'à la lumière du sens perçu par le destinataire, et voulu par l'émetteur, que se juge la qualité d'une traduction, acte de communication. D'ailleurs, lorsqu'il s'agit de situations concrètes de traduction, Hatim et Mason sont très clairs :

---

[17] B. Hatim et I. Mason (1990), *Discourse and the Translator*, New York, Longman.

[18] La terminologie utilisée ici renvoie à la terminologie anglaise de Hatim et Mason (*ibid.*, p. 153-158) : *argumentative* [...] *expository* [...] *instructional*.

[19] Hatim et Mason (*ibid*, p. 138) ont eux-mêmes jugé sans ménagement la pertinence des classements fonctionnels en traduction : [...] *typology* [...] *so broad as to have no predictive value. Yet when attempts are made to narrow the focus of description, we run the risk of ending up with virtually as many text types as there are texts. [...] The categories [...] based on an over-general notion of text "function" [...] are too broad [...]. In reality, far too many variables are at work for such all-embracing categories to be useful.*

[20] *Ibid.*

[21] Il s'agit bien d'intentions de base ou de « fonctions principales ». Il existe aussi des « fonctions secondaires ». Ex. : La fonction primaire d'une publicité est de faire agir, de faire acheter un service ou un produit; sa fonction secondaire peut être d'émouvoir en promettant puissance et succès à la suite de l'achat suggéré.

[...] where the intention of the producer of ST is to sell a product, any translation of the text as an advertisement must be evaluated in terms of how well it serves that purpose [...] rather than on the basis of a narrow linguistic comparison[22].

À propos de la révision, on peut retenir *partiellement* les principes de Hatim et Mason. Il faut en effet préciser que la démarche de ces deux auteurs suppose au préalable une analyse méticuleuse de l'original à traduire et de sa visée. Or, cette opération relève essentiellement du traducteur tandis que, pour le réviseur, le matériau principal est le texte traduit tel qu'il est censé devoir parvenir à ses destinataires, tel qu'il sort du cerveau et des mains du traducteur. En d'autres termes, le réviseur s'attarde sur la visée explicite ou présumée du texte en langue d'arrivée.

2.2.2.2 LA PRIMAUTÉ DE LA FINALITÉ DU TEXTE D'ARRIVÉE

De plus en plus de chercheurs-traducteurs adhèrent au principe de la primauté du respect de la finalité du texte d'arrivée et mettent au point des classements intégrant cette orientation. Pour nous, les efforts de systématisation en ce sens les plus immédiatement profitables à la révision sont ceux de Christine Durieux[23].

Durieux suggère un classement simple, résumé dans l'exposition des « cinq grandes missions qu'un texte technique peut [...] remplir : annoncer [...] informer [...] expliquer [...] recommander [...] convaincre [...] ». Si l'on suit cette démarche, une fois précisé le mandat de la traduction, par exemple : faire en sorte que le propriétaire d'un modem installe le dispositif conformément aux normes en vigueur, le réviseur se demande devant le texte traduit : « L'installation est-elle expliquée clairement? Ceux qui se fieront aux instructions traduites peuvent-ils avoir l'assurance de respecter le code des installations téléphoniques? » Le réviseur ne fait rien d'autre que de vérifier le respect de la finalité.

Évidemment, les grands mandats exposés concernent les productions techniques et il faut les enrichir si l'on veut les intégrer dans une optique plus globale. D'ailleurs, Durieux ne nie pas les limites de sa typologie et se garde de donner un caractère exclusif à son classement. Par exemple, elle écrit :

Comme il n'est pas rare qu'un roman contienne des descriptions de réalités nécessitant de la part du traducteur de nombreuses recherches terminologiques et qu'un communiqué de presse annonçant la sortie d'un

---

[22] Hatim et Mason, *op.cit.*, p. 80.

[23] C. Durieux (1991), « La finalité : critère de taxinomie des traductions », *Contrastes*, n° A 10, p. 39-52.

nouveau produit industriel comporte un certain lyrisme, on pourrait être tenté d'affirmer que tous les textes sont mixtes[24].

Si, cependant, on ajoute à cette taxinomie des missions à caractère affectif comme *plaire*, ou *émouvoir*, la typologie élargie se transporte facilement en révision. Mais, enrichi ou non, ce classement a incontestablement le mérite de faire ressortir que : « [...] pour le traducteur humain [le réviseur, dans notre cas] le phare n'est pas braqué sur le texte original mais sur la mission du texte à produire[25] ». La taxinomie suivant la finalité du texte traduit vu comme nouvel original fournit une mesure de la qualité du produit fini : la fidélité à la commande.

2.3 L'EFFICACITÉ DE LA COMMUNICATION

L'avènement de l'ère des communications a eu notamment comme conséquence de créer une surabondance d'informations au point d'atteindre « le stade d'économie de gaspillage » (Richaudeau). Or, dans une société quantitativement surinformée, les communicateurs doivent affronter une très vive concurrence pour faire passer leurs messages. Il leur faut constamment attirer et surtout retenir l'attention de lecteurs ou d'auditeurs sollicités de toute part par une multitude d'informations. C'est ce qui explique l'intérêt suscité par les recherches sur l'efficacité de la communication.

2.3.1 LES MÉTHODES DE MESURE

Dès les années 30 mais surtout à partir de 1950, la mesure de l'efficacité de la communication fait l'objet de recherches et de publications aux États-Unis. Dans le prolongement des travaux sur la théorie de l'information, on s'efforce principalement de déterminer le degré de « lisibilité » (c'est-à-dire la facilité de compréhension) des textes à l'aide de décomptes statistiques. Voici, à titre indicatif, les principaux moyens de contrôle proposés :

Test de closure – Conçu en 1953 par Wilson L. Taylor, ce test consiste à supprimer les mots qui figurent dans un texte à intervalle régulier (tous les cinq mots, par exemple) et à demander à un lecteur de remplir les espaces blancs. Plus le lecteur devine de mots, plus la lisibilité est grande.

Formule Dale-Chall – La lisibilité d'un texte est fonction du nombre de mots usuels qui y sont employés.

Formule Gunning – Permet de calculer « l'indice de brouillard » d'après la moyenne de mots par phrase et le pourcentage de mots comptant plus de trois syllabes.

---

[24] *Ibid.*, p. 39.

[25] *Ibid.*, p. 51.

Méthode Flesch – Repose sur le calcul de deux indices :

1° l'indice de lisibilité, établi d'après la longueur moyenne des mots et des phrases;

2° l'indice d'intérêt humain, obtenu par décompte des phrases et des mots « personnels » (par opposition à « neutres »).

Dans le monde francophone, les travaux des chercheurs américains seront principalement vulgarisés par François Richaudeau, qui en fera la synthèse et les complétera en les adaptant au français[26]. Plutôt que des formules mathématiques, Richaudeau propose des éléments de lisibilité, dont voici un résumé[27] :

• **Le mot** – Employer des mots courts, usuels, concrets et personnels. Expliquer les mots nouveaux ou peu connus.

• **La sous-phrase** (phrase simple ou élément autonome d'une phrase complexe) – Viser une moyenne de 15 mots (plus ou moins selon le degré de culture du lecteur). Toutefois, la structure compte davantage que la longueur. Placer en tête les mots les plus importants et utiliser des « constructions prédictives » (qui permettent de prévoir ce qui suit). Limiter à 10 mots l'espace entre le sujet et le verbe.

• **La redondance** – Éviter les redondances inutiles à la compréhension, mais expliciter au besoin à l'aide de répétitions, d'exemples, d'analogies. Indiquer les enchaînements logiques.

Richaudeau traite d'autres facteurs de l'efficacité d'un texte, notamment la présentation matérielle (typographie, mise en pages). En outre, ses analyses de différents types de textes mettent en lumière des moyens d'ordre affectif qui, associés aux procédés techniques, influent sur le comportement des destinataires. Il reconnaît que les différentes formules de lisibilité ont leurs limites : elles ne prennent pas en compte tous les facteurs de l'efficacité de l'écriture, tels que la nature du message, son contenu sémantique et le public auquel il est destiné. Néanmoins, elles constituent un instrument de mesure commode et peuvent susciter chez les rédacteurs professionnels d'utiles réflexions sur la valeur communicative de leurs textes.

---

[26] Pour des applications canadiennes, voir notamment : J.-F. Pelletier (1977), *Une publicité en quête de qualité*, Montréal, Publicité Pelletier ltée; M. Sparer et W. Schwab (1980), *Rédaction des lois : rendez-vous du droit et de la culture*, Québec, Conseil de la langue française, p. 201-208; A. Noël, « Les journaux sont plus difficiles à lire qu'on ne le croit », *La Presse*, 15 mai 1984, p. D16.

[27] Voir les ouvrages de F. Richaudeau : (1984), *Recherches actuelles sur la lisibilité*, Paris, Retz, « Actualité des sciences humaines »; (1992), *Écrire avec efficacité*, Paris, Albin Michel.

2.3.2 PUBLIC CIBLE ET RÉTROACTION

L'application des méthodes de mesure de l'efficacité peut rarement se faire dans l'absolu, c'est-à-dire sans tenir compte des circonstances de la communication. On a vu, par exemple, que la longueur moyenne de la phrase optimale variait selon le degré de culture du destinataire. Comme par ailleurs toute communication efficace suppose la détermination préalable du public cible, on conçoit aisément l'importance des études d'audience.

Pourtant, c'est un domaine qui, semble-t-il, n'a guère fait l'objet de recherches en vue d'une meilleure systématisation. La plupart des traités de rédaction qui abordent la question s'en tiennent aux généralités : il faut se mettre à la place du destinataire, tenir compte de son degré d'instruction, satisfaire son intérêt... Certains sont toutefois plus explicites, mais il s'agit généralement d'ouvrages traitant d'un type particulier de rédaction. Ainsi, à des rédacteurs techniques on propose un mode de classification des lecteurs selon leur niveau de compétence ou selon l'utilisation qu'ils feront de l'information. À des publicitaires on conseille de tracer le portrait robot du consommateur visé : âge, sexe, revenu, lieu de résidence, attitudes, traits physiques pertinents, personnalité, mode de vie. Il serait sans doute utile d'accompagner ces principes généraux d'un guide du communicateur détective...

Peut-être est-il effectivement difficile, et parfois impossible, d'établir avec précision la « fiche signalétique » du destinataire, soit que le communicateur ne dispose pas des renseignements nécessaires, soit que le message s'adresse à un public vaste ou hétérogène. Il se peut aussi que dans la plupart des cas il suffise d'établir un dénominateur commun. Quoi qu'il en soit, l'important est de ne pas communiquer avec des fantômes.

En dernière analyse, l'efficacité de la communication – indépendamment des moyens linguistiques ou autres utilisés pour la transmission du message – se mesure en fonction de la « réponse-comportement » du destinataire.

Dans certains cas, le degré d'efficacité est directement évaluable : pourcentage d'augmentation des ventes à la suite d'une annonce publicitaire, nombre de personnes ayant répondu à une campagne de souscription... Dans d'autres, il faut interroger le destinataire pour connaître sa réaction : le mode d'emploi ou la notice de montage lui ont-ils permis d'utiliser ou d'assembler l'appareil? Il s'agit toutefois d'évaluations *a posteriori*, et donc de peu d'utilité.

Pour mesurer l'efficacité d'un message avant sa diffusion, il faut faire appel à des destinataires témoins. (C'est l'un des procédés de contrôle de l'équivalence dynamique.) Si la réaction de plusieurs personnes est conforme à celle qu'on attendait, c'est que le message a bien passé. Mais, dans la pratique, ce test n'est pas toujours possible en raison d'un manque de temps ou de la non-disponibilité de « sujets d'expérience ». C'est donc une responsabilité qui souvent incombe au réviseur : étant plus détaché du texte que ne l'est le rédacteur ou le traducteur, il se trouve en meilleure position pour tenir le rôle du destinataire.

2.4 CONCLUSION

Ce bref tour d'horizon nous a appris que la recherche de critères mesurables en matière de qualité des textes traduits s'est amorcée dans les années 70 avec Darbelnet et son énoncé de principes généraux en matière de qualité. Darbelnet a ultérieurement travaillé à la rationalisation de ses paramètres, et ses efforts ont été mis à contribution par les créateurs du système chiffré SICAL, qui n'a cependant pas dépassé le cadre de l'organisme pour lequel il avait été mis au point. Toujours dans la lancée de l'objectivisation du jugement sur les traductions, on a noté l'émergence de diverses propositions de découpage des textes en segments évaluables : unités de traduction, unités de sens, unités de compréhension, unités d'analyse. Ces constructions ne se sont jamais imposées en révision bilingue. On peut imputer ce succès relatif de méthodes présumées objectives à la réalité mise au jour et confirmée par les théories traductologiques dominantes : la véritable unité de traduction est le texte lui-même, celui-ci se posant comme un acte autonome de communication. Dans cette foulée, on a vu apparaître des méthodes globales d'évaluation, dont certaines fondées sur des typologies. Ces regroupements classificatoires n'ont pas fourni à la révision bilingue des outils rigoureusement objectifs, mais ils lui ont néanmoins ouvert des voies nouvelles, particulièrement en donnant toute sa place à la finalité des traductions. Parallèlement, les études traductologiques modernes ont fait du texte d'arrivée le véritable empan de l'évaluation des traductions.

De son côté, la révision unilingue a bénéficié des recherches en théorie de l'information. Une dimension importante – celle de l'efficacité de la communication écrite – est venue s'ajouter à l'éventail des critères traditionnels, essentiellement linguistiques. Ainsi s'est élargi le rôle du réviseur, appelé à participer plus étroitement au processus de la communication. En outre, on dispose maintenant d'études scientifiques, de données statistiques et de formules de contrôle statistique de la lisibilité : autant de moyens permettant de justifier auprès des révisés certaines interventions des réviseurs.

À l'heure actuelle, on a l'impression d'assister à un retour du balancier dans l'évolution de la recherche de l'objectivité. En effet, la révision des traductions a d'abord pris appui sur cinq grands paramètres généraux, théoriques. La deuxième phase de la systématisation de l'opération révisante a consisté en une tentative de récupération de ces mêmes critères pour les intégrer dans un système comptable de révision. Finalement, en révision bilingue tout comme en révision unilingue, on revient aujourd'hui à des critères non nécessairement quantifiables, tel celui de la finalité, privilégiant le destinataire. Cependant, il ne faudrait pas croire que révision bilingue et révision unilingue renoncent à se donner des balises : des critères non chiffrables ne sont pas nécessairement des critères subjectifs. On le verra au chapitre traitant des grands principes de la révision.

3

LES PRINCIPES GÉNÉRAUX DE LA RÉVISION

Comme nous l'avons vu au chapitre précédent, les recherches portant sur l'évaluation des traductions et l'efficacité du langage ne sont pas directement reliées au travail du réviseur. Néanmoins, la somme des études théoriques et des expérimentations qui en a résulté constitue une excellente base à partir de laquelle il nous faut maintenant établir des principes et des paramètres applicables plus spécifiquement à la révision.

Si, dans l'exercice de son activité, le réviseur doit être guidé par des « balises » qui délimitent son intervention et la justifient, cela ne saurait suffire. Il doit aussi utiliser une technique lui permettant d'exécuter un travail méthodique et rentable. Enfin, il lui incombe d'entretenir de bons rapports professionnels avec les personnes qu'il révise afin que son intervention soit vraiment utile. Ces aspects feront l'objet des chapitres 4 et 5.

3.1 CHOIX DES PARAMÈTRES

En faisant la synthèse de l'acquis et en nous aidant d'une expérience pratique, nous allons d'abord tenter de définir des paramètres qui puissent avoir une application tant pédagogique que professionnelle. Nous devrons de ce fait éliminer les systèmes trop complexes. S'il importe en effet que les paramètres retenus permettent de vérifier la qualité d'un texte, on ne peut faire abstraction, dans la pratique, de certaines contraintes comme le temps d'exécution et la rentabilité de l'opération.

3.1.1 RÉVISION BILINGUE

Parmi les rares textes consacrés aux paramètres de la révision, une étude de Darbelnet[1] mérite d'être signalée. Elle établit en effet une correspondance entre les niveaux de la traduction et les critères de la révision, posant ainsi les jalons d'une démarche méthodique.

Le « niveau » est défini comme un moyen permettant « de dénombrer les diverses obligations du traducteur à l'égard de son texte ». En corollaire, le mot « écart » est un générique englobant « les formes et les degrés de déficience » que l'on peut relever dans une traduction. Ce sont ces écarts que le réviseur doit corriger, en exerçant son jugement avec compétence et objectivité. Or, « il semble bien difficile d'établir des critères, de fixer des paramètres qui échappent entièrement à la subjectivité ».

Cette réserve faite, l'auteur distingue sept niveaux de la traduction (et donc de la révision) dont il fait l'analyse.

1. **Le niveau sémantique** – C'est le premier en importance : « Le traducteur est avant tout responsable du sens de son texte. » Les écarts sont, selon la « nomenclature traditionnelle », le non-sens, le contresens et le faux sens.

2. **Le niveau idiomatique** – On oppose ici l'idiomatique au grammatical : « Il existe des tours qui sont corrects au point de vue grammatical, mais qui ne sont pas conformes à la démarche de la langue. » Le calque est un exemple d'écart à ce niveau, auquel appartient aussi la propriété des termes et les métaphores.

3. **Le niveau stylistique** – « Le traducteur est tenu, dans la mesure du possible, de garder la tonalité de l'original, ce qui signifie qu'il doit éviter les écarts stylistiques. » Si cette tonalité ne peut porter sur le même élément d'énoncé dans les deux langues, on rétablit l'équivalence au moyen de la compensation.

4. **Le niveau culturel** – Il s'agit « de rendre compte des différences que révèlent les langues en présence quant au mode de vie de ceux qui les parlent ». Cas problème : non-existence en LA d'une réalité existant dans la culture de la LD.

5. **Le niveau des allusions** – Se rattache au niveau culturel. Exemples : traduction des titres de films ou de livres, slogans publicitaires.

6. **Le niveau de « l'intériorité »** – Il est parfois nécessaire d'expliciter « un élément de sens implicite dans l'original ».

7. **Le niveau du public pour lequel on traduit** – « Du fait que la traduction est une forme de communication, il s'ensuit qu'elle doit tenir compte de ceux à qui

---

[1] J. Darbelnet (1977), « Niveaux de la traduction », *Babel*, vol. 23, n° 1, p. 6-17.

elle est destinée. » Les adaptations nécessaires peuvent se faire à tous les niveaux, sauf les deux premiers (sémantique et idiomatique).

À ces niveaux correspondent, pour Darbelnet, autant de questions que le réviseur devrait se poser :

1. *Le sens est-il exact, globalement et organiquement?*

2. *La langue d'arrivée est-elle idiomatique et astreinte à la propriété des termes?*

3. *La tonalité est-elle respectée?*

4. *Les différences de culture sont-elles observées?*

5. *Les allusions littéraires et folkloriques sont-elles traitées judicieusement?*

6. *Est-il tenu compte des intentions de l'auteur qui ne s'extériorisent pas dans le discours?*

7. *La traduction est-elle adaptée à son destinataire?*

Soit en tout neuf paramètres, dont deux pour chacune des questions 1) et 2).

Après avoir précisé que, dans le domaine technique, la révision peut parfois se limiter aux critères sémantique et stylistique, l'auteur résume l'application pratique de l'analyse des niveaux : « faciliter la tâche des réviseurs » et « corriger l'impressionnisme qui trop souvent nuit à la crédibilité des appréciations portées sur les traductions ».

Ce sont là, en effet, les objectifs que doit viser toute recherche d'une méthode de révision.

3.1.2 RÉVISION UNILINGUE

Qu'il s'agisse d'une version originale ou d'une traduction, les critères de qualité d'un texte sont sensiblement les mêmes. Dans les deux cas, en effet, l'objectif est de communiquer efficacement un message. C'est pourquoi les paramètres que nous allons proposer peuvent s'appliquer aux deux types de révision, unilingue ou bilingue.

Quelques adaptations sont toutefois nécessaires. En ce qui concerne l'exactitude, par exemple, il est évident que la fidélité dans la transmission du message ne peut être vérifiée, en révision unilingue, par confrontation avec un texte de départ inexistant. Par contre, on peut alléguer que le rédacteur doit également « traduire » fidèlement sa pensée – ou celle de la personne ou de l'entreprise pour laquelle il rédige. D'ailleurs, comme l'attestent les dictionnaires, la communication intralinguale comporte, elle aussi, des risques de faux sens, contresens ou non-sens.

La lisibilité recouvre à la fois le critère de la transparence, qui appartient plus particulièrement à la traduction, et celui de l'« idiomaticité », plus souvent utilisé en révision unilingue.

Les autres paramètres sont ambivalents. Tout au plus doit-on en modifier légèrement l'interprétation selon le type de révision en cause. C'est ce que nous ferons dans les définitions qui vont suivre.

3.1.3 LES PARAMÈTRES DE LA RÉVISION PROFESSIONNELLE

Toute tentative de systématisation comporte une part d'approximation; nous ne prétendons pas que la nôtre échappe à cette règle. Cela dit, les paramètres que nous proposons englobent, à notre avis, toute la réalité sans la compliquer outre mesure. D'une part, ils permettent de vérifier que le contenu du message est transmis au moyen d'un code intelligible et sous une forme assurant l'efficacité de la communication. D'autre part, ils sont fonctionnels : leur nombre est limité à cinq, ce qui facilite la mémorisation. Ce sont autant de « voyants » qui doivent s'allumer sur le tableau de bord du réviseur, celui-ci n'ayant généralement pas le temps d'utiliser une grille ou liste de contrôle détaillée. Voici ces paramètres :

1.   Exactitude

2.   Correction

3.   Lisibilité

4.   Adaptation fonctionnelle

5.   Rentabilité

Avant d'en donner un exemple d'application, nous allons passer en revue ces différents paramètres pour en préciser la nature.

1.   **Exactitude** – La première qualité que l'on doit exiger d'une traduction est qu'elle soit fidèle, c'est-à-dire qu'elle transmette intégralement et exactement le message du texte de départ. Il s'agit donc ici d'une *fidélité au sens*. Cette qualité est absente lorsque la transmission est nulle (non-sens et charabia), faussée (contresens, faux sens), partielle (omissions non justifiées) ou « brouillée » (termes imprécis et nuances non rendues). En révision unilingue, il s'agit de s'assurer que l'auteur a dit ce qu'il voulait dire.

2. **Correction** – Ce paramètre permet de vérifier que le *code linguistique* a été respecté. Il concerne notamment l'orthographe d'usage et d'accord, les barbarismes, solécismes, etc. On n'oubliera pas que la correction peut varier en fonction des niveaux de langue. C'est ici qu'interviennent plus particulièrement les notions de norme et d'usage.

3. **Lisibilité** – Correspond aux critères de « transparence » (révision bilingue) et de « caractère idiomatique » (révision unilingue). Ce paramètre rend compte de la *démarche* de la langue et vise à assurer la *facilité de compréhension* d'un énoncé. C'est donc la qualité stylistique du texte et sa valeur communicationnelle qui sont ici en jeu. On peut utiliser comme pierre de touche la trilogie traditionnelle – logique, clarté, concision – à la lumière des théories de l'information en ce qui concerne notamment le choix des mots, les cooccurrents, la redondance ainsi que la structure, la longueur et l'articulation des phrases (v. 2.3).

4. **Adaptation fonctionnelle** – Le paramètre de l'adaptation fonctionnelle permet de vérifier si le bon *registre* de la langue a été utilisé : tonalité neutre ou affective, langue écrite ou parlée, commune ou spécialisée, niveau littéraire, soutenu, familier... Ce paramètre peut porter sur l'ensemble de l'énoncé (texte humoristique) ou seulement sur une partie (passage du niveau soutenu au niveau familier : dialogue ou citation). Les communicateurs doivent aussi « moduler » le message en fonction du destinataire. Avant tout, il faut s'assurer que la réaction ne sera pas négative (incompréhension, indignation, ironie). L'adaptation fonctionnelle est particulièrement importante en révision bilingue, en raison de divergences entre *faits de culture*.

5. **Rentabilité** – Devant chaque texte à réviser, il importe de se demander si l'état du texte à revoir ne va pas exiger plus de temps et d'efforts que la réécriture à neuf ou la retraduction pure et simple. Il existe en effet des textes dont la médiocrité rend impossible toute révision efficace. Le réviseur a le devoir de les refuser, car, en pareils cas, la révision n'aboutit qu'à des résultats négatifs : 1° l'opération n'est pas rentable; 2° la qualité du produit fini n'est jamais satisfaisante; 3° la réputation du réviseur peut être compromise (il ne sera jugé qu'en fonction du texte révisé).

Il est évident qu'il n'y a pas de cloisonnement étanche entre paramètres, pas plus qu'il n'en existe entre fond et forme, sens et style, qualité et efficacité. De même, il n'est pas toujours facile ni possible de classer sous un paramètre un fait de langue ou de traduction donné. Mais dans la pratique de la révision, il importe davantage de corriger les erreurs que de les classer en catégories. Il peut être utile, par contre, de les désigner par des termes précis, c'est pourquoi on trouvera en annexe un *Vocabulaire de la révision* où sont répertoriés et définis les principaux « termes du métier ».

Exemple

L'énoncé suivant est la paraphrase d'une nouvelle parue dans les pages financières d'un quotidien montréalais.

> *La « Fed » a fait savoir dans le semaine que dans le but de rapprocher le taux chargé aux banques qui y effectuent des tirages des taux en vigueur sur le marché financier américain, elle avait décrété une hausse du taux d'escompte au sommet jamais atteint auparavant de 11 %.*

Paramètres

Exactitude :

Le marché financier est celui des capitaux à long terme; il s'agit ici du marché monétaire.

Correction :

« la semaine » : coquille; « chargé » : anglicisme.

Lisibilité :

Répétitions : « dans la semaine... dans le but »; taux (3 occurrences).

Redondances : « a fait savoir... avait décrété »; « jamais atteint auparavant ».

Construction équivoque : « des tirages des taux ».

Phrase trop longue (48 mots).

Structure complexe.

Adaptation fonctionnelle :

Tonalité : « Fed » : familier; « décrété » : affectif.

Adaptation au destinataire :

« Le taux chargé aux banques qui y effectuent des tirages » est une définition mal formulée du taux d'escompte, notion connue des destinataires.

Rentabilité :

On trouvera au chapitre 4 des illustrations de textes diversement révisables et pour lesquels on a identifié le type de révision efficace.

Texte révisé :

> La Réserve fédérale a annoncé cette semaine qu'elle portait son taux d'escompte au sommet record de 11 %. Objectif : rapprocher ce taux de ceux du marché monétaire américain.

3.2 PRINCIPES DIRECTEURS

Les paramètres fournissent au réviseur une réponse à la question : « Que faut-il vérifier et corriger? ». Ce sont des balises utiles mais insuffisantes, car elles ne permettent pas de répondre à une deuxième question : « Comment procéder? ». Il n'existe pas de méthode unique en révision, car trop de variantes interviennent : habitudes de travail du réviseur, mode d'exercice de son activité (pigiste ou salarié), pratiques du service ou exigences du donneur d'ouvrage, sans parler des contraintes inhérentes au métier, notamment le temps et la rentabilité. On peut néanmoins énoncer quelques principes d'application générale et préciser certaines limites de l'intervention du réviseur, tout en laissant à chacun le soin de faire les adaptations qu'imposent les circonstances.

1. **Mise en situation** – Avant d'entreprendre la révision proprement dite, le réviseur doit situer son intervention dans le processus de la communication. Quelques questions préalables s'imposent : typologie (nature du texte à réviser : contrat, rapport, discours...), diffusion (usage interne, éphémère ou publication durable), finalité du message (informer, inciter à l'action, créer une image favorable...), destination (techniciens, actionnaires, grand public...), rentabilité (temps imparti).

2. **Étapes** – Idéalement, la révision devrait se faire en plusieurs étapes : 1) lecture complète du texte original; 2) lecture comparative des deux textes (révision bilingue); 3) correction; 4) lecture du texte révisé. En pratique, on ne procède généralement qu'à une seule lecture (en principe comparative s'il s'agit d'une traduction) au cours de laquelle se fait la correction. Pour ce qui est de la révision bilingue, il arrive aussi qu'elle s'effectue à partir du texte traduit, les retours sur l'original ne se faisant qu'en cas de doute de la part de la personne qui révise. Cette méthode fait rejeter d'emblée les textes non révisables et, dans ces circonstances malheureuses, représente un gain de temps.

3. **Ordre de priorité** – S'il est pressé par le temps ou en présence d'un texte très déficient, le réviseur corrigera d'abord les erreurs manifestes relevant des paramètres « exactitude » et « correction », se contentant de vérifier rapidement les autres paramètres (sauf cas particuliers où ceux-ci sont prédominants : tonalité, s'il s'agit d'un texte humoristique).

4. **Révision comparative** – La tâche du réviseur est de s'assurer que les textes traduits qu'il révise ont les qualités d'une traduction professionnelle. Au premier rang de ces qualités vient la fidélité à l'original (fidélité n'étant pas synonyme de servilité). Il s'ensuit que la révision bilingue doit être comparative, car il n'y a pas d'autre moyen de vérifier que le transfert a été correctement effectué, c'est-à-dire que la traduction transmet intégralement et exactement le message. On ne peut envisager à la rigueur qu'une exception à ce principe (outre le cas de la révision unilingue) : la révision « linguistique » d'un texte qui a déjà fait l'objet d'une révision comparative par un expert n'ayant assuré que la fidélité au sens.

5. **Cohésion** – Si le texte à réviser est l'œuvre de plusieurs traducteurs ou rédacteurs, c'est au stade de la révision qu'on doit en assurer l'harmonisation du style et de la présentation ainsi que l'uniformisation terminologique.

6. **Passages obscurs et erreurs** – Le réviseur ne doit laisser subsister que les obscurités volontaires (brevets, discours politiques, par exemple). S'il relève des erreurs de fond, il doit les signaler à l'auteur ou au donneur d'ouvrage avant d'apporter une correction.

7. **Restructuration** – La révision ne doit pas être une retraduction ni une réécriture, mais il peut arriver qu'il soit nécessaire de restructurer certaines phrases, notamment dans le cas de passages complexes ou de textes dictés. Il est alors conseillé d'écrire la phrase sur un bloc de papier et de la transcrire ensuite sur le texte révisé afin d'éviter un excès de ratures.

8. **Textes trop spécialisés** – Le réviseur doit avoir l'honnêteté (non infamante!) de se déclarer incompétent pour réviser un texte dont il ne pourrait assurer l'exactitude en raison de son haut degré de technicité. Il peut par contre accepter de vérifier les autres paramètres, en indiquant les limites de son intervention. Dans ce cas, la révision du « fond » pourra être confiée à un expert dans le domaine concerné.

9. **Indication des sources** – Pour éviter les recherches inutiles, le réviseur peut exiger qu'on lui fournisse ou qu'on lui indique toute la documentation pertinente à laquelle le traducteur-rédacteur a eu accès : ouvrages de référence, textes portant sur le même sujet, illustrations, etc. Il peut aussi demander au traducteur de citer ses sources et d'annexer les fiches terminologiques établies à l'occasion de la traduction.

10. **Justification** – Le réviseur doit pouvoir justifier toutes ses corrections, notamment en s'appuyant sur des dictionnaires, grammaires ou ouvrages de référence, et ne pas apporter de changements motivés uniquement par des préférences

personnelles. Toutefois, dans le cas d'améliorations stylistiques, il n'est pas toujours possible d'invoquer des ouvrages faisant autorité. S'il y a contestation, il faut alors consulter des collègues dont la compétence est reconnue.

11. **Collaboration** – La révision bien comprise est un travail de collaboration. Le réviseur doit donc remettre au traducteur-rédacteur le texte révisé, avant la frappe définitive. (Ce principe n'est pas observé en révision pragmatique.)

12. **Identification** – Le réviseur doit s'identifier pour que les autres intervenants (traducteur ou rédacteur, opérateur de traitement de texte) sachent à qui demander des éclaircissements. Cette identification se fait habituellement sur la fiche de cheminement qui accompagne le texte.

13. **Responsabilité du réviseur** – Qui assume, en dernière analyse, la responsabilité du texte révisé? Dans les cas où le traducteur-rédacteur ne revoit pas le texte, la réponse est évidente : c'est le réviseur. N'ayant pas eu la possibilité de « défendre » son texte et ne connaissant pas la nature des corrections qui y ont été apportées, le traducteur-rédacteur doit renoncer, en quelque sorte, à son droit d'auteur; il a même intérêt, dans ce cas, à dégager entièrement sa responsabilité.

Par contre, lorsque la révision est faite dans des conditions normales, c'est-à-dire en collaboration, le traducteur-rédacteur reste maître de son œuvre et en assume la responsabilité. Le réviseur n'intervient que pour s'assurer que le texte répond aux normes de qualité de l'employeur ou du client. Sa responsabilité se limite donc à attester cette conformité aux normes; c'est une forme de *nihil obstat*.

Si le réviseur et le révisé estiment qu'on leur impose des contraintes (choix des termes, niveau de langue...) contraires à leurs normes professionnelles, ils doivent à leur tour dégager leur responsabilité en ce qui concerne les corrections qu'ils n'acceptent pas.

3.3 LES PIÈGES DE LA RÉVISION

Le réviseur débutant (ou resté à ce niveau) est souvent porté à effectuer des corrections non justifiées, en raison d'une fausse conception de la langue ou de la révision, ou tout simplement par étourderie ou négligence. La connaissance des paramètres et des principes de la révision ne permet pas toujours d'éviter ces pièges. C'est pourquoi nous avons regroupé les principaux écueils, présentés sous forme d'allusions ou de paraphrases. La plupart des exemples cités ci-dessous sont extraits de copies d'étudiants, mais certains proviennent de textes révisés par des professionnels.

1. **La paille et la poutre** – Le travail de révision doit respecter un ordre de priorité : d'abord les erreurs graves, ensuite les améliorations stylistiques. Un défaut fréquent chez les réviseurs débutants est de s'attarder à des broutilles, de faire passer l'accessoire avant l'essentiel.

Exemple

Original

Au moment d'aller sous presse, la nouvelle voulant qu'il ait démissionné n'avait pas été confirmée.

Révision

Au moment d'aller sous presse, on n'avait pas confirmé la nouvelle de sa démission.

Commentaire : Pour respecter l'ordre de priorité, avant d'effectuer l'amélioration stylistique, il aurait fallu corriger l'anglicisme « aller sous presse » par l'expression correcte *mettre sous presse*.

Exemple

Traduction

... équivaut à environ 550 billions de barils.

Révision

... équivaut à quelque 550 billions de barils.

Commentaire : Le mot « environ » figurait deux fois dans la même phrase; le réviseur l'a donc remplacé par le synonyme « quelque », mais il a laissé subsister la poutre : 550 *milliards* et non « billions ». (Rappel : En anglais d'Amérique du Nord, le *billion* est l'équivalent du milliard [10^9], et c'est le *trillion* qui correspond au billion [10^{12}].)

2. **Bonnet blanc et blanc bonnet** – Toute correction qui n'améliore pas la traduction ne peut se justifier. C'est le cas notamment du remplacement d'un terme ou d'une expression par un synonyme, ou d'une phrase correctement construite par une autre phrase également correcte. Rappelons que les préférences personnelles ne sont pas un critère de révision.

Exemple

Original

Les ressources énergétiques du Canada...

Révision

Les réserves énergétiques du Canada...

Commentaire : « les réserves de pétrole, de charbon; les ressources en énergie thermique » (Robert). « Les ressources énergétiques du Canada » *(Revue française de l'énergie)*.

Exemple

Original

Le plus rapidement possible.

Révision

Dans les meilleurs délais.

Commentaire : Expressions synonymes.

3. **Petites causes, grands effets** – Le meilleur des traducteurs n'est pas à l'abri de certaines erreurs dues à un manque d'attention et non de compétence, mais qui peuvent être lourdes de conséquences. Or, ce sont justement ces erreurs qui échappent souvent à la révision. On peut citer comme exemple les nombres en chiffres ou en lettres (*100 000, six, thirteen* : 10 000, dix, trente) et les négations rendues par des affirmations (*he shall not* : il doit). La nécessité d'une révision comparative est ici évidente. En révision unilingue, on se défiera de certains sosies : au-dessus/au-dessous, au moins/en moins.

4. **« Ce qui n'est pas dans le dictionnaire n'est pas français. »** – Erreur! Aucun dictionnaire ne contient tous les mots d'une langue et toutes leurs acceptions, à plus forte raison dans le cas des terminologies spécialisées. Il faut donc se montrer prudent avant de décréter qu'un terme « n'est pas français ». Le corollaire est aussi faux : « C'est dans le dictionnaire, donc c'est correct. » L'existence d'un terme dans les dictionnaires ne justifie pas son emploi dans un contexte donné; outre le sens, il faut considérer le niveau de langue, la tonalité, la fréquence d'utilisation, etc.

Exemples

Les termes « internaute », « méthode Coué », « collectique », « politiquement correct », « déréférencement » sont attestés par plusieurs sources fiables, mais les lexicographes ne les ont pas encore consignés, au moment où nous écrivons.

Le mot « antiprogramme » ne figure pas dans les dictionnaires; c'est pourtant un bon équivalent de *malicious program* (cf. Office de la langue française, *Vocabulaire général de la sécurité informatique*). On ne trouve pas non plus « chronophage » dans les ouvrages lexicographiques; il rend pourtant bien *time consuming*.

Loose-leaf binder ne peut se traduire par « grébiche » même si ce mot se trouve dans le dictionnaire. Il s'agit d'un classeur (Robert) ou d'une reliure à anneaux (OLF).

5. **« Je crains le réviseur d'un seul dictionnaire. »** – Les dictionnaires de langue et de traduction comportent des erreurs, des contradictions et des omissions. Le réviseur ne peut donc se fier à un seul dictionnaire pour effectuer et justifier ses corrections. La même mise en garde s'applique aux dictionnaires de bon usage et, dans une certaine mesure, aux grammaires. Dans les cas litigieux (usage, orthographe, grammaire), il est prudent de vérifier à plusieurs sources.

Exemples

Standard : – Employé adjectivement, s'accorde au pluriel : *pièces standards.* (Ramat, Thomas)

– Comme adjectif, toujours invariable. (Colin, Dupré, Girodet, Robert...)

– Généralement invariable. (Hanse)

Conclusion : L'exception ne confirme pas la règle !

Compte rendu : – Sans trait d'union. (Robert, Thomas)

– Mieux vaut éviter le trait d'union. (Hanse)

– Avec ou sans trait d'union. (Larousse)

Morale : L'un et l'autre se dit ou se disent !

6. **Révision n'est pas retraduction** – Il peut arriver que le réviseur doive retraduire quelques phrases d'un texte pour les rendre plus idiomatiques ou éviter des ambiguïtés. Toutefois, dans le cadre de son travail de révision, il ne devrait jamais retraduire un texte complet. De deux choses l'une : si le texte était révisable, il fallait le réviser; s'il ne l'était pas, il fallait le refuser. Très souvent, la retraduction dénote un manque d'égard pour le style du traducteur : on ne retraduit pas par nécessité, mais pour imposer ses préférences personnelles. Il est vrai que le réviseur peut parfois penser, à bon droit, qu'il aurait pu faire mieux que le traducteur; ce n'est pas une raison suffisante pour retraduire. Le même principe s'applique à la révision unilingue.

7. **Plus catholique que le pape** – Le purisme outrancier n'a pas sa place en révision. Le réviseur doit éviter de jouer au censeur : assurer l'exactitude et la clarté du message, le respect de la langue et de la culture du destinataire, telles sont les priorités auxquelles il doit se tenir. Il peut, certes, comme tout usager, avoir une certaine conception de la langue (son idiolecte), sans que cela ne l'autorise à l'imposer aux autres. Tout excès de rigueur, tout combat

44

d'arrière-garde contre un usage établi ou accepté par la majorité des usagers ne peut avoir que des effets négatifs : l'intervention du réviseur devient une opération purement subjective, tatillonne, et vite irritante pour l'auteur ou le traducteur. On est alors loin des objectifs visés.

Exemple

Original

Les difficultés auxquelles nous sommes confrontés.

Révision

Les difficultés auxquelles nous devons faire face.

Commentaire : Cet emploi a déjà été critiqué, mais l'usage et les dictionnaires lui ont donné droit de cité. (Robert)

Exemple

Original

Par ailleurs, il serait facile de prouver que...

Révision

D'autre part, il serait facile de prouver que...

Commentaire : Purisme! (Thomas et autres)

Réviseur

En français, on ne commence jamais une phrase par « mais ».

Commentaire : « Mais où avez-vous pris une chose pareille? » (Robert)

8. **De Charybde en Scylla** – Si la correction de fautes fictives ne contribue en rien à établir la crédibilité du réviseur, l'erreur de jugement est encore plus grave lorsque les « améliorations » introduisent des faux sens ou des incorrections.

Exemple

Traduction

La législation antitrust.

Révision

La législation anti-trust.

Commentaire :

Cf. Larousse, Robert.

Exemple

Original

Vous n'avez qu'à nous appeler.

Révision

Il ne suffit que d'un appel téléphonique.

Commentaire :

L'énoncé original était correct. En voulant sans doute en rehausser le niveau stylistique (Il vous suffit de nous appeler), on a introduit une incorrection (« Il ne suffit que »).

Exemple

Original

Les marchés des valeurs mobilières ont baissé au cours de la seconde moitié de l'année.

Révision

Les Bourses ont connu un redressement à la baisse au cours du second semestre.

Commentaire :

Deux améliorations (Bourses, semestre) ne compensent pas un non-sens (« redressement à la baisse »).

9. **Dans le doute, abstiens-toi** – Lorsque l'usage hésite, que les grammairiens ou les lexicographes ne font pas l'unanimité, il est préférable d'opter pour la solution la moins contestable. On évite ainsi bien des discussions oiseuses.

Exemples

Suite à :   Certains considèrent que cette locution « appartient au langage commercial » et « fait négligé ». On dira donc : *comme suite à, pour faire suite à* ou *en réponse à* (votre commande, votre lettre...).

Après que :   Cette conjonction régit normalement l'indicatif, mais on note une nette tendance vers l'emploi du subjonctif, comme l'indiquent notamment les éditions successives du *Bon usage* de Grevisse. Il est néanmoins conseillé de s'en tenir à l'indicatif.

Réaliser :   Dans le sens de « se rendre compte », *réaliser* a été emprunté à l'anglais en 1895, mais les puristes lui refusent encore la citoyenneté française... qu'ils accordent à *crucial* (1911), à *cybernétique* (1945) ou à *majorité silencieuse* (1970). Dans les communications destinées à un large public, il est donc prudent de ne pas aller au-devant des coups!

4

LA TECHNIQUE DE LA RÉVISION

Après avoir établi les paramètres et les principes généraux de la révision, nous allons maintenant indiquer comment, dans la pratique, se concrétise l'intervention du réviseur. Il s'agit essentiellement d'utiliser un mode de notation des corrections qui permette d'atteindre les objectifs de chaque type de révision : amélioration du texte, en révision pragmatique, amélioration du texte et perfectionnement du révisé, en révision didactique et pédagogique.

Nous proposerons ensuite quelques études de cas – du texte « irrécupérable » à celui qui nécessite une simple lecture critique – ainsi que des spécimens de textes révisés.

4.1   RÈGLES ET MODES DE NOTATION

La méthode de notation des corrections est la même dans le cas des révisions unilingue et bilingue. Elle diffère, par contre, selon la fonction de la révision : pragmatique ou didactique et pédagogique.

4.1.1   RÈGLES GÉNÉRALES

Quel que soit le système de notation adopté, la grande règle à observer est de toujours effectuer les corrections de façon claire et nette, afin de faciliter le travail des premiers destinataires du texte révisé (selon le cas : la personne qui mettra au propre la version définitive, celle qui a rédigé ou traduit le texte, celle qui corrigera la copie). C'est pour cette raison que la plupart des réviseurs utilisent une couleur différente de celle de la copie à réviser.

Interlignes – Tous les textes à réviser doivent être dactylographiés à double ou à triple interligne. Sauf exception, il est impossible de réviser proprement un texte à simple interligne.

Lisibilité – Les corrections doivent être indiquées proprement, à l'encre, dans une écriture lisible. On prendra soin, en particulier, de noter clairement les signes de ponctuation et les accents.

Mode de notation – On indique les corrections directement sur le texte ou en interligne, et *non* dans la marge comme dans le cas des corrections typographiques. Il importe de distinguer les deux modes de notation, même s'ils ont plusieurs points communs (v. Annexe A).

4.1.2 Révision pragmatique

Lorsque la personne qui a rédigé ou traduit le texte n'a pas la possibilité de revoir la version révisée et d'en discuter avant la frappe définitive, il faut s'en tenir à une simple notation des corrections.

Solutions au choix – En révision pragmatique, le texte révisé étant destiné à la saisie, on ne doit pas indiquer de solutions au choix. C'est au réviseur de décider, non aux opérateurs de traitement de texte.

Annotations – Le texte révisé ne doit porter aucune annotation : justification de corrections, références, commentaires personnels. Si le réviseur désire attirer l'attention du donneur d'ouvrage sur des points particuliers tels que la qualité de la traduction ou les contraintes de la révision, il peut le faire sur une feuille annexe.

Exemples de corrections – Voici les principaux types de correction et leur notation. On se rappellera que, dans la pratique, toutes ces corrections seraient effectuées en couleur, ce qui s'impose notamment dans le cas des accents et des signes de ponctuation.

1) Suppressions

Cet exemple indique comment supprimer un signes de ponctuation, une lettre, un mot ou un passage lorsqu'on révise.

2) Adjonctions

On ajoute les signes de ponctuation directement sur le texte, les autres adjonctions se font en interligne et sont généralement signalées par un V renversé (∧) ou un lambda (λ).

3) Changements

On biffe des lettres, mots ou ~~paragraphes~~ *passages* à changer et on indique la correction ~~au-dessus~~ *en interligne* ~~de la ligne.~~

4) Déplacements

Il y a deux différentes façons d'indiquer un déplacement de lettres ou de mots comme on peut le voir par cet exemple.

5) Majuscules/minuscules

Pour remplacer une majuscule par une Minuscule, on se contente généralement d'une barre oblique. la majuscule est indiquée par trois petits traits.

6) Caractères supérieurs ou inférieurs

Cette correction est utilisée notamment dans le cas des abréviations courantes (Mme, ler), des symboles chimiques (H_2O) et des unités de mesure (ml).

7) Paragraphes

On indique le début d'un paragraphe par le symbole ¶ ou §. Pour supprimer un paragraphe, on utilise une flèche.

8) Espaces/rapprochements

On se sert – comme pour les corrections typographiques – du signe # pour espacer et du signe ‿ pour rapprocher. Les dits signes sont conventionnels.

9) Corrections à annuler

Pour annuler une correction, on souligne d'un trait ~~discontinu~~ *Bon* le mot corrigé et on écrit en dessous « Bon » ou « Stet ».

10) Passage omis

Si une omission ne peut être corrigée en interligne (passage ou paragraphe entier), on fait la correction sur une feuille distincte qui sera annexée à la page révisée. Dans ce cas, il faut clairement indiquer à la personne qui tapera le texte l'endroit où le nouveau texte doit être inséré.

4.1.3 RÉVISIONS DIDACTIQUE ET PÉDAGOGIQUE

Dans la pratique du métier, le réviseur est limité par le temps et doit donc s'en tenir à l'essentiel. Il s'ensuit que le texte révisé est rarement le *nec plus ultra*. Pour atteindre un plus haut degré de qualité, il faudrait consacrer des heures à la documentation et à la recherche terminologique, restructurer nombre de phrases, questionner l'auteur du texte... autant de démarches incompatibles avec les critères de rentabilité.

La situation est différente dans le cas des milieux où l'on considère la révision comme un excellent moyen de perfectionner les traducteurs débutants ou de fournir au personnel une aide à la rédaction. L'investissement du réviseur devient alors rentable, car les révisés profitent alors de l'expérience d'une personne de métier et ils évitent ainsi de refaire constamment les mêmes erreurs. L'enseignement de la révision vise un but similaire, qu'il s'agisse de former de futurs traducteurs-rédacteurs ou de les préparer à la pratique de la révision. La seule différence est que, dans ce dernier cas, l'étudiant « joue » au réviseur, tandis que le professeur contrôle la qualité de la révision.

La révision didactique ou pédagogique n'est pas soumise à autant de contraintes que la révision pragmatique; elle autorise donc un travail plus « raffiné » et moins impersonnel. Ses règles particulières reflètent cette réalité.

4.1.3.1 CORRECTIONS ET AMÉLIORATIONS

Une première caractéristique de la révision à fonction didactique ou pédagogique est d'aller plus loin dans la recherche de la qualité, ce qui est rendu possible par l'intervention moins impérieuse du facteur temps. Aux corrections « pragmatiques » viennent s'ajouter des *améliorations*, c'est-à-dire des changements non indispensables mais qui contribuent à rehausser la qualité sémantique, syntaxique et stylistique du texte. La personne révisée demeure entièrement libre d'accepter ou non ces suggestions qui, traduites en langue parlée, pourraient être présentées comme suit :

> Le réviseur au révisé : « Ce que vous avez écrit est exact et correct. Je vous propose une amélioration. Qu'en pensez-vous? » Et c'est le traducteur (ou le rédacteur) qui décide.

> L'étudiant au professeur : « J'estime que ce mot, ce passage ne nécessite pas une correction. Toutefois, personnellement, voici ce que j'écrirais. »

Pour éviter la « confusion des genres », il importe de faire une nette distinction entre les *corrections obligatoires* et les *améliorations proposées*. Cette distinction doit donc impérieusement apparaître dans le mode de notation.

4.1.3.2 NOTATION DES AMÉLIORATIONS

La première règle est de *ne pas biffer* les éléments d'énoncé pour lesquels on propose une amélioration. Le réviseur les délimite par des crochets, un trait ondulé ou un trait discontinu, puis indique l'amélioration en interligne. On peut pousser le raffinement jusqu'à l'emploi de couleurs différentes, les corrections étant notées en rouge (tradition oblige!) et les améliorations dans une autre couleur ou au crayon de mine. L'emploi de la mine présente un avantage en révision professionnelle : il permet au traducteur-rédacteur d'effacer les améliorations qu'il a décidé de ne pas retenir et d'envoyer ainsi un texte propre à la saisie. Le réviseur, par contre, doit constamment jongler avec deux stylos... Nous verrons ultérieurement que la méthode est adaptable à la révision au terminal.

Exemples d'améliorations — Il y a trois façons [également acceptables,] d'indiquer les mots et les passages pour lesquels on propose une amélioration : soit les crochets, le trait ondulé et le trait discontinu.

4.1.3.3 NOTES, FICHES ET ANNOTATIONS

La deuxième caractéristique de la révision à fonction didactique ou pédagogique est de rendre moins impersonnel le travail du réviseur. Les améliorations favorisent l'amorce d'un dialogue qui peut se poursuivre sous forme de notes, de fiches et d'annotations.

Dans le cadre d'un cours de révision, le professeur demande parfois aux étudiants de justifier leurs corrections et améliorations en indiquant les ouvrages consultés ou le motif du changement proposé. Pour ce faire, les étudiants inscriront par exemple un numéro de note après chaque mot ou expression qu'ils désirent justifier et rédigeront la note *sur une feuille distincte* annexée au texte révisé. Dans le cas d'une recherche terminologique, ils pourront joindre une fiche. Il est évident que les notes ou fiches ne doivent porter que sur des difficultés réelles ou des points litigieux (terminologie, grammaire, orthographe complexe, usage flottant) et non sur des corrections évidentes, du type « Le participe passé conjugué avec "avoir" s'accorde avec le complément direct. Cf. Grevisse, p. 690 ». De son côté, l'enseignant « rectifiera le tir », signalant les corrections injustifiées et les améliorations discutables. Au besoin, il justifiera aussi ses annotations. La correction en classe fournira à chaque étudiant l'occasion de demander des précisions et de faire valoir son point de vue.

Dans le cas du réviseur professionnel, l'intervention a lieu en deux étapes. Tout d'abord, il révise le texte en indiquant les corrections et les améliorations. Occasionnellement, il attirera l'attention du traducteur-rédacteur sur une règle de grammaire à revoir, un problème de terminologie ayant déjà fait l'objet d'une étude ou d'une fiche, un procédé de traduction ou un « truc du métier »; on ne peut cependant lui demander de justifier par écrit toutes ses corrections. Si l'on travaille sur une copie papier, mieux vaut indiquer les annotations au crayon ou sur une feuille en annexe, de façon à ne pas surcharger le texte révisé. Dans un deuxième temps, le réviseur doit fournir au traducteur-rédacteur toutes les précisions et explications que celui-ci peut raisonnablement demander. Nous verrons rapidement ci-dessous comment concilier cette façon de faire et certaines possibilités du traitement de texte. C'est au stade des justifications que les choses risquent de se compliquer; nous reviendrons sur cet aspect de la révision au chapitre des relations humaines.

4.1.4 Informatique et révision

L'ordinateur a largement pénétré l'univers de la traduction sans avoir toutefois de répercussions notables sur la révision[1]. L'informatisation de l'activité traduisante n'a pas délogé la révision classique : nombre de réviseurs travaillent toujours sur une copie papier. Il n'en reste pas moins que la révision des traductions humaines peut aujourd'hui être effectuée directement à l'écran. En outre, l'avènement de la traduction automatique (TA) a donné naissance à une nouvelle activité : la postédition.

4.1.4.1 Révision des traductions humaines

Pas plus que les autres activités humaines, la traduction n'a échappé à l'envahissement de l'ordinateur. Si l'informatique n'a pas modifié la méthodologie de la traduction, elle a par contre transformé les méthodes de travail des traducteurs et l'on ne saurait plus imaginer ces derniers sans ce qu'il est convenu d'appeler un PTT (poste de travail du traducteur). Cet équipement minimal englobant correcticiels[2] de tous ordres, vérificateurs typographiques, logiciels de mise en pages, banques de données sur cédéroms est au cœur de la traduction assistée par ordinateur ou TAO.

---

[1] Par exemple, quelques lignes à peine concernent directement ou indirectement la révision dans P. Bouillon et A. Clas (dir.) (1993), *La traductique. Études et recherches de traduction par ordinateur*, Montréal, Les Presses de l'Université de Montréal.

[2] Pour l'évaluation et la description de correcticiels, voir *Québec français*, printemps 1997 et été 1997, *Infolangue*, automne 1997, vol. 1, n° 4, p. 18, et *Science et Vie Micro*, n° 156, janvier 1998, p. 167-168.

Compte tenu de la production effrénée de logiciels pour scripteurs, on aurait pu s'attendre à voir se multiplier les produits informatiques de correction et de révision. Bien sûr, sont apparus sur le marché des instruments performants de détection et de correction des fautes de grammaire et d'orthographe, par exemple, mais, jusqu'à maintenant, ces aides informatisées – autonomes ou intégrées à des logiciels de traitement de texte – visent presque essentiellement la rédaction et, de façon corollaire, la traduction. Cependant, force est de constater que nombre de traducteurs ignorent ou feignent d'ignorer les correcticiels à leur disposition, sauf si l'indice d'une faute possible apparaît automatiquement à l'écran. Conscients de cette négligence ou de cette répugnance des traducteurs-rédacteurs, les réviseurs, eux, ont davantage recours à ces outils dont le principal intérêt est de les délivrer des corrections fastidieuses de type orthographique, grammatical ou typographique. Par ailleurs, jusqu'à aujourd'hui, dans le domaine anglais-français, ce sont encore les fonctions des logiciels de traitement de texte qui offrent le plus de possibilités.

4.1.4.1.1 Révision didactique

Outils simples empruntés au traitement de texte – Parmi les fonctions simples assez intéressantes pour la révision, mentionnons, d'une part, le surlignage coloré et les grisés et, d'autre part, les comparateurs de textes. On l'aura compris, les artifices visuels ne sont que la version informatisée des crayons ou stylos de couleur. Grâce aux comparateurs de documents, d'un maniement beaucoup moins laborieux que le recours à la couleur, le traducteur reconnaît immédiatement la majorité des modifications apportées à son texte, les écarts entre sa traduction brute et sa traduction révisée lui étant signalés par des codes insérés par le logiciel lui-même. Dans la plupart des cas, cependant, les marques n'indiquent guère que les ajouts et les suppressions par rapport à la première version. Par ailleurs, ces outils assez peu évolués donnent lieu aux critiques suivantes :

1° Impossibilité de différencier simplement et clairement les corrections des améliorations.

2° Obligation pour le réviseur d'indiquer les améliorations proposées (de même que les observations et références) en les intégrant au texte, sous forme, par exemple, de parenthèses ou de notes ou par le recours à des codes maison.

3° Obligation de reconstituer le texte révisé : la version originale est parfois tellement surchargée que le texte devient illisible.

4° Limites de certains comparateurs de traitements de texte qui ne signalent pas expressément tous les déplacements de portions de texte.

5°   Limites des comparateurs qui ne mettent pas en évidence tous les changements de police de caractères.

6°   Inconfort causé par la lecture du texte révisé, surtout si on lit directement au terminal.

Il est vrai qu'on peut atténuer ces désavantages par le recours aux fonctions *commentaires* et *texte caché* associées aux traitements de texte, mais encore faut-il que la personne révisée soit au fait de la présence des commentaires, pense à les consulter et, surtout, n'oublie pas de les supprimer au moment de remettre son texte définitif sous forme électronique.

Outils améliorés ou aides de deuxième génération – Il faut aussi faire état des fonctions dites d'*annotation* ou de *marques de révision* récemment intégrées aux traitements de texte et qui présentent pour la révision didactique une nette évolution par rapport aux outils de première génération. Même si ces perfectionnements n'ont vraisemblablement pas été conçus pour répondre aux besoins de la révision des traductions, on peut en tirer des applications intéressantes. Par exemple, utilisés judicieusement, ils rendent possible la distinction entre modification imposée et modification proposée, c'est-à-dire entre correction et suggestion. En effet, soit en récupérant intégralement les possibilités des logiciels, soit en les adaptant, on peut désormais choisir d'apporter les changements sur le texte ou dans un écran spécialement conçu pour l'inscription de notes. Éventuellement, ce deuxième écran, parfois appelé *volet*, joue le rôle de la *feuille distincte* annexée au texte révisé. La plupart des modifications au texte original sont de plus associées à un code ou à un ensemble de codes graphiques (accolades, symboles, couleurs, etc.) conventionnels qui ne peuvent échapper au traducteur. Dans certains volets d'annotations peut s'instaurer un échange entre réviseurs et révisés. D'ailleurs, d'ici peu, une espèce de dialogue – ou, plutôt, de correspondance parlée – s'établira entre les deux parties puisque la technologie intègre déjà aux traitements de texte les notes vocales ou audio. Écrites ou parlées, les interventions de révision ne sont intégrées au texte que sur confirmation de l'auteur de la traduction. Les perfectionnements évoqués sont notables, sinon révolutionnaires, mais ils présentent encore des lacunes puisqu'ils ne peuvent fonctionner sans une intervention humaine très active. À ce jour, aucun de ces moyens informatiques ne génère, par exemple, les transformations grammaticales, syntaxiques ou stylistiques rendues nécessaires par les révisions; une fois la traduction remaniée, il faut, après l'avoir repassée aux détecteurs d'erreurs, la relire attentivement.

4.1.4.1.2 RÉVISION PRAGMATIQUE

Par contre, de par sa nature même, la révision pragmatique au terminal présente surtout des avantages. Elle est rapide (correction directe, corrections globales par *recherche et remplacement*), économique (élimination des frappes successives) et souple (déplacement facile d'éléments de texte). Pourtant, elle ne compte pas autant d'adeptes que ses qualités pourraient le laisser croire; les réticences à son endroit tiennent en grande partie à des facteurs ergonomiques et, notamment, à la fatigue oculaire. Mais si l'on en croit les fabricants de matériels, l'amélioration des écrans et des filtres protecteurs est en train de transformer la situation.

4.1.4.2 POSTÉDITION

La postédition a déjà été abordée en 1.1.4 où l'on a établi que la relecture des traductions machine représente la forme parfaite de la révision pragmatique. Cette forme de révision obéit tout de même à des principes particuliers dont l'exposition dépasse le cadre du présent manuel[3]. On retiendra toutefois que la nature des interventions des postéditeurs dépend de la qualité du produit à vérifier, celle-ci étant à son tour fonction d'au moins trois éléments : complexité du texte original, résultat attendu à la sortie et degré d'adéquation du programme de TA utilisé à la nature de la traduction traitée.

Si nous évoquons ici la postédition, c'est aussi pour mettre en évidence l'importance de l'intervention humaine dans toute la chaîne de l'activité de traduction. On ne peut s'empêcher de remarquer que la traduction entièrement humaine est à la recherche de méthodes automatiques de révision alors même que la traduction automatique a fait la preuve que ses produits ne sont livrables qu'une fois soumis à la révision humaine. Il y a là matière à réflexion.

4.2 ÉTUDES DE CAS ET MODÈLES DE RÉVISION

4.2.1 TRADUCTION NON RÉVISABLE

La traduction reproduite à la page suivante est un exemple typique de texte irrécupérable. Elle va en effet à l'encontre de tous les principes de la traduction en bafouant à la fois l'exactitude et le code. À partir d'un humour assez fin dans l'original – une étiquette accompagnant une peluche représentant une sorte de manchot –, on a abouti à un

---

[3] Voir l'article d'A.-M. Löffler-Laurian déjà cité, « Post-édition rapide et post-édition conventionnelle », et celui de M. Vasconcellos (1987), « A comparison of MT postediting and traditional revision », K. Kummer (ed.), *Proceedings of the 28th Annual Conference of the American Translators Association*, Medford (NJ), Learned Information, p. 409-416.

charabia qui n'a rien d'un texte. Face à ce genre de non-texte, le réviseur doit refuser d'intervenir : une retraduction sera plus rentable (coût et qualité).

A FEW NOTES ABOUT THIS SPECIES...

You are holding a scientifically accurate replica of OPII BIGGUS SHNOZOLUS, or "The Common Hefty-nosed Penguin."

The range of this majestic seabird includes most of Antarctica and eastern Argentina, although they have been known to hop a cab and slip up to Iowa for a wild weekend.

The food of the Hefty-nosed Penguin includes herring, halibut, young sardines, small assorted South Atlantic schooling fish and POP TARTS.

Nesting season is early June. Mating behavior is, as yet, still a mystery since the Hefty-nosed Penguin is discreet, if not easily embarrassed animal.

When not feeding or caring for their young, the species will enjoy skinny-dipping, long hot baths, reminiscing about the 1960s, foot massages and listening to old MOODY BLUES records late at night with the lights out.

Being fairly liberal minded, the Hefty-nosed Penguin would, as a group, all be driving used Volvos if they courd reach the pedals.

Their taste in television, by the way, is atrocious and merits no further elaboration here.

In conclusion, the Hefty-nosed Penguin is a gentle bird... easily influenced and overly sensitive. With their pleasant disposition and generally optimistic nature, the species is a welcome member of the WILD KINGDOM, even if they do eat crackers in bed.

The Greenpeace Foundation
will receive a portion of the
royalties derived from the
sale of this item.

Quelques notes au sujet de cette espèce...

Vous êtes en train de tenir une réplique exacute et spécifique de OPII BIGGUS SHNOZOLUS, ou, "Le Pingouin Commun avec le Nez gros".

La rangée de cet oiseau majestueux de la mer renferme la plupart de l'Antarctique et l'est de l'Argentine, bien qu'ils étaient vus de sauter le taxi et glisser à Iowa pendant un week-end sauvage. La nourriture de Le Pingouin avec le Nez gros comprend le hareng, le flétan, les petites sardines, les petits poissons assortis d'instruction de l'Atlantique du sud et POP TARTS.

La saison de nicher est tôt le juin. La conduite accouplée est, jus qu'à présent, encore un mystère puisque le Pingouin avec le nez gros est un silence, s'il n'est l'animal embarrassé facilement.

Lorsqu'ils ne nourissent ou soignent pas ses petits, l'espèce prendra plaisir à la baignade maigrelet, le long bain chaud, racontant ses souvenirs vers le 1960s, le massage de pieds et l'écoute de les disques vieux de MOODY BLUES en retard de nuit avec l'éxtinction des feux. Étant libéral assez, le Pingouin avec le Nez gros, comme un groupe, peuvent être conduit avec Volvos s'ils peuvent atteindre les pédales.

Leur goût en télévision, à propos, est affreux, et les mérites si je n'élabore rien de plus ici.

Pour conclure, le Pingouin avec le Nez gros est un oiseau gentil... influencé facilement et troz sensible. Avec leur caractère agréable et naturel optimiste en général, l'espèce est un nombre bien venu de le WILD KINGDOM, même s'ils mangent les craquelins dans un lit.

> Le Greenpeace Foundation recevra une portion de la royauté conduite de la vente de cet article.

4.2.2 Révision unilingue, pragmatique

L'article de journal présenté ci-dessous contient des fautes qui relèvent principalement du paramètre « correction » ou « code ». Il est donc facilement révisable.

LE BRAS DROIT DE SIROIS, SACHA MORIN, S'EN VA...

Le parrain de l'escouade combinée anti-terroristes et du ~~notoire~~ *célèbre* règlement municipal anti-manifestations, Me Sacha Morin, quitte son poste de directeur ~~des services légaux~~ *du contentieux* et d'avocat en chef de la ville de Montréal.

Le Comité exécutif de la ville de Montréal a en effet accepté hier la démission de Me Sacha Morin. Ce dernier ne sera plus ~~à l'emploi~~ *au service* de la ville à compter du 16 décembre ~~prochain~~. ~~Me Morin~~ *Il* retourne à la pratique privée ~~et joint~~ comme associé ~~le~~ *du* bureau d'avocat bien connu, Laing, Weldon, Courtois, Clarkson, Parsons, Gonthier & Tétrault.

La rumeur de la démission de Me Morin ~~traînait~~ *circulait* dans les corridors de l'hôtel de ville depuis quelques semaines déjà. On répétait volontiers que le torchon brûlait entre le maire Sirois et son bras droit. Rejoint au téléphone hier, Me Morin a cependant nié tout désaccord avec l'administration municipale. Le chef du contentieux a alors affirmé que sa décision était prise depuis plusieurs mois et qu'il avait retardé son départ pour mener à terme un certain nombre de dossiers.

Les militants de la gauche connaissent bien Sacha Morin. Il fut, avant son accession au poste d'~~aviseur légal~~ *de conseiller juridique* de la police de Montréal, procureur de la couronne dans de nombreuses causes dirigées contre eux. C'est également Sacha Morin qui ~~initia~~ *instaura* la pratique de photographier ~~sur-le-champ~~ ~~et sur place,~~ toutes les personnes arrêtées pendant les manifestations. Me Sacha Morin est aussi celui qui entretint des contacts très étroits avec la Law Enforcement Intelligence Unit, sorte d'Interpol politique américain. Il fut en 1970 un des maîtres d'œuvre de la politique de *la* « ligne dure » adoptée par le gouvernement du Québec et l'administration municipale de Montréal. À l'image de Jérôme Duplessis, on dit de Sacha Morin qu'il est un homme très religieux.

4.2.3 Révision unilingue, didactique

La lettre qui suit a un caractère publicitaire. Or, elle contient des maladresses et des incorrections – autant de déficiences qui nuisent à l'efficacité du message. En fait, cette efficacité se trouve particulièrement compromise en raison même de l'objet de la lettre. En effet, le style approximatif et l'apparente ignorance du protocole épistolaire soulèvent des doutes sur la qualité du produit, linguistique, offert.

58

VOYAGES HAUT SAVOIR

1347, av. Aragon est, bureau 1400
Montréal (Québec) H3T 1W9
Tél.: (514) 679-4553 *gras ?*
Fax : (514) 679-7351

Le   1999

Madame,
Monsieur,

~~Bonjour,~~ *Voici votre*

[Veuillez ~~réceptionner,~~ *trouver* ci-joint ~~à cette lettre,~~ le «Guide des séjours linguistiques»,
édition *de l'an* 2000.]

Nous espérons que, parmi les nombreux programmes offerts, ~~nous avons~~ *vous trouverez* celui qui

pourra satisfaire vos objectifs d'apprentissage *ou* et de perfectionnement linguistique.

Les tarifs annoncés datent du
~~Les écoles ont élaboré leurs tarifications en date de~~ 1 er septembre dernier. ~~C'est~~
~~tout à votre~~ *Vérifiez* ~~avantage de demander~~ les tarifs applicables aujourd'hui, car ils

peuvent ~~fluctuer~~ *avoir* selon les taux de change *avec* en vigueur dans chaque pays le jour de la (?)

réservation (sauf pour les ~~destinations Nord et sud-américaines~~ *séjours en Amérique du Nord ou en Amérique du Sud*).

Cette démarche pourrait vous faire
On peut économiser ainsi de 10 à 20 % sur certaines destinations européennes.

Notez que
Le transport aérien n'est jamais inclus dans le ~~coût~~ *prix* des séjours linguistiques, car

celui-ci fluctue selon la date ~~du choix~~ de cours et par conséquent ne peut être prévisible

~~à l'avance~~.

transports
Pour tout renseignement concernant les séjours linguistiques, les ~~tranferts~~ aériens,

les assurances, les taux de change, etc., n'hésitez pas à contacter nos services qui se

feront un plaisir de vous aider dans la planification de votre voyage.

Si vous nous appelez   *Composez le numéro 800 que*
§ Pour les appels en provenance de l'extérieur de Montréal, Voyages HAUT SAVOIR

votre
met à la disposition de ses clients une ligne téléphonique sans frais.

Le numéro est le suivant : 1-800-365-2098.

Agréez, Madame, Monsieur, mes sincères salutations,
~~Au plaisir d'une future communication.~~

Gabrielle Tournier,
Conseillère

P.J. *Guide des séjours linguistiques*

59

4.2.4   Révision bilingue, pragmatique

Cas limite d'une traduction comportant de nombreuses déficiences, notamment des contresens graves, mais qu'il est néanmoins possible de réviser en rendant acceptable le produit fini.

The Planning Study and Some Events Leading up to Selection of Roberts Bank

The Vancouver Harbour area within Burrard Inlet encompasses some 49 square miles of water area, contains 64 deepsea berths and possesses a minimum low water depth at the entrance of the Harbour of 39 feet. Vancouver is one of the world's largest wheat shipping ports and is the busiest dry cargo port on the west coast of the Americas. The annual tonnage throughput of approximately 23 million tons is mainly in the form of bulk raw material exports.

The existing harbour is well equipped to handle these exports as it contains seven grain elevators as well as three bulk terminals.

Two factors have placed great importance on the planning and development of Vancouver in its role as the major seaport on the west coast of Canada.

1. Vancouver is the spout of a single funnel receiving over 90 percent of all rail goods shipped overseas from Western Canada.

2. Nowhere along the whole of the B.C. Mainland coast is there undeveloped level land of any consequence other than the 90 square miles of Fraser Delta tidal flats.

With the two foregoing considerations in mind the Federal Government extended the boundaries of Vancouver Harbour south to the 49th Parallel at the Canadian-U.S. Border, increasing the total water area of the harbour to over 200 square miles.

LE CHOIX DE ROBERTS BANK

La ~~région~~ [zone] portuaire de Vancouver, ~~circonscrite dans~~ [délimitée par la baie de] Burrard Inlet, ~~représente une superficie maritime~~ [à un plan d'eau] de quelque 49 ~~mi~~ [milles carrés et compte 64 postes d'accostage], ~~comprend un bassin de mouillage de 64 pieds~~ en eau profonde[; la] ~~et sa~~ profondeur à l'entrée du ~~port~~ [bassin] n'est pas inférieure à 39 pieds. Vancouver est l'un des plus ~~importants~~ [grands] ports d'expédition de blé [du monde] ~~et le port en cale sèche le plus considérable~~ [et le plus actif pour le mouvement des marchandises solides] de la côte ouest de l'Amérique! Son ~~tonnage~~ [trafic] annuel — quelque 23 millions de tonnes — est constitué en grande partie d'exportations de matières premières.

Le port actuel, doté de sept élévateurs à grain et de trois terminaux, permet ce genre[s] [(de chargement en vrac)] d'~~exportations~~ [activité]. Deux facteurs ont contribué au choix de Vancouver pour l'aménagement du principal port de mer de la côte ouest du Canada :

1. Vancouver est le ~~bec d'un entonnoir où aboutissent plus~~ [point de convergence] de 90 % des marchandises [d'exportation acheminées des provinces de l'Ouest par chemin de fer] ~~expédiées outre-mer par voie ferrée depuis l'ouest du Canada.~~

2. ~~Sauf les 90 mi² des marées du~~ [À l'exception d'une étendue de 90 milles carrés dans le du] delta de Fraser, le littoral de la Colombie-Britannique [n'offre aucun site favorable à l'implantation d'un port.] ~~se prête à des transformations.~~

Ces deux considérations ont amené le gouvernement fédéral à étendre les ~~frontières~~ [limites] du port de Vancouver jusqu'au 49e parallèle [, soit à] — la frontière américaine, ~~agrandissant~~ [portant] ainsi la ~~région portuaire de plus de 200 mi².~~ [superficie totale du plan d'eau à plus de 200 milles carrés.]

4.2.5 RÉVISION BILINGUE, DIDACTIQUE

La traduction qui suit ne contient que quelques fautes de langue et de sens. Cependant, bien que généralement conforme au code, elle ne rend pas nécessairement compte de la démarche du français. D'ailleurs, en rapprochant l'original et la traduction, on comprend la raison de cet écart à l'idiomaticité : les deux textes se superposent presque parfaitement.

TRAVELLING TO THE UNITED STATES

Canadians make more than 50 million trips each year to the United States. Because of our close relationship with our neighbours to the south, we sometimes forget that we're visiting another country. The same preparations shoud be made for visiting the United States as for travelling to any other foreign country. And it should be remembered that their laws and customs are different from ours at home.

Always carry your Canadian passport, citizenship or birth certificate when you're travelling to the United States. A driver's licence is not valid proof of citizenship. When you're returning by air from the United States, you will have to prove that you're a Canadian citizen, otherwise you may not be allowed to board. We urge you to carry a Canadian passport, as it is the best form of identification.

Single parents travelling wih children often need prove of custody or letters from the other parent authorizing travel. Kidnapping is high on the U.S. Immigration officials' agenda, and not having this documentation may prevent you from entering or continuing your trip.

The United States' Zero Tolerance Policy imposes severe penalties for the possession of even a small amount of illegal drugs. U.S. Customs has confiscated thousands of motor vehicles since the implementation of this policy in 1988.

DÉPLACEMENTS
VOYAGES AUX ÉTATS-UNIS

Chaque année, *traversent la frontière américaine fois*

Les Canadiens font plus de 50 millions de voyages aux États-Unis. Comme nous avons des relations étroites avec nos voisins du sud, nous oublions parfois que nous sommes dans un pays étranger. Avant de nous rendre aux États-Unis, nous devrions faire les mêmes préparatifs que pour n'importe quel autre pays. Et nous devrions nous rappeler que les lois et les coutumes de ce pays sont différentes des nôtres.

chez eux, c'est pourquoi la/ partir pour les *prendre précautions*

Si allez *votre*

Quand vous vous rendez aux États-Unis, ayez toujours votre passeport, certificat de citoyenneté ou certificat de naissance canadien sur vous. Le permis de conduire n'est pas une preuve de citoyenneté valable. En revenant des États-Unis par avion, vous devez prouver que vous êtes citoyen canadien, sinon vous risquez de vous voir refuser l'accès à bord. Nous vous conseillons vivement d'avoir toujours sur vous votre passeport canadien, car c'est votre meilleure pièce d'identité.

votre *Si vous devez rentrer* *ne* *Ayez* *donc* *la plus fiable*

Un parent voyageant avec des enfants est souvent obligé de prouver qu'il en a la garde ou de présenter une lettre d'autorisation de l'autre parent. Les autorités d'immigration américaines ont fort à faire avec les kidnappings et elles peuvent vous refuser l'entrée dans le pays ou vous empêcher de poursuivre votre voyage si vous n'avez pas ces documents.

a fait une priorité de la lutte contre les enlèvements peut *nécessaires*

Par ailleurs, *prévoit* *pour les*

La politique américaine de tolérance zéro permet d'infliger de lourdes amendes aux personnes trouvées en possession de drogues illicites, même en quantité minime. Depuis la mise en application de cette politique en 1988, les douanes américaines ont confisqué des milliers de véhicules.

Par exemple, l'entrée vigueur réglementation

1 [Comme nous sommes près des Américains, il nous arrive d'oublier]

2 [Tout parent qui voyage avec un ou plusieurs enfants mais sans l'autre parent peut être obligé de démontrer qu'il a la garde des enfants]

4.2.6 RÉVISION, LECTURE CRITIQUE

Le texte suivant, extrait d'une publication gouvernementale, aurait pu être amélioré par une rapide révision se limitant à une lecture critique.

PRÉSENTATION DU MANUSCRIT

Toutes les personnes ayant une expérience de l'édition sont d'accord sur un point : le bon déroulement du processus d'une publication est intimement ~~re~~lié à la qualité du manuscrit avec lequel on travaille.

Trois caractéristiques permettent d'évaluer cette qualité : le contenu proprement dit doit être définitif; la parfaite connaissance du sujet doit se traduire par un texte qui, tout en respectant la grammaire et l'orthographe, ~~doit être~~ *est* simple et clair; ~~il~~ *le manuscrit* doit, enfin, comporter tous les éléments hors-texte qui apparaîtront dans la publication ~~tels que les~~ (notes explicatives, ~~les~~ références bibliographiques, *l'*indication de l'espace prévu pour un graphique ou une illustration...).

En définitive, si ~~du temps est perdu~~ *l'on perd du temps* à cause d'un manuscrit mal préparé pour l'édition ou si des changements sont demandés ultérieurement, c'est le client qui en ~~paiera~~ *fera* les frais.

Même les manuscrits destinés à ~~être reprographiés~~ *la reprographie* doivent répondre à des normes de qualité, tant au point de vue du contenu qu'à celui de la forme. Ces normes sont à peu de choses près celles qui ~~prévalent pour~~ *régissent* la présentation de travaux de recherche, de rapports ou de thèses.

La Direction générale des publications gouvernementales a préparé une série de guides consacrés à la présentation des manuscrits. ~~et~~ elle se réserve le droit de refuser d'imprimer ou d'éditer un manuscrit qui ne répondrait pas à ses normes.

5

RÉVISION ET RELATIONS HUMAINES

On n'insistera jamais trop sur l'importance des relations humaines dans le processus de la révision bien comprise. Il est en effet impossible de concevoir une révision à fonction didactique qui soit à la fois fructueuse et rentable s'il n'existe pas de bons rapports entre réviseur et révisé. À cet égard, on peut donc dire que la révision est une école de relations humaines et peut-être souhaiter que l'initiation à la révision comprenne l'enseignement des principes de la psychologie appliquée aux rapports interpersonnels.

5.1 UN RÔLE DÉLICAT

Si la révision consiste à corriger un texte en vue de l'améliorer, il est sans doute humain qu'auteurs et traducteurs révisés soient habituellement plus sensibles à l'aspect correctif qu'à l'aspect amélioratif de l'intervention du réviseur. Nul n'aime se faire prendre ou reprendre, et une réaction instinctive porte les révisés à citer le dicton : « La critique est aisée, et l'art est difficile. »

De tout temps les traducteurs se sont plaints des critiques de leurs œuvres. Déjà au début de notre ère, saint Jérôme oubliait quelques instants la charité chrétienne pour vilipender, avec un humour acerbe, ses détracteurs. Au XVIIe siècle, le grand traducteur français Perrot d'Ablancourt exprimait en termes mesurés ce que beaucoup de traducteurs ont pensé ou dit après lui, parfois plus vertement :

> *Tout le monde n'est pas capable de juger d'une traduction, quoy que*
> *tout le monde s'en attribue la connaissance, et, icy comme ailleurs, la*

maxime d'Aristote devrait servir de règle qu'il faut croire chacun en son Art.

Précisons toutefois que ces réactions très humaines s'adressent généralement à des critiques incompétents et non aux réviseurs professionnels qui, sauf exception, n'entrent pas dans cette catégorie. Néanmoins, la compétence du réviseur est un premier sujet de contention, d'où la nécessité pour lui d'établir sa crédibilité par la pertinence de ses interventions. C'est alors qu'il pourra citer sans complexe ce conseil de Boileau :

> *Je vous l'ai déjà dit : aimez qu'on vous censure,*
> *Et, souple à la raison, corrigez sans murmure.*
> *Mais ne vous rendez pas dès qu'un sot vous reprend.*

Un deuxième handicap tient à la structure hiérarchique. Très souvent la fonction du réviseur déborde le cadre purement linguistique de son intervention pour englober des responsabilités de gestion et de contrôle. C'est toutefois plus particulièrement le cumul des tâches de correction et d'évaluation qui fait problème. Ainsi, du fait de ses attributions, le réviseur peut facilement être perçu comme un « sous-patron » et non comme un collègue et collaborateur.

Enfin, le réviseur compétent et non « imbu de ses prérogatives » a un troisième obstacle à surmonter : il doit savoir communiquer avec les traducteurs ou rédacteurs dans un esprit de franche collaboration, de façon à ne pas provoquer chez ces derniers une réaction d'autodéfense. Cette aptitude ne va pas nécessairement de pair avec la compétence, et les cas ne sont pas rares où un réviseur, par ailleurs excellent, éprouve de graves difficultés sur le plan des rapports professionnels normaux. Ajoutons aussitôt qu'en ce domaine les torts sont souvent partagés, le réviseur ne pouvant imposer sa collaboration à des rédacteurs ou des traducteurs par trop rétifs.

On pourrait conclure que le travail du réviseur n'est pas une sinécure... et c'est souvent vrai. Par contre, pratiquée dans un climat favorable, la révision est une activité très enrichissante, car elle met à contribution toutes les qualités intellectuelles et humaines de la personne qui l'exerce. Or, ce climat, c'est au réviseur qu'il incombe en grande partie de le créer.

5.2 LES RAPPORTS AVEC LE TRADUCTEUR

Il est difficile d'établir un « code de comportement » applicable d'une façon générale aux rapports entre réviseur et traducteur, tant ces rapports peuvent varier selon le milieu de travail, le type de révision et la personnalité des parties en cause. On peut néanmoins énoncer quelques principes généraux que le réviseur devrait suivre dans l'exercice normal de son activité.

5.2.1 COMMUNAUTÉ D'OBJECTIFS

Le réviseur et le traducteur partagent en commun les deux grands objectifs de la révision didactique : assurer la qualité du produit fini et contribuer au perfectionnement du révisé. Cette communauté d'objectifs, lorsqu'elle est bien comprise, peut servir de base à une collaboration fructueuse.

Dans la recherche de la qualité, chacun joue un rôle d'égale valeur. Il s'agit donc d'une collaboration entre pairs, mettant en jeu des compétences distinctes, certes, mais pas nécessairement dans un rapport inférieur/supérieur. En effet, s'il peut arriver que le réviseur joue le rôle de mentor auprès d'un traducteur débutant, le cas est également fréquent où la révision porte sur le travail d'un traducteur professionnel dont la compétence ne peut être mise en doute. C'est en prenant conscience de cette réalité que le traducteur peut situer à sa juste place l'intervention du réviseur.

La collaboration est également facilitée si le traducteur constate que la révision est pour lui un excellent moyen de se perfectionner. C'est d'abord la seule façon d'éviter la répétition des mêmes erreurs : nous avons tous nos petites lacunes et quelques mauvaises habitudes langagières, qui ne peuvent être corrigées que si quelqu'un nous les signale. En outre, le réviseur peut apporter une aide positive en inculquant une méthode de travail, en enseignant quelques « trucs du métier », en recommandant des lectures orientées vers la correction des déficiences constatées ou l'enrichissement des connaissances.

Les rapports qui s'établissent ainsi ne sont nullement à sens unique : dans certains cas, le réviseur apprend tout autant sinon plus que le traducteur. Il peut alors noter un équivalent judicieusement choisi, un néologisme utile, une tournure bien rendue. Et rien ne l'empêche de féliciter le traducteur de sa trouvaille.

5.2.2 AIDE À LA RECHERCHE

Un bon moyen pour le réviseur d'amorcer une franche collaboration avec le traducteur est d'aider celui-ci à l'étape préliminaire de la documentation. Ayant généralement une longue expérience qui l'a amené à lire des textes dans les domaines les plus variés, le réviseur peut orienter la recherche du traducteur en lui indiquant des ouvrages pertinents et des sources de documentation. En fait, dans les entreprises sans documentaliste-terminologue, le réviseur est souvent la seule personne ayant des connaissances suffisamment encyclopédiques pour assumer cette fonction. Parfois, il doit aussi s'assurer que le traducteur dispose de tout le matériel, de toute la documentation et de toutes les informations nécessaires à l'exécution de son travail. Dans les conditions actuelles d'exercice de la profession, le traducteur ou la traductrice frais émoulus de l'université ont intérêt à se trouver un ou une mentor qui remplira auprès d'eux le rôle traditionnel du réviseur.

5.2.3 NOTES ET FICHES

Service pour service, le réviseur est en droit d'attendre que le traducteur collabore au travail de révision en le facilitant. Il semble notamment élémentaire que le traducteur cite ses sources, dans la marge ou sur un feuillet joint à la traduction, et qu'il annexe ses fiches terminologiques. Il évite ainsi au réviseur d'avoir à faire les mêmes recherches, ce qui entraînerait une perte de temps injustifiable. Lorsque le donneur d'ouvrage a exprimé des préférences ou des exigences, le traducteur doit également en informer le réviseur. Notons enfin que dans certains services et cabinets de traduction où l'établissement de fiches est exigé, en vue notamment d'enrichir la base de données terminologiques, c'est au réviseur qu'il incombe de vérifier si ce travail a été exécuté.

5.2.4 ATTITUDE POSITIVE

Adopter une attitude positive est sans doute la règle d'or de la révision. Le réviseur ne peut se contenter de « rougir » les textes; il doit constamment montrer que son principal souci est d'en améliorer la qualité.

Il est certes dans l'intérêt du traducteur qu'on lui indique ses lacunes et ses ma-ladresses, non pas pour lui signifier son incompétence mais pour contribuer à son perfectionnement. On ne doit pas, toutefois, oublier de faire ressortir ses points forts : recherche méthodique, passage bien rendu, style coulant, restructuration heureuse... En révision comme ailleurs, le renforcement positif porte ses fruits.

Très souvent, tout est dans la manière. Et c'est là que le réviseur doit exercer ses talents en relations interpersonnelles, qu'il doit faire preuve d'empathie et appliquer le principe de substitution : « Si c'était moi qu'on révisait, comment réagirais-je à cette correction? ». S'étant posé cette question, il rayera d'office de son vocabulaire toute une série de remarques désobligeantes qui n'ont pas leur place en révision. En voici quelques exemples :

NE PAS DIRE :	DIRE, selon le cas :
Vous écrivez comme un pied.	Il faut surveiller votre style. / Avez-vous essayé de vous inspirer du style des bons auteurs dans le domaine?
C'est plein de contresens.	Vous devriez lire davantage en anglais. / La logique du texte français laisse un peu à désirer.
Vous n'avez rien compris.	Comment vous êtes-vous documenté avant de traduire?
Vous faites trop de fautes d'orthographe.	Vérifiez l'orthographe des mots dans le dictionnaire. / Avez-vous oublié d'utiliser le vérificateur orthographique?
Tout le vocabulaire technique est faux.	Je vous recommande tel glossaire; il vous permettra d'actualiser votre vocabulaire.
Où êtes-vous allé chercher ça?	Citez vos sources.
Ça sent la traduction!	Il faut vous efforcer de repenser vos phrases en français. / Essayez de décoller de l'original.

La nature humaine étant ce qu'elle est, on peut permettre au réviseur de *penser* ce qui est écrit dans la colonne de gauche, mais il doit *dire* ce qui figure à droite!

Les traducteurs ont la réputation d'avoir l'épiderme sensible. Conscient de ce fait, Valery Larbaud proposait avec humour « un cérémonial comme on peut imaginer qu'il y en eut entre les mandarins-traducteurs de l'ancienne Chine : saluts, compliments, sourires, et : "Ta lumière, ô très exact, n'a pas daigné resplendir sur les ténèbres de cette phrase." » On comprend qu'en l'occurrence il eût été délicat de dire : « Cette phrase est du chinois », mais une touche de politesse orientale contribuerait sans doute à civiliser les rapports entre réviseurs et traducteurs.

5.2.5 Traductions inacceptables

Nous avons vu précédemment que la révision ne doit pas être une retraduction, ne serait-ce que pour une simple question de rentabilité. L'intervention du réviseur devrait se limiter à un travail de vérification et de polissage. Si un texte n'est pas révisable parce qu'il est l'œuvre d'un traducteur peu consciencieux, le réviseur doit en informer son supérieur : réviser un brouillon serait un encouragement à l'incompétence, à la paresse ou à la négligence. Par contre, il peut arriver qu'un traducteur produisant normalement des textes convenables ait eu une défaillance, soit qu'il ne connaissait pas le domaine, soit qu'il ne se sentait pas inspiré ou pour toute autre raison. Dans ce cas, le réviseur doit lui demander de reprendre sa traduction en corrigeant les déficiences : recherche insuffisante, traduction trop littérale, orthographe boiteuse, style négligé... S'il s'agit d'un débutant, on fera naturellement preuve de plus de tolérance.

5.2.6 LE DANGER DES PALABRES

La révision ne peut être formatrice que si le traducteur revoit son texte révisé et a la possibilité de se faire expliquer les corrections dont la pertinence lui échappe. Sauf dans le cas de débutants, il ne peut être question pour le réviseur de justifier chacune de ses interventions : la majorité des corrections doivent être évidentes, libre au traducteur de vérifier dans un dictionnaire ou une grammaire s'il a des doutes.

Le traducteur doit néanmoins savoir que son réviseur est ouvert à la discussion et qu'il accepte volontiers de justifier ses décisions. D'ailleurs, le réviseur doit toujours être prêt, c'est-à-dire disposé et préparé, à expliquer ses corrections. Un échange de vues peut alors être très enrichissant, à condition qu'il ne dégénère pas en parlotte et arguties... C'est évidemment là un des dangers de la révision didactique contre lequel il faut se prémunir. Il suffit bien souvent d'énoncer dès le départ les règles du jeu.

5.2.7 AGENT DE MOTIVATION

De par ses fonctions, qui comportent souvent l'encadrement d'un petit groupe de traducteurs, le réviseur est généralement appelé à jouer le rôle d'agent de motivation. Il doit veiller à maintenir ou à accroître le rendement qualitatif et quantitatif des traducteurs dont il a la responsabilité. C'est un rôle qui n'est pas toujours facile ni agréable, car il place le réviseur entre le marteau et l'enclume : d'un côté, il doit faire respecter des normes de production; de l'autre, il ne peut s'aliéner la bonne volonté des traducteurs en les transformant en machines à traduire. Ainsi placé en position intermédiaire, le réviseur est presque nécessairement amené à transiger, à accepter un compromis entre un idéal perfectionniste et les contraintes de la rentabilité. Mais cette situation n'est-elle pas inhérente à la traduction? Il n'en demeure pas moins que le réviseur peut être un bon agent de motivation sans pour autant se comporter en bourreau. Tout dépend de la qualité des rapports professionnels et personnels qu'il aura su établir avec « ses » traducteurs.

5.3 Les rapports avec l'auteur

En révision unilingue, c'est avec l'auteur du texte que le réviseur doit traiter. Si la plupart des principes généraux énoncés plus haut peuvent s'appliquer moyennant quelques légères adaptations, la révision unilingue a aussi des particularités et des exigences spécifiques.

5.3.1 La connaissance de l'interlocuteur

Traducteurs et réviseurs appartiennent à la même famille de métiers; ils parlent le même langage, connaissent les mêmes problèmes, travaillent souvent dans le même service ou pour le même client. Ce sont des « langagiers », des spécialistes de la langue. Même si un degré hiérarchique les sépare, ils se côtoient continuellement et entretiennent généralement des rapports d'égal à égal.

Tout autre est la situation en révision unilingue. Les auteurs des textes peuvent appartenir à tous les rangs hiérarchiques, depuis le président d'une entreprise jusqu'au magasinier, en passant par des ingénieurs, des techniciens, des agents commerciaux... Ces personnes ne sont pas des professionnels de la langue; elles ont reçu des formations très différentes et exercent leur activité dans des secteurs d'une grande variété. Enfin, elles ne réagissent pas de la même façon à l'invitation ou à l'obligation qui leur est faite de rédiger dans une langue soignée ou d'utiliser une nouvelle terminologie. Pour toutes ces raisons, le réviseur doit redoubler de prudence : une attitude rigide, un vocabulaire inutilement savant, une remarque désobligeante peuvent décourager à tout jamais la bonne volonté de ces personnes et leur désir de perfectionnement.

5.3.2 Tact, discernement et patience

À vrai dire, on exige beaucoup de qualités de la part du réviseur unilingue... Sur le plan des relations humaines, il doit faire preuve de tact et de souplesse, adapter son comportement au rang hiérarchique et à la personnalité de l'auteur du texte à réviser, ne jamais se poser en expert transmettant sa science à des non-instruits. Il doit aussi agir avec discernement, consacrer tout le temps nécessaire à la personne désireuse de se perfectionner, mais se limiter à une simple correction si on lui demande sèchement : « Mettez-moi ça en français » (équivalent du *Type it in French*). Enfin, il doit se montrer patient face à ses interlocuteurs, car ce n'est pas en quelques instants que l'on apprend ou réapprend à rédiger.

Sur le plan linguistique, le réviseur doit fuir le purisme outrancier et viser essentiellement la clarté et la correction. Il doit éviter d'utiliser un langage ésotérique pour décrire son intervention (les schèmes de pensée, un déictique, l'aspect inchoatif...). Sa collaboration sera d'autant mieux acceptée s'il sait la replacer dans sa vraie perspective : assurer l'efficacité du message et non se livrer à des exercices de style.

Pour justifier son nom et sa raison d'être, l'aide à la rédaction ne doit pas se restreindre à la correction de fautes, élément nécessaire mais négatif. Il importe que le plus rapidement possible les rédacteurs puissent « voler de leurs propres ailes », et le réviseur peut leur faciliter la tâche en leur indiquant des ouvrages à lire, en leur fournissant de la documentation, en leur conseillant de s'abonner à une revue professionnelle. Bref, plus encore qu'en révision bilingue, il faut adopter une attitude résolument positive et faire preuve d'une grande ouverture d'esprit.

5.4 LES RAPPORTS AVEC LE DONNEUR D'OUVRAGE

Dans les entreprises, comme dans le secteur public et, forcément, dans la pratique individuelle, la responsabilité des contacts avec le donneur d'ouvrage, qui peut être l'auteur, incombe de plus en plus au traducteur lorsqu'il faut obtenir des explications ou des précisions sur un texte. Le cas échéant, le réviseur ne s'adresse alors au donneur d'ouvrage que pour vérifier l'exactitude de la traduction en fonction du sens de l'original (ou de l'intention de l'auteur).

Les agences et les cabinets de traduction, par contre, demandent souvent à leurs pigistes de ne pas entrer directement en contact avec le client. C'est alors le réviseur-coordonnateur qui assure la liaison. Dans un premier temps, il doit exiger que le traducteur formule clairement ses questions, en indiquant les références précises au texte; il peut aussi « filtrer » ces questions, c'est-à-dire donner directement les réponses qu'il connaît et ne transmettre au donneur d'ouvrage que les points non éclaircis. En règle générale, les clients fournissent très volontiers les renseignements demandés, mais il arrive parfois qu'on se fasse répondre : « Contentez-vous de traduire »... C'est toutefois à une étape ultérieure que les rapports entre réviseur et client peuvent se compliquer.

Suivant en cela une pratique aussi ancienne que la traduction, et s'inspirant peut-être du dicton « Le client a toujours raison », certains donneurs d'ouvrage s'estiment en droit d'améliorer à leur façon les textes traduits. Le succès de l'opération n'est pas toujours évident, mais malheureusement on ne constate souvent les dégâts qu'après l'impression et la diffusion du texte. Que faire? Tout d'abord, modérer sa colère légitime. Il est évident que ces interventions intempestives faites à la dérobée sont contraires à toute conception professionnelle de la traduction (le même donneur d'ouvrage s'aviserait-il de modifier les chiffres des états financiers établis par son expert-comptable?). Mais on comprend aussi que peu d'agences ou cabinets soient prêts à perdre un client pour quelques anglicismes ou solécismes introduits subrepticement. Rien n'empêche toutefois de sauver l'honneur en touchant la corde sensible : « Vous avez payé cher pour obtenir un texte de qualité, et voilà que vous en compromettez l'efficacité par des corrections qui risquent d'indisposer les destinataires... » Enfin, dans certains cas, une fois le risque calculé, le recours aux moyens détournés n'est pas non plus interdit : rares sont les donneurs d'ouvrage qui restent indifférents à une lettre de protestation émanant d'un actionnaire ou d'un consommateur indigné...

EN GUISE DE CONCLUSION

Voici des définitions fantaisistes, de type encyclopédique, des termes *traducteur* et *réviseur*. Elles font encore sourire même si elles portent la marque d'une époque antérieure au féminisme et à l'émergence des comportements politiquement corrects; elles reflètent aussi un temps où les personnes étaient au moins aussi nombreuses que les machines là où il se faisait de la traduction.

TRADUCTEUR [tRadyktoeR] n. (lat. *traductor*). Mammifère à toison (*Traductor scribile* Linnaeus 1775). De taille et d'intelligence variable, cet animal a été très tôt domestiqué par les hommes de langue anglaise pour se faire comprendre de leurs semblables francophones. Zool. Animal diurne, parfois nocturne. A tendance à dormir très peu. À l'état sauvage, c'est un animal timide qui vit presque en reclus. Afin de les faire connaître du grand public, le gouvernement canadien a ouvert plusieurs réserves où ils vivent en semi-liberté. Le traducteur se nourrit essentiellement de papier et marque une nette préférence pour les feuilles couvertes de caractères d'imprimerie. Son régime se complète de petites branches (V. Crayon), raison pour laquelle on a longtemps hésité à le classer parmi les rongeurs. Le traducteur manifeste une vive répulsion pour tout ce qui est de couleur rouge exception faite des feuilles d'Urgent (Voir ce mot) qui l'attirent inexorablement. Les feuilles de cet arbre constituent d'ailleurs un appât très recherché des chasseurs lorsque la saison est ouverte. L'équilibre mental de ce mammifère est instable et il passe rapidement de l'exubérance à la dépression la plus profonde. Tanière du traducteur (V. Section). Traductrice, femelle du traducteur. Petit du traducteur (V. Traduction). Loc. fig. – Cela n'est pas fait pour les traducteurs : on peut, on doit s'en servir, l'utiliser. – Faire le jeune traducteur, être bête comme un jeune traducteur, être étourdi, folâtre. – Nom d'un traducteur! juron familier. Par dénigr.

Loc. de traducteur. Métier, travail de traducteur : très pénible. – Vie de traducteur : misérable, difficile. – Caractère de traducteur : très mauvais, hargneux.

(LE PETIT NORBERT,
p. 16 985 432 bis)

RÉVISEUR [RevizoeR] n. (lat. *revisor*). Mammifère carnivore (*Revisor implacabile* L.) de la même famille que le traducteur (Voir ce mot) dont il est l'ennemi héréditaire. Le réviseur implacable n'hésite pas à s'attaquer aux petits du traducteur (V. Traduction). C'est d'ailleurs à cette occasion qu'il est possible de faire la distinction entre les deux animaux par ailleurs d'apparence semblable. En effet, quand il attaque, le réviseur excrète un épais liquide rouge destiné à paralyser le traducteur. Celui-ci semble néanmoins acquérir une immunité de plus en plus grande à cette toxine et l'on a vu parfois un réviseur terrassé par son opposant. Les traducteurs entièrement immunisés peuvent côtoyer des réviseurs sans manifester d'inquiétude. Certains zoologistes envisagent la possibilité d'un *drift* génétique qui conduirait éventuellement à la fonte des deux races en une seule. Pline le Jeune parle d'un réviseur apprivoisé par un traducteur (l'authenticité de cette source a été mise en doute). Le réviseur a une alimentation essentiellement liquide, si l'on excepte son goût de carnassier pour les traductions (Voir ce mot). Il raffole particulièrement d'un produit qui rappelle le papier par sa couleur et qui dégage une forte odeur que d'aucuns ont qualifiée d'enivrante. Un, une réviseur. Petit du réviseur (V. Révision). Loc. et prov. Quand le réviseur n'est pas là, les traducteurs dansent : les subordonnés s'émancipent quand le maître est absent. Jouer avec sa victime comme un réviseur avec un traducteur. – Être, vivre comme traducteur et réviseur : éprouver de l'antipathie, de la haine l'un pour l'autre. – Écrire comme un réviseur : d'une manière illisible, désordonnée. Donner sa langue au réviseur : s'avouer incapable de trouver une solution.

(LE PETIT NORBERT,
p. 67 549 003)

Jean-Pierre Davidts

Source : *2001*, organe du personnel du Bureau des traductions – Secrétariat d'État, vol. 2, nº 1, janvier 1978. (Reproduction autorisée)

6

LA RÉVISION COMME PROFESSION

Comme on l'a vu en 1.2, la révision a des origines lointaines. Cependant, ce n'est qu'à une époque relativement récente qu'elle a acquis le statut de profession. Sa pratique n'a jamais cessé de se transformer, et ce mouvement d'évolution ne manifeste pas aujourd'hui non plus de signe d'essoufflement. Nous allons maintenant envisager la révision comme profession, en précisant le rôle du réviseur, les connaissances et aptitudes requises, les modes d'exercice de la profession et les conditions de travail.

6.1 ÉVOLUTION DE LA PROFESSION

Au Canada, la révision a d'abord été essentiellement bilingue, et c'est sous cette forme qu'elle a fait sa première apparition dans les organigrammes. Il était alors d'usage de confier le poste de réviseur à un traducteur chevronné qui, le plus souvent, chapeautait trois révisés, fonctionnellement et hiérarchiquement; cette promotion marquait en quelque sorte la consécration de la carrière du traducteur, qui devait, à partir de là, viser un poste de premier traducteur ou de chef de groupe ou encore un poste de gestionnaire, c'est-à-dire de chef de service. Pendant longtemps, le critère de compétence s'est résumé à l'expérience, puisque nulle formation spécifique ne préparait à la fonction de réviseur.

6.1.1 LA SPÉCIALISATION DES FONCTIONS

Le développement qu'a connu l'activité de traduction au début des années 70 a entraîné une répartition plus nette des tâches, et donc une spécialisation des fonctions. La révision est ainsi devenue, dans les structures fonctionnelles, une étape bien définie intégrée au processus de traduction. En outre, le recrutement intensif de traducteurs a créé un besoin d'encadrement. Pour y répondre, on a eu recours aux traducteurs en place, mais aussi à de jeunes diplômés qui, après seulement quelques années d'expérience, semblaient avoir des dispositions pour la révision. À leur intention, il a fallu rapidement mettre sur pied une formation. La nécessité de donner aux étudiants des notions de révision s'est alors imposée. D'abord intégré à d'autres cours, l'enseignement de la révision figure pour la première fois comme cours autonome dans l'annuaire 1978-1979 de l'Université de Montréal. L'accroissement du volume des traductions a touché les secteurs public et privé, provoquant une expansion des services de traduction et la multiplication des cabinets ou agences de toutes tailles. La révision y trouva de nouveaux débouchés.

Quant à la révision unilingue, elle doit son essor à l'adoption des lois linguistiques au Québec et dans d'autres territoires, partiellement francophones, et à l'effort de francisation conséquemment exigé des entreprises et de la fonction publique. Dans un premier temps, le réviseur unilingue a surtout pratiqué l'aide à la rédaction à titre de conseiller linguistique. Progressivement, son rôle a évolué vers celui d'agent de communication travaillant en collaboration avec des rédacteurs.

S'agissant à nouveau de révision bilingue, à partir de la fin des années 80, on a assisté à la décroissance générale des services de traduction. Ce dégraissage a dramatiquement rétréci le marché et a entraîné des conséquences diverses pour la révision.

6.1.2   LE RÔLE DE LA RÉVISION

Institutionnalisée, la révision n'a pas tardé à voir son rôle et même son existence remis en cause. Du côté des traducteurs, on a fait valoir que la structure hiérarchique dans laquelle s'inscrit la révision établit presque nécessairement entre réviseur et révisé un rapport de supérieur à inférieur et non de collaborateurs. Il en résulte un climat d'irritation et une démotivation. Les traducteurs allèguent que la traduction étant un acte professionnel, ils doivent en assumer l'entière responsabilité[1]. Certains employeurs partagent cette opinion, mais pour des raisons d'efficacité : la révision nuirait à la rentabilité (coûts et délais supplémentaires) et créerait au sein du personnel des situations conflictuelles qui affectent le rendement.

Ces remises en question ont donné lieu à l'expérimentation de nouveaux modes de révision qui remplacent la structure hiérarchique par des rapports orientés selon un axe horizontal. Ainsi de la traduction en équipe : on n'y trouve plus la distinction entre réviseur et traducteur puisque chaque membre de l'équipe remplit les deux

---

[1] Voir notamment « Le traducteur autonome » (1977), *2001*, vol. 1, n° 1, p. 2.

fonctions de façon interchangeable, selon ses compétences. Dans le cas de la révision réciproque ou interrévision, les traducteurs se révisent entre eux. Pour réussir, c'est-à-dire assurer à la fois la qualité des textes et le perfectionnement des traducteurs, cette formule suppose une coordination suivie, en particulier aux stades de la répartition des textes et de l'appariement réviseur-révisé.

Si les modes de révision énumérés ci-dessus éliminent l'intervention d'un réviseur attitré, ils n'escamotent pas pour autant l'étape de la révision. Or, selon une autre tendance non étrangère à la nouvelle donne socio-économique et technologique[2], il semblerait que la fonction même de révision soit vouée aussi à la disparition, du moins dans certains cas. C'est ainsi qu'on a vu apparaître, en particulier dans les services de traduction du gouvernement central, une catégorie de « traducteurs principaux » ou « traducteurs autonomes » dont les textes ne sont pas revus. Voici la justification de cette orientation :

> *Le concept de traducteur autonome qui assume l'entière responsabilité de son travail – ce qui n'exclut pas le travail en équipe – est né du désir à la fois d'éliminer la nécessité de la révision, d'améliorer le service et d'accroître la satisfaction professionnelle du traducteur, quel que soit son niveau. Il est normal de penser qu'après quelques années d'apprentissage, tout traducteur devrait être en mesure de travailler sans révision et d'assumer, vis-à-vis du client et de son chef, l'entière responsabilité de ses textes[3].*

C'est là, selon toute vraisemblance, le point de vue d'un gestionnaire, car si l'on peut éliminer la révision, il n'est pas aussi simple d'en « éliminer la nécessité ». Il faut absolument distinguer entre faire disparaître les moyens de satisfaire un besoin et éradiquer ce besoin. Par ailleurs, la diffusion d'outils performants d'aide à la traduction-rédaction a souvent laissé croire aux gestionnaires que dorénavant la qualité des traductions dépendait davantage de la puissance des installations informatiques que de l'expérience ou de la compétence des réviseurs. Pourtant, les traductrices et traducteurs chevronnés savent tous qu'avec ou sans informatique, et en certaines circonstances, le second regard d'un confrère ou d'une consœur procure une sécurité inestimable, car cet examen pallie les déficiences inhérentes au manque de recul de l'auteur de la traduction. De plus, des enquêtes menées auprès de certains organismes

---

[2] Le recul de la révision s'explique notamment par : 1) le contexte économique : *a*) les gestionnaires font passer la réduction des coûts avant la qualité du produit; *b*) le rétrécissement du marché oblige les nouveaux diplômés à travailler en autonomie; 2) l'ambition ou la prétention de certains établissements de former des traductrices et des traducteurs fonctionnels dès la fin de leurs études; 3) le vieillissement des traductrices et traducteurs en place et, de ce fait, leur immense expérience, gage de la qualité immédiate de leurs traductions; 4) l'engouement pour les outils de traduction assistée par ordinateur.

[3] L. R. Fillion (1984), « Gestion et traduction : un mariage de raison », *Meta*, vol. 29, nᵒ 4, p. 350.

comme l'ONU révèlent que plus grande est la portée d'une traduction, plus on a tendance à soumettre le texte traduit à la révision. En d'autres termes, plus graves risquent d'être les conséquences d'une interprétation erronée ou d'une omission, plus on fait réviser. Il faut encore signaler que les débutants dans la profession demandent à se faire réviser[4].

Sans doute faut-il voir là un des motifs pour lesquels le secteur privé refuse d'emboîter le pas de la non-révision. Certes, les modalités de la révision peuvent y varier en fonction des traducteurs et des traductions[5], mais les postes de réviseur existent toujours, et la production de textes non révisés demeure marginale.

Par ailleurs, on n'a pas encore mesuré l'impact réel des diverses solutions adoptées en vue de « décrisper » les rapports entre réviseurs et traducteurs, mais il reste certainement du chemin à faire. Personne n'aime être pris en faute ou critiqué, et on ne voit pas le jour où les révisés accueilleront avec plaisir leur texte revu et très corrigé. Un fait demeure indéniable : les relations harmonieuses des parties en présence reposent sur la confiance mutuelle, l'honnêteté et le dialogue. La question des relations humaines est d'ailleurs traitée dans les formations spécifiques mises au point par le Bureau des traductions à l'intention des réviseurs et offertes à l'ensemble du milieu.

Discipline jeune et profession relativement nouvelle mais constamment sur la sellette, la révision doit sans cesse justifier son rôle et défendre son existence. Elle y parviendra si des études viennent confirmer sa nécessité et, surtout, si les réviseurs situent leur intention sur deux plans : celui de la formation et celui de la communication. Par ailleurs, principal responsable de la formation pratique et du perfectionnement des traducteurs-rédacteurs, le réviseur – et son employeur – devrait accepter que cette fonction didactique prenne fin ou du moins s'estompe dès que l'apprentissage semble terminé. La révision systématique et continue ne se justifie guère à partir d'un certain niveau de compétence; la révision devient alors *ponctuelle*, c'est-à-dire qu'elle est demandée librement par le traducteur ou le rédacteur. Sur un deuxième plan, le réviseur devrait se considérer, et être perçu, comme un agent de communication,

---

[4] Dans le vol. 38, n° 1 (janvier 1997) de *L'Antenne*, organe d'information de l'Ordre des traducteurs et interprètes agréés du Québec, le compte rendu d'un atelier sur la vie professionnelle fait état de ce besoin ressenti par les nouveaux traducteurs et traductrices : « Selon [une traductrice débutante], "un second regard est essentiel". On devrait se donner une banque de réviseurs et faire appel à des traducteurs expérimentés pour obtenir de l'aide. »

[5] Par exemple, à l'imitation du gouvernement fédéral, nombre de services de traduction et de rédaction de l'industrie privée ont un temps abandonné le rapport hiérarchique et quantitatif 3 révisés/1 réviseur pour le contrôle de la qualité sur échantillon, l'autorévision, l'interrévision ou, encore, ont instauré la révision facultative. (On a cependant noté en 1994 un retour à la formule traditionnelle, du moins dans la fonction publique canadienne.)

une personne-ressource au service des traducteurs et rédacteurs. S'il semble difficile et même non souhaitable de supprimer toute vérification de la qualité, du moins peut-on s'efforcer d'en amoindrir le caractère contraignant et autoritaire. On peut y arriver en se fixant comme objectif l'efficacité de la communication.

6.2 CONNAISSANCES ET APTITUDES REQUISES

En simplifiant, on pourrait dire que les connaissances requises du réviseur sont les mêmes que celles d'un bon traducteur et d'un bon rédacteur, mais à la puissance n! Elles concernent la forme et le fond des textes à réviser.

6.2.1 BAGAGE LINGUISTIQUE ET CULTUREL

Le réviseur doit évidemment connaître le code de la langue, y compris des « détails » qui ne sont pas toujours enseignés à l'école : règles de ponctuation subtiles, abréviations, usage des majuscules, notation des nombres, coupure des mots, protocoles épistolaires, etc. Il lui faut aussi avoir une connaissance approfondie, et sans cesse enrichie, des ressources expressives du français. Ce sont là des conditions essentielles pour assurer la qualité linguistique des textes. Enfin, dans le cas de la révision bilingue, s'ajoute une bonne connaissance de la langue de départ – ses nuances, particularités nationales ou régionales, niveaux d'emploi, idiotismes, jargons et technolectes.

En raison de la diversité des domaines couverts par le travail de révision, on attend presque du réviseur qu'il soit une banque de documentation universelle... Pour être plus modeste, contentons-nous de lui demander une excellente connaissance des sources de documentation traditionnelles ou électroniques pour guider, et au besoin vérifier, les recherches du traducteur et du rédacteur. On attend aussi de lui qu'il se soit constitué une banque d'informateurs dans les domaines de traduction et de rédaction de son équipe. Une excellente culture générale, sur laquelle viendront se greffer des lectures spécialisées choisies en fonction des textes à réviser, semble également une condition primordiale à l'exercice compétent de la révision. Et comme cette culture a constamment besoin d'actualisation, le réviseur doit s'imposer un programme suivi de lectures. En outre, on ne saurait aujourd'hui confier la responsabilité de la révision à quiconque ne se tient pas au fait des innovations techniques et technologiques touchant la profession. Le métier est exigeant; il suppose un investissement personnel sérieux.

Connaissance des langues et connaissance de la matière traitée, certes, mais aussi, participant des deux, connaissance des cultures afin de pouvoir s'assurer que le texte révisé ne trahit pas l'auteur et est adapté au destinataire. Sous l'effet du courant actuel de mondialisation, l'interculturel dépasse dorénavant la simple familiarité avec les habitudes du groupe de la langue à traduire : on ne peut plus tenir compte uniquement des particularités linguistiques, il faut penser en fonction des groupes sociopolitiques (appartenance politique, par exemple) et démographiques (ex. : groupes d'âge, groupes minoritaires, femmes, génération X).

Ce bagage de connaissances répond aux exigences de la révision pragmatique, mais ne saurait suffire en révision didactique. Il faut, dans ce cas, y ajouter des qualités qui conditionnent les rapports avec les révisés.

6.2.2   LES QUALITÉS ET LES APTITUDES DU RÉVISEUR

Les aptitudes indispensables au réviseur sont presque aussi importantes que ses connaissances, car d'elles dépend l'établissement d'un climat de collaboration sans lequel la révision peut dégénérer rapidement en hostilité ouverte. L'aspect « relations humaines » est capital en révision didactique et fait partie intégrante de la qualification professionnelle du réviseur[6]. Que faut-il donc au réviseur?

Jugement – La révision suppose un sens critique guidé par un bon jugement. Celui-ci, en matière de langue, se situe habituellement entre le purisme et le laxisme. Les corrections injustifiées, et les réactions négatives qu'elles provoquent, sont souvent attribuables à des erreurs de jugement imputables à des connaissances lacunaires ou à une conception trop étriquée et figée de la langue. Pour établir sa crédibilité, le réviseur doit développer son discernement en exerçant son esprit d'observation : au cours de ses séances de documentation ou d'actualisation des connaissances (lectures, écoute de la télévision – internationale, par exemple – ou de la radio, conférences), il note les variantes stylistiques, les néologismes, l'évolution de l'usage, afin de constamment remettre en cause, moderniser et enrichir son idiolecte. Le jugement reste sans doute la qualité primordiale, car il conditionne en grande partie l'objectivité et le sens pratique du réviseur.

Ouverture d'esprit – Il s'agit ici du contraire de la résistance au changement. En raison des transformations dont est l'objet la révision, le réviseur qui ne s'adapte pas au changement va vite se sentir perdu, et malheureux. Il n'est pas question de transformer les réviseurs en inconditionnels de la technologie ou en administrateurs experts, mais le réviseur qui ne s'intéresse pas aux nouveautés concernant son métier non seulement ne pourra pas y préparer les révisés, mais se trouvera peut-être dépassé

---

[6] À l'issue d'un colloque réunissant les cadres du Bureau des traductions, l'une des recommandations formulées visait à « accorder plus d'importance aux qualités humaines des candidats lors de la sélection des réviseurs ».

par eux, même s'ils n'ont pas son expérience. De la même façon, en matière de langue, le réviseur doit se montrer réceptif à la terminologie et à la phraséologie nouvelles, à l'accueil dans le lexique de formes autrefois critiquées, à défaut de quoi son idiolecte risque de révéler son âge plus sûrement que ses rides ou ses cheveux blancs! Bien sûr, il fera montre de discernement (voir paragraphe précédent) et prendra soin de ne pas confondre langue moderne et langue à la mode. Notons que l'ouverture d'esprit dépend en grande partie de la curiosité du réviseur et peut s'acquérir, notamment, par la formation continue. Les associations professionnelles et les grands bureaux de traduction mettent à la disposition des réviseurs un très riche éventail de cours de langue, de gestion, de culture générale, de langues spécialisées : aux réviseurs d'en profiter.

Sociabilité – Le traducteur-rédacteur qui n'aime pas les contacts humains n'est absolument pas fait pour la révision, une bonne partie du travail bien compris consistant à discuter avec les révisés des modifications apportées à leurs textes. C'est seulement dans les cas désespérés – incompétence irrémédiable ou refus de collaboration – que le réviseur s'en tiendra à l'aspect linguistique de son intervention. La sociabilité implique la mise en pratique de quelques notions de psychologie; il faut suivre le principe de base des rapports humains : l'empathie. Ce qui revient à dire : ne pas faire au révisé ce que l'on ne voudrait pas qu'il nous fasse. Le bon réviseur est diplomate. Quant aux misanthropes, on utilisera mieux leur talent en les affectant à la révision pragmatique.

Respect d'autrui et honnêteté – Tout bon réviseur respecte l'autonomie professionnelle des personnes avec lesquelles il collabore. Traitant chacun et chacune d'égal à égal, il lui faut en outre faire abstraction de ses préférences en matière d'usage et de modes d'expression. Proposer et convaincre, mais non imposer, même avec un gant de velours, voilà son mode d'action. En fait, nous devrions dire faire *réellement* abstraction de ses choix personnels, car si le réviseur n'accepte les solutions des autres que du bout des lèvres, il sera porté à manipuler les révisés, créant ainsi une situation tendue. Honnête, le réviseur ne remet pas continuellement en question les solutions antérieurement approuvées, c'est-à-dire qu'il ne reprend pas d'une main ce qu'il a donné de l'autre.

Modestie – Du fait qu'il « corrige » le révisé et qu'il occupe souvent un poste plus élevé dans la hiérarchie, le réviseur peut être tenté d'adopter une attitude de supériorité. Il doit toutefois se rappeler que la traduction et la rédaction sont au moins aussi difficiles que la révision, que le traducteur-rédacteur n'a pas toujours le temps de donner le meilleur de lui-même et que la révision n'est qu'une étape comme une autre dans l'acte de communication. Les interventions autoritaires compromettent les relations de travail et faussent les objectifs de la révision – qui peut être didactique sans donner dans le dogmatisme. Il est aussi dans l'intérêt du réviseur de se remémorer ses débuts et le traitement qu'il a reçu de ses réviseurs : il évitera d'agir comme ceux qui l'ont découragé et s'inspirera de ceux qui lui ont permis d'acquérir expérience et connaissances. Peut-être aussi n'est-il pas mauvais de se rappeler cette évidence : sans révisés, pas de réviseurs!

Patience – Placé devant un produit semi-fini, le texte à réviser, le réviseur peut être porté à n'en voir que les défauts et à s'impatienter devant leur accumulation. Si le texte est foncièrement mauvais en raison d'un manque de compétence ou d'application, cette réaction s'explique. De même on comprend qu'un réviseur s'emporte parce qu'un traducteur-rédacteur n'a manifestement pas consulté le dictionnaire ni utilisé les fonctions simples de rédaction intégrées aux logiciels de son PTT. Mais, en situation normale, l'amélioration des textes fait partie du travail du réviseur et justifie sa présence; il n'a donc pas à piquer une colère devant chaque maladresse ou chaque gaucherie, ce qui risque en plus de lui donner des ulcères d'estomac!

Sens des responsabilités – La révision didactique comporte une responsabilité particulièrement lourde : la formation des débutants. Un mauvais réviseur peut gauchir irrémédiablement un traducteur-rédacteur ou encore miner sa confiance en lui. De plus, il appartient au réviseur d'apprendre au nouveau traducteur-rédacteur les méthodes et les usages de la pratique de la traduction-rédaction et de la recherche propres à son environnement et de lui transmettre la culture de ce milieu. Ne pas communiquer ces renseignements pour exercer son pouvoir se fait toujours au détriment du révisé et de l'employeur, sans compter que cette attitude finit par discréditer la profession. Avant d'accepter la responsabilité liée à l'exercice de la fonction, l'aspirant réviseur devrait mesurer l'importance de la tâche. En outre, une fois en poste, le réviseur doit souvent lui-même rendre compte de la qualité des textes vérifiés par lui; face à la critique, il ne peut se retrancher derrière l'incompétence des révisés, puisque c'est à lui qu'il revient de combler les lacunes des traducteurs-rédacteurs de son groupe. Il doit assumer. Cependant, on peut instaurer des modalités de travail où le traducteur-rédacteur est responsable de son texte, mais cette situation dépasse notre propos. Enfin, le réviseur a le devoir de faire en sorte que soit respecté l'engagement pris envers le client de lui livrer le texte suivant l'échéance fixée.

Sens de l'organisation – Le respect des délais dont il vient d'être question suppose aussi un sens aigu de l'organisation : pour déterminer l'heure ou la date de livraison du texte, le réviseur doit évaluer le temps nécessaire à la traduction en anticipant les problèmes qui risquent de surgir, y compris les impondérables comme les urgences; il doit aussi bien répartir le travail en fonction de la compétence, des spécialisations et de la rapidité des traducteurs. Évidemment, il tient aussi compte de sa propre révision, travail qui, bien souvent, ne représente qu'une partie de sa tâche.

Pour la personne qui réunit les qualités et aptitudes décrites ici ou qui s'efforce de les acquérir, la révision est une activité enrichissante, à la fois sur le plan linguistique et sur le plan humain. Si les rapports entre les acteurs sont normaux, réviseurs et révisés ne se comportent plus comme des concurrents, mais comme des collaborateurs animés du même souci : produire des textes impeccables.

6.3 L'EXERCICE DE LA PROFESSION

Nous allons maintenant passer en revue les principaux aspects de l'exercice de la profession : statut du réviseur, modes de révision, fonctions connexes et conditions de travail. Sauf indication contraire, les données proviennent d'un sondage que nous avons mené en 1982 pour la Société des traducteurs du Québec (STQ)[7]; depuis 1993, nous actualisons ces statistiques[8]. Toutefois, nous manquons encore de renseignements significatifs et fiables sur les réviseurs indépendants et pigistes[9].

6.3.1 PROFIL DU RÉVISEUR

Une bonne partie des réviseurs du Québec travaillent comme salariés. Depuis les années 80, les réviseurs, hommes et femmes, représentent environ 20 % des effectifs des associations professionnelles, aux côtés des traducteurs, rédacteurs, terminologues et chefs de service. La majorité, soit quelque 75 % des réviseurs, sont des réviseures. En ce qui concerne le niveau d'études, plus de 80 % ont un diplôme de 1er ou de 2e cycle en traduction et 70 % possèdent un baccalauréat ou un diplôme supérieur dans une autre discipline, en biologie, en droit, en psychologie, par exemple. Enfin, la plupart d'entre eux comptent plus de vingt ans d'ancienneté dans la profession.

De plus en plus de travail s'effectue par des réviseurs indépendants ou pigistes pratiquant aussi la rédaction et la traduction. La décroissance continue des services de traduction-rédaction au cours des dernières années a entraîné, dans les sociétés publiques et privées, une pénurie de réviseurs compétents et, par conséquent, le recours de plus en plus fréquent à ces professionnels. Il faut préciser que bon nombre d'entre eux sont d'anciens réviseurs salariés convertis en entrepreneurs, et on les retrouve fréquemment au service des sociétés mêmes qui ont aboli leur poste. On fait également appel à leurs services pour vérifier des textes très spécialisés qui sortent de la

---

[7] Aujourd'hui l'OTIAQ, Ordre des traducteurs et interprètes agréés du Québec.

[8] De plus, une recherche en cours, financée par l'Université Concordia, va permettre la mise à jour complète des données.

[9] Le travailleur indépendant est à son compte uniquement; le pigiste est un salarié qui accepte occasionnellement du travail pour son propre compte.

compétence du donneur d'ouvrage. Si, il y a quelques années, la révision confiée à l'extérieur était toujours de nature pragmatique, on voit aujourd'hui des traducteurs débutants, indépendants ou salariés, exiger qu'on leur renvoie leur texte révisé.

6.3.2 MODES DE RÉVISION

Selon différentes enquêtes, le rapport réviseur/révisé varie de 1 pour 2 à 1 pour 5, mais se situe le plus souvent à 1 pour 3. Un nouvel examen de la situation (1993-1995) modifie légèrement le tableau dressé par la STQ il y a une quinzaine d'années. Voici comment se répartissent aujourd'hui les modes de révision :

Réviseur attitré	25 %
Chef de service* (traducteur ou réviseur)	15-25 %
Interrévision*	15-30 %
Client	3 %
Autorévision	10 %
Pas de révision	7 %

*On ne peut pas toujours départager l'interrévision et la révision assurée par le chef de service. En effet, plusieurs directeurs et directrices se considèrent membres à part entière de leur groupe et, à ce titre, estiment pratiquer l'interrévision.

On peut donc dire qu'au moins 90 % des textes passent par un réviseur, attitré ou non. On note également un pourcentage appréciable d'interrévision. Le pourcentage des textes non révisés est moins élevé qu'en 1982 (12 %), mais l'autorévision a fait un bond remarquable, sans doute relié à la création de postes de traducteurs dits principaux ou autonomes et à la mutation du métier de traducteur-réviseur marquée par la nette augmentation de la proportion des indépendants. Ici aussi, cependant, surtout à propos des cabinets de traduction, il faudrait trancher plus nettement entre les rubriques « Autorévision » et « Pas de révision », les principes d'autorévision étant peu connus.

6.3.3 FONCTIONS CONNEXES

Selon un sondage effectué en 1984 pour le compte de la revue *Circuit*[10], rares sont les réviseurs salariés qui se consacrent exclusivement à la révision. (Nous ne disposons pas de données récentes sur les indépendants et les pigistes.) Voici comment se répartit le temps de travail des réviseurs salariés en titre :

Révision	60 %
Traduction	25 %
Encadrement didactique	8 %
Recherche et formation personnelle	5 %
Rédaction	2 %

Certains réviseurs cumulent leur fonction avec la direction d'un service (ou d'une petite entreprise) – le cas est fréquent dans les petits services – ou avec la traduction ou la rédaction. En outre, la fonction de révision comporte des tâches connexes qui en élargissent considérablement le champ.

Coordination et contrôle – En règle générale, le réviseur est le responsable et l'animateur d'une équipe de traducteurs-rédacteurs. Il contrôle la production sur les plans qualitatif et quantitatif, assurant ainsi une fonction d'évaluation du rendement (d'après les sondages de l'ancienne STQ, 70 % des traducteurs-rédacteurs sont évalués par leur réviseur ou chef de service). Dans certains cas, nous le rappelons, le réviseur répartit les tâches, coordonne le travail, s'assure que les délais sont respectés. De plus en plus, le réviseur gère aussi les relations avec les traducteurs-rédacteurs externes et négocie avec eux les contrats de rédaction, de traduction ou de révision. Bref, le réviseur participe à la gestion de son service.

Formation et perfectionnement – Le réviseur salarié dirige la formation en cours d'emploi et le perfectionnement des traducteurs et rédacteurs. Il enseigne une méthode de travail aux débutants, suit leurs progrès et les aide à combler leurs lacunes. À l'occasion, il dirige les traducteurs-rédacteurs vers des cours adaptés à leurs besoins particuliers : lutte contre les interférences, autorévision, langue de spécialité, assurance de la qualité, marketing, etc. Par ses contacts constants avec les membres de son équipe, il est le mieux placé pour assurer leur encadrement et leur avancement professionnel.

---

[10] J. Ouellet Simard (1984), « Les secrets de la révision », *Circuit*, n° 5, p. 3-10.

Recherche terminologique et documentaire – Le réviseur peut être appelé à orienter les recherches terminologiques des traducteurs, à collaborer à l'établissement des banques de données terminologiques, à la construction de vocabulaires, glossaires et lexiques. Sans jouer le rôle de documentaliste, il conseille les traducteurs dans leurs recherches documentaires; il doit donc connaître les ressources de la bibliothèque réelle ou virtuelle du service et les autres sources de documentation.

Suppléance – Le réviseur remplace parfois le chef de service en l'absence de celui-ci ou le représente dans diverses réunions. Par ailleurs, comme il collabore étroitement avec les traducteurs-rédacteurs, il est souvent leur porte-parole au niveau administratif, notamment en ce qui concerne la répartition du travail.

6.4 Les conditions de travail

Tout porte à croire que les réviseurs salariés sont satisfaits de leurs conditions générales de travail. On ne connaît pas toutefois leur opinion sur les rapports qu'ils entretiennent avec les révisés; or, c'est souvent sur ce plan que se manifestent les inconvénients du métier. Voici les principales données recueillies au cours des derniers mois :

Traitement – C'est peut-être ici que le bât blesse le plus, car le traitement des réviseurs non syndiqués n'a pas été revu à la hausse depuis parfois nombre d'années. D'après les offres d'emploi publiées en 1997 et en 1998, le salaire annuel des réviseurs se situe entre 45 000 $ et 65 000 $. Quant au réviseur indépendant, son tarif horaire varie entre 25 $ et 60 $. Divers facteurs interviennent dans la fixation du tarif : appartenance à une association professionnelle reconnue, domaines traités, années d'expérience du réviseur, etc.

Charge de travail – La tâche des réviseurs est lourde, et environ la moitié disent avoir toujours trop de travail. La grande majorité travaillent « sous pression » presque continuellement. Cette situation constitue un élément de stress pour les uns, une stimulation pour les autres. En révision, la production quotidienne moyenne des salariés va de 10 à 12 pages, de 3000 à 4000 mots. Elle est supérieure chez les indépendants et pigistes.

À notre connaissance, il n'existe pas de données canadiennes sur l'évaluation du rendement qualitatif des réviseurs. Cependant, à titre indicatif, il ressort d'une étude effectuée à la Commission des communautés européennes[11] que la révision améliore les traductions dans 73 % des interventions. Les « manques » se répartissent ainsi : corrections injustifiées (11 %), corrections omises (9 %) et erreurs introduites (7 %).

---

[11] P. J. Arthern (1983), « Judging the quality of revision », *Lebende Sprachen*, vol. 28, n° 2, p. 53-57.

6.5 Descriptions sommaires d'emploi

Pour conclure ce bref tour d'horizon de la révision professionnelle, nous reproduisons des extraits d'offres d'emploi parues dans diverses publications. Ils donnent une bonne idée des exigences de la fonction et de la diversité de la tâche du réviseur.

Un éditeur de manuels scolaires recherche un

Réviseur

ayant une parfaite maîtrise du français écrit et une connaissance de l'anglais.

Il devra être capable de corriger, réécrire et restructurer des manuscrits de manuels scolaires, en tenant compte de l'âge des élèves auxquels ils s'adressent.

Préférence sera accordée aux candidats qui :

possèdent une excellente formation en linguistique (diplôme universitaire de premier cycle);

ont une expérience d'au moins deux ans dans l'édition;

ont une formation en pédagogie ou une expérience de l'enseignement primaire ou secondaire;

sont agréés par l'OLF.

RÉVISEUR / RÉVISEUSE

(anglais-français)

Compagnie vouée à l'excellence recherche un traducteur chevronné de capacité supérieure pour un poste-clé en contrôle de la qualité qui comprend la formation d'autres traducteurs.

Traducteur-coordonnateur de la traduction

Vos responsabilités comprendront la traduction de documents de l'anglais au français et la coordination de la diffusion en français de documents, de logiciels et de manuels mécaniques fondés sur des textes de départ en anglais. Votre mandat comprend la révision, la lecture d'épreuves, ainsi que l'élaboration et la tenue à jour de glossaires. Le volet coordination comporte l'impartition de services de traduction de textes rédigés en espagnol, italien, allemand, etc.

À votre diplôme universitaire en traduction, viennent s'ajouter deux années d'expérience comme traducteur. Vous détenez un atout de plus si vous avez de l'expérience en rédaction technique. Vous devez connaître le traitement de textes, l'édition et QuarkXPress. La connaissance de Macintosh et celle de l'espagnol ou d'une autre langue vous donnent des atouts supplémentaires.

Réviseur linguistique (pigiste)

Exigences :

Diplôme universitaire de premier cycle en études françaises, en communication ou l'équivalent.

Expérience d'au moins 2 ans en révision linguistique;

Excellente connaissance du français écrit, des règles typographiques et des signes de correction d'épreuves;

Capacité de travailler à toutes les étapes de la production d'un livre : de la révision linguistique du manuscrit jusqu'à la correction des épreuves.

Rémunération : Tarif horaire fixé selon les normes de la Société.

RÉVISEUR-E, SERVICES LINGUISTIQUES
(ANGLAIS-FRANÇAIS)

Les Services linguistiques de notre société recherchent une personne motivée, orientée sur le service au client et qui sait faire preuve d'imagination. Encadrée par la directrice des Services linguistiques, l'équipe de traduction se compose de deux traductrices et de deux réviseurs.

Le candidat recherché a un minimum de cinq ans d'expérience comme traducteur principal ou réviseur dans les domaines des finances, de l'économie, du droit ou de l'assurance commerciale. Titulaire d'un diplôme universitaire en traduction ou de l'équivalent, il a acquis de très bonnes connaissances du logiciel MS Word et quelques notions des logiciels Excel et Powerpoint. Grâce à sa grande faculté d'adaptation et à ses aptitudes en communication, il peut bien comprendre les besoins des clients internes de la Société et y répondre efficacement.

Ayant démontré qu'il peut planifier et gérer de nombreuses priorités, il n'est pas effrayé par les délais porteurs de défi et il travaille de façon autonome. La connaissance d'une ou de plusieurs langues étrangères sera considérée comme un atout.

DEUXIÈME PARTIE : TRAVAUX PRATIQUES

EXERCICES

EXERCICE 1

A. Corrigez les fautes :

1. Les foyers d'infection déterminés, on peut dire que l'épidémie est sous contrôle.   _____   _____

2. Il y a beaucoup d'activité à signaler aujourd'hui au plan événementiel.   _____   _____

3. El Niño est à l'origine de graves innondations sur la côte ouest des États-Unis.   _____   _____

4. La garantie sur nos groupes motopropulseurs est de trois mois ou de 360 000 kilomètres, selon ce qui arrive en premier.   _____   _____   _____

5. Malgré les dépenses imprévues occasionnées par de nombreuses crises, le ministre des Finances garde toujours le cap pour amener le déficit à zéro.   _____   _____   _____   _____

◇◇◇◇◇

B. Révisez les phrases suivantes :

1. À la suite d'une dégustation récente, et ne concernant que les vins qui se trouvaient dans mon verre ce jour-là, ne misez pas sur le Beaune 1988 de Brugier, le Pommard 1983 de Bouchard Père & fils, et l'Excelsus 1995 de Castello Banfo.

2. Triste anniversaire que de souligner la disparition d'un être cher, d'un ami, d'un collègue, en fait d'un fin connaisseur du vaste monde de l'Anthropologie que tous appréciaient à sa juste valeur.

3. Les diplômés d'université ayant trouvé un emploi se sont accrus chaque année depuis 1990, étant le seul groupe favorisé par une série ininterrompue d'augmentations.

4. Si le chorum de la moitié plus cent obligations n'est pas atteint, l'assemblée ne peut prendre aucune décision.

5. Pour guérir la santé de la population, il faut investir des argents dans le système et de l'imagination dans la gestion.

6. La situation de la Société des chemins de fer avant l'accord avec ses vis à vis américains : Services réguliers sur 14 villes des États-Unis, neuf par la SCF, quatre par ses transporteurs satellites.

7. En l'espace de quelques années, Vancouver est passée de la moins productive à la plus productive des aéroports.

8. Nous avions dépassé notre budget de $6.5 million en janvier 1999 par rapport au budget déposé en novembre 1998. Il faut prendre action en mettant l'emphase sur l'amélioration de la situation.

9. Les horaires des journalistes seront remaniés dépendant des besoins de la Rédaction.

10. Si nous obtenons du succès avec un type donné de services, il vaut la peine de le développer, mais si un secteur n'est efficient à aucuns points de vue, pourquoi s'y acharner?

C. Prenez position :

Le conseiller linguistique de Radio-Canada décourage l'utilisation de l'expression « tempête de verglas ». Le personnel de la salle des nouvelles ne tient pas compte de la recommandation, car, selon les journalistes : « Tout le monde le dit. »

◇◇◇◇◇

Commentez l'argument et l'attitude des journalistes.

◇◇◇◇◇

D. Sourions, puis corrigeons :

Les rétrospectives consacrées à certains artistes chinois attirent un public sans âge.

EXERCICE 2

A. Après avoir détecté les erreurs (de logique, y compris les redondances), reformulez les phrases suivantes :

1. Le psychologue l'a remise sur une voie qui a donné des fruits. _____

2. Dans l'ensemble de l'ouvrage, on constate un va-et-vient incessant entre compétences et connaissances, et vice-versa. _____

3. *Reportage*. Avec regret, un homme a été tué à la sortie de la station de métro Cadillac. _____

4. De nombreux toits des immeubles du Vieux-Montréal ont un certain vécu. _____

5. Bell Canada va rétablir les usagers privés du téléphone depuis quelques jours. _____

◇◇◇◇◇

B. Révisez les phrases suivantes :

1. Il a déclaré à ses associés : « En étant élu, vous me verrez moins souvent. »

2. Si vous n'êtes pas familier avec l'opération du télésiège, demandez au préposé.

3. Pour plus de compréhension, voir le graphe ci-haut.

4. Les lobbies se disent satisfaits du boycottage des produits venant des états de Californie et d'Arizona.

5. La réunion a soulevé moults lacunes qui seront rapidement adressées.

6. Afin de produire un texte concis, il est important d'utiliser l'élimination des répétitions, l'élimination des parasites et de rechercher l'économie par tous les moyens (ex. : mots cours, ellipse, etc.).

7. Le nombre des nettoyages effectués dans les succursales ayant été espacé, c'est au personnel de chacune des agences de garder leur environnement propre.

8. Lorsque les scientifiques ont étudié les impacts des morceaux de la comète Shoemaker-Levy sur Jupiter en 1994, ils ont dit que ce phénomène ne pourrait jamais se produire sur Terre car son champ gravitationnel est trop faible pour briser une comète en plusieurs morceaux.

9. Le Ministre des finances a refusé de confirmer ou d'infirmer ses intentions face au projet de loi visant à hausser les taxes sur le tabac.

10. L'attachée de presse l'a confirmé : le président de la Chambre fera connaître l'ampleur des surplus prévus pour l'année prochaine et comment le gouvernement entend utiliser cette manne.

◇◇◇◇◇

C. Prenez position :

Le correcteur d'une maison d'édition refuse le titre *J'aime et je soigne mon enfant*, dans lequel il voit une faute de syntaxe.

Qu'en pensez-vous?

◇◇◇◇◇

D. Sourions, puis corrigeons :

Transport par avion. En vue d'améliorer la qualité du service à la clientèle, plus particulièrement celle des animaux de compagnie, nous avons introduit en décembre une nouvelle étiquette d'identité Animal vivant bilingue à deux faces.

EXERCICE 3

A. Après avoir détecté les surimpressions d'expressions, dégagez les expressions télescopées, puis rendez chaque phrase idiomatique :

1. Il faut, dans les circonstances, faire contre bon gré mauvaise fortune.

   _____
   _____

2. Parler de la situation dans les hôpitaux en période électorale, c'est ouvrir une boîte de crabe.

   _____
   _____
   _____

3. Les travaux dépassant ses capacités, le fournisseur de gaz naturel a demandé à des ouvriers américains de lui porter mains fortes.

   _____
   _____
   _____

4. Devant l'ampleur des inondations, la Sécurité civile veut mettre le tout pour le tout et dynamiter des digues.

   _____
   _____
   _____

5. Les représentants de l'État ont du mal à négocier avec les syndicats qui ont de plus en plus la langue de bois.

   _____
   _____
   _____

◇◇◇◇◇

B. Révisez les phrases suivantes :

1. Le propriétaire de l'établissement n'est pas concerné par le traffic de drogues, mais il sera quand même rencontré par les investigateurs en rapport avec cette affaire.

2. Le chef du parti se dit inconfortable devant les déclarations de ses députés, incluant son bras droit.

3. On s'interroge à savoir ce qu'est devenu le $2,000 destiné à défrayer les frais de transport.

4. À la suite d'un incident, rapporté par la défense, et voulant que l'un des jurés puisse être l'objet de certaines influences, le juge a décidé de séquestrer les 12 jurés.

5. Nous ne pouvons débuter la prochaine session là où nous aurions ajourné la dernière. Il faut absolument vider l'agenda.

6. Les cours de formation pour chauffeurs d'autobus longue distance sont disponibles un peu partout, mais les transporteurs privés les ignorent en raison de leurs coûts : 7000$ pour 400 h. d'enseignement.

7. Notre photo représente un canard huppé, qu'on appelle aussi le «branchu». On trouve cette espèce relativement rare dans le Sud du Québec.

8. Les Delisle passeront leurs vacances au sud de la France; ils en profiteront pour visiter leur fils qui complète ses études à Montpellier.

9. Prenant pour acquis la nécessité de renouveler le fédéralisme canadien, le gouvernement Libéral, si reporté au pouvoir, a l'intention de proposer une nouvelle approche à la réforme constitutionnelle.

10. « Nous n'en pouvons plus. » affirme le directeur, ajoutant qu'il est difficile de déterminer quels services couper quand on ne peut déjà plus couper davantage.

◇◇◇◇◇

C. Prenez position :

À propos de *e-mail*.

Même si « courriel » est court, joli, son usage doit être courant à l'oral. Sinon, comment pourra-t-il concurrencer sérieusement e-mail? Spontanément, je dirais de vive voix : « Écris-moi par courrier électronique » plutôt que « par courriel ». Ce dernier mot m'inspire trop d'insécurité : serais-je compris si mon interlocuteur n'est pas un internaute averti?

◇◇◇◇◇   François Hubert

D. Sourions, puis corrigeons, si possible :

Légende d'une photo d'un groupe d'enfants et de quelques adultes semblant s'amuser ferme : *Rien de mieux que les vacances qui s'approchent à l'oeil nu pour animer ce magnifique méli-mélo d'enfants et parents qu'est une journée de portes ouvertes.*

EXERCICE 4

A. Dans les énoncés suivants, trouvez les fautes ou les maladresses et corrigez-les :

1. La basketteuse est blessée; elle a un problème abdominal. _____
_____

2. Si vous continuez à travailler sérieusement, vous atteindrez votre potentiel. _____
_____

3. En étudiant les mystiques, on a souvent oublié leur ardeur constructive, souvent cachée par les pénitences : silice, discipline, etc. _____
_____
_____

4. Elle s'est donnée du temps avant de prendre une décision qu'elle aurait pu regretter un jour. _____
_____

5. Je ne fréquente pas des gens exceptionnels; je préfère les humains réguliers, comme moi, ni tout à fait méchants, ni tout à fait bons. _____
_____
_____

◇◇◇◇◇

B. Au besoin, améliorez ou corrigez. Le cas échéant, justifiez votre intervention :

1. Les points de vue des deux parties sont inconciliables : le syndicat revendique l'augmentation des salaires; la partie patronale impose des coupures.

2. Ironiquement, le président de notre société qui se livrait au surmenage est décédé durant une vacance en Floride.

3. Le terme "traductologie" s'imposerait pour la cohérence de l'article sous examen.

4. Nous sommes convenus de dormir sur nos idées et de nous revoir demain.

5. La dentiste a refusé de se prononcer après le premier examen, mais elle pourrait éventuellement devoir extraire cette molaire.

6. Je suis anxieux de vous faire rencontrer mon ami de toujours, l'anthropologiste de réputation internationale Jérôme Rousseau.

7. Nombre de personnes se vantent d'avoir lu l'original d'une œuvre, méprisant la traduction.

8. Josie Willie a fait des déclarations à l'effet que le président l'aurait harcelée. Ce dernier se trouve donc face à une nouvelle affaire de sexe.

9. Le délateur nous a livré des confidences de première main dans le meurtre de la policière abattue il y a aujourd'hui trois ans.

10. Nous avons besoin de votre rétroaction et vous prions de compléter le questionnaire ci-joint.

◇◇◇◇◇

C. **Prenez position** :

À propos de la féminisation des titres.

Les opinions émises par Nicole Gagnon (« Le déraillage du féminisme linguistique », Le Devoir, 20 février 1998, page A 11) font la preuve que les croyances et préjugés ont la vie dure, particulièrement en ce qui concerne la féminisation des titres. [...] Mme Gagnon se fonde [...] sur ses propres préconceptions lorsqu'elle affirme qu'« un locuteur de français ne pourrait pas dire "le ministre est absente" [mais plutôt] "le ministre est absent" ou "madame le ministre est absente" ». Ciel! Que madame la professeure descende de sa tour d'ivoire pour découvrir le vrai monde, le français de tous les jours!

[...] *Nicole Gagnon s'inquiète ensuite du « barbarisme sexiste » qui afflige le français du Québec. Qu'elle se rassure, les formes en -eure sont aussi adoptées en Europe.*

[Légende des deux photos illustrant l'article] *Deux femmes qui ont reçu un prix Nobel au cours des dernières années : Aung San Suu Kyi, dissidente birmane, Prix Nobel de la paix 1991, et Jody Williams, militante américaine pour l'abolition des mines antipersonnel, Prix Nobel de la paix 1997. Pourquoi y aurait-il un problème à ce que l'on parle de chacune d'elles en disant « la Prix Nobel... » alors que l'usage et les journaux d'aujourd'hui montrent le caractère variable du genre lorsqu'il s'applique aux êtres humains?*

Céline Labrosse, « Au sujet de madame l'académicien... »,
Le Devoir, 11 mars 1998, p. A 9.

◇◇◇◇◇

D. **Sourions, puis corrigeons** :

Dans les compétitions internationales de patinage artistique, certains juges font montre de négligence au niveau des genoux.

EXERCICE 5

A. Dans les énoncés suivants, trouvez les fautes ou les maladresses et corrigez-les :

1. A 27 ans, il est déjà maître de conférences et professeur en mathématiques sur Paris VII. _____

2. Les échanges globaux sont une clé de voûte pour notre économie. _____

3. La vente des bons d'épargne ne contribue pas à la lutte au déficit. _____

4. D'après la police, huit à neuf terroristes membres du GIA auraient été arrêtés. _____

5. Faute de ressources, les centres d'entraide se désistent de l'aide aux alcooliques et autres toxicomanes. _____

◇◇◇◇◇

B. Révisez les phrases suivantes en n'intervenant qu'au besoin :

1. Les fautes de langue de notre journaliste s'expliquent par le pressant désir de nous communiquer rapidement la nouvelle sans prendre le temps d'y penser.

2. Les Bourses de Hong Kong et de Singapour ont bondi de 14 % chacune lundi, étant persuadées que le pire de la crise était passé.

3. On compte aujourd'hui 900 000 étudiants inscrits au niveau sous-gradué dans les universités du Canada dont les frais annuels s'élèvent à quelque 12 000 $ en moyenne.

4. À chaque année, plusieurs centaines de causes sont entendues par les tribunaux en rapport avec l'entreposage inadéquat des armes à feu.

5. « Certaines dépenses, comme l'achat de mazout, ne peuvent absolument pas être réduites. », a rappelé le vice-président. « Comment, en effet, pourrait-on réduire de 25 % nos dépenses en carburant? »

6. Le directeur général et artistique du Petit théâtre est d'opinion que l'intervention de l'État dans la gestion de son établissement ouvrirait la voie à l'ingérence.

7. La nomination du chef de police est effective à partir d'aujourd'hui.

8. Banque de Paris. Il y a six mois, Michèle W. Girard a vendu sur le marché un lot de 2000 actions, au prix de 17,85 $. Elle avait acquis ses actions par le biais d'une levée d'options au prix de 9,50 $. Notons que Mme Girard a manqué de pif, les actions de sa banque grimpant depuis d'un dix dollars supplémentaires, à quelque 27 $.

9. Un frais supplémentaire de 3 dollars le ticket vous est chargé par le théâtre pour le traitement de votre commande.

10. Nous allons profiter des ventes de fin de saison pour obtenir à bas prix des moustiquaires neufs et de l'équipement de camping.

◇◇◇◇◇

C. Prenez position :

Jusqu'ici convaincue de la nécessité de corriger des calques comme *appliquer sur un poste*, *être sur un comité*, *se trouver sur un avion* ou *être sur le téléphone*, une réviseure ferme désormais les yeux sur ce genre d'erreur. Sa justification? « Même en France, affirme-t-elle, *sur* est en passe de remplacer toutes les autres prépositions. Tous les jours, on entend à la télévision et à la radio françaises des phrases comme : On attend une assistance record **sur** la francofête. La vie privée est bafouée par la presse; c'est plus dur **sur** les comédiens que **sur** d'autres. Nous espérons créer 600 emplois **sur** l'exercice 1999-2000. Il faut voir dans nos prétendus anglicismes d'hier la manifestation d'un mouvement d'avant-garde inconscient. »

Qu'en pensez-vous?

◇◇◇◇◇

D. Sourions, puis corrigeons :

Pourquoi acheter des vêtements quand *Les doigts de fée* vous refont à moindre prix vos tenues démodées? Altérations garanties pour une garde-robe des plus chic.

EXERCICE 6

A. Corrigez les fautes :

1. On s'occupe de tous les aspects de l'exploitation, incluant les horaires de travail. _____ _____

2. Au banquet des Mérites du français, on a su allier bonne chère et belle langue. _____ _____

3. À la base de chaque branche d'arbre, on trouve un espèce de bourgeonnement latent. _____ _____

4. Comme question de fait, a-t-on pris des mesures de sécurité après les nombreux accidents enregistrés? _____ _____ _____

5. *La Toile du Québec*, regroupement de quelque 24 000 sites reflète le paysage cyberspatial québécois, prouvant qu'on ne manque pas de contenu en français. _____ _____ _____

◇◇◇◇◇

B. Révisez en n'intervenant qu'au besoin :

1. Dans le cadre de la semaine du français, l'université de Rennes annonce la francisation de sa liste web. Celle-ci devrait être effective en fin de semaine.

2. Le départ de ce lecteur de nouvelles n'indiffère personne. Qui peut rester insensible devant cette vedette qui annonçait quotidiennement depuis 27 ans des millions de nouvelles!

3. Le Bureau des audiences publiques sur l'environnement, le BAPE, est là pour rester. La divulgation hier par un quotidien de Montréal du projet sur le démantèlement du BAPE et son remplacement par un nouvel organisme qui laisserait aux promoteurs le contrôle des consultations publiques en environnement et qui ferait disparaître le droit à l'audience publique au profit d'un système discrétionnaire a provoqué un branle-bas de combat chez ceux qui entendent défendre cet héritage environnemental de René Lévesque,

amélioré par Jacques Parizeau, en 1995, par l'évaluation des grands projets industriels.

4. Administration scolaire. La nature des futurs emplois est dans la gestion des écoles primaires et secondaires, à des postes de direction ou d'adjoint à la direction.

5. *Publicité*. Nous vous remercions de cinquante grandes années comme clients.

6. Tel que mentionné dans le rapport du comité ad hoc, le service civil remplace le service militaire.

7. Tout comme des millions de canadiens, chacun d'entre nous connaît à l'occasion des journées sombres, mais lorsque l'exception devient la règle, la déprime s'installe.

8. Même si l'endettement des étudiants québécois a augmenté de 30,9 % depuis le dégel des frais de scolarité, il reste toutefois le moins élevé parmi les Canadiens.

9. Les principales difficultés auxquelles se heurtent les personnes atteintes de diabète traitées à l'insuline : c'est de concilier les exigences du traitement du diabète, peu importe le nombre d'injections journalières, et les exigences de la vie de tous les jours.

10. Nos acheteurs voyagent le monde en quête des plus belles fleurs; leur réputation dans le monde est enviable. Chaque variété de fleurs possède des caractéristiques régionales distinctes susceptibles de varier. Seule l'expérience permet de faire le choix des végétaux qui font partie de notre collection. D'ailleurs, voici un éventail rapide de nos produits [...].

◇◇◇◇◇

C. Prenez position :

Il suffit de s'éloigner de France quelque temps pour déceler, dès le retour, l'utilisation de mots dont l'origine s'explique peu ou mal, pure déformation du langage ou traduction d'une langue étrangère que son utilisateur ne connaît même pas. Ainsi de « Bonne journée » qui s'est glissé dans les formules de politesse échangées au sortir d'un taxi ou d'un magasin, expression correcte mais inusitée, traduite littéralement d'un anglais que l'on entend rarement : « Have a good day », *qui déclasse immédiatement un interlocuteur. Peut-être est-ce le moyen instinctif de pallier la disparition du* « Monsieur, Madame » *qui s'est volatilisé sans doute sous le prétexte que c'était signe d'allégeance. « Bonne journée » n'est pas une faute, mais juste un manquement à la tradition.*

Michel Déon (de l'Académie française),
Le Figaro, 6 octobre 1996, p. 17.

Cette observation vaut-elle pour le français québécois?

◇◇◇◇◇

D. Sourions, puis corrigeons :

Le journaliste Mitterrand utilise un langage grossier. Il faut dénoncer ce tortionnaire de la langue et la lui couper.

EXERCICE 7

A. Corrigez les fautes :

1. Nous avons du travailler dans la pire des températures : vent, grésil, froid, et enfin, brouillard.
_____
_____
_____

2. Le Nouvel Âge questionne les religions qui nient le plaisir et le corps.
_____
_____

3. Les partis ne s'entendent pas concernant le nombre d'unifoliés autorisé à la Chambre des communes.
_____
_____
_____

4. L'entraîneur est heureux : ses joueuses ont donné 115 % de leurs possibilités.
_____
_____

5. Il va sans dire que notre enfance influence sur nos choix de vie.
_____
_____

◇◇◇◇◇

B. Révisez en n'intervenant qu'au besoin :

1. Spectacle d'Iza Langlais. Franchement, on est alléchés. Je dirais même plus : on salive. L'avant-goût du spectacle de la cinquième salle de la PdA, tel qu'il a été présenté au récent lancement de l'admirable album *En amour*, méritait déjà le quota d'ovations habituellement réservé aux premières triomphales.

2. Le problème le plus fondamental en matière d'évaluation environnementale, c'est l'absence de budget suffisant pour permettre au Bureau d'audiences publiques d'avoir les moyens nécessaires pour faire leur travail rapidement.

3. Il est certain que lorsqu'on fait application pour une assurance et que l'on souffre d'un, deux ou trois problèmes de santé, on doit s'attendre à une majoration de la prime. À ce point de vue, les asthmatiques font l'objet de décisions qui sont pénalisantes; ils font parfois même l'objet de refus au niveau de l'assurance.

4. Les Mohawks vendent leurs cigarettes non taxées aux dépanneurs du coin, qui profitent ainsi des aubaines autochtones.

5. Deux chercheurs du CHUM ont identifié des zones d'incidence du cancer dans la région de Montréal, variant selon les conditions socio-économiques.

6. La Journée mondiale de l'eau a pour but de sensibiliser et d'aider les pays membres à mieux exploiter leurs ressources en eau.

7. Dès qu'il est question de *résistance*, on réfère à une attitude qui n'en est pas une d'attaque mais de défense.

8. L'annonce d'un programme d'aide aux sinistrés des glissements de terrain n'a pour but que de sauver la face des autorités.

9. La nouvelle convention collective maintient la charge d'enseignement à quatre cours, mais prévoit qu'un professeur *peut être requis* de donner cinq cours. Il s'agit là d'un précédent dans le réseau qui pave la voie à la modulation non volontaire des tâches.

10. Les nations autochtones vibrantes et pleines de diversité avaient, depuis la nuit des temps, adopté des modes de vie ancrés dans des valeurs fondamentales qui concernaient leurs relations avec le Créateur, l'environnement et leurs rapports mutuels, dans le rôle des aînés à titre de mémoire vivante de leurs ancêtres, et dans leurs responsabilités en tant que gardiens des terres, des eaux et des ressources de leur mère patrie.

◇◇◇◇◇

C. Prenez position :

Une réalisatrice de la radio demande à l'équipe des sports d'éliminer de ses commentaires la formule : « Tous les centres de ski sont en opération. » Pour la réalisatrice, il y a là un anglicisme. Réaction immédiate : « Pas question d'être aussi puriste, c'est passé dans l'usage. »

Qui a raison, la réalisatrice ou l'équipe des commentateurs et des commentatrices?

◇◇◇◇◇

D. Sourions, puis corrigeons :

Au dernier référendum, on est passé près comme un cheveu sur la soupe de la séparation.

EXERCICE 8

A. Corrigez les fautes :

1. En quatre ans, le budget des servicés aux usagers s'est vu réduit du quart. _____ _____

2. Les pétrolières s'apprêteraient à créer un fond de recherche pour les futurs ingénieurs miniers. _____ _____

3. La Ministre de l'éducation tiendra des audiences publiques sur l'état de l'éducation dans les universités du Québec. _____ _____ _____

4. Les astronomes suggèrent que la chute d'une astéroïde a provoqué la disparition des dinosaures. _____ _____ _____

5. Saviez-vous que vos interurbains pourraient vous coûter aussi peu que 7 cents la minute? _____ _____

◇◇◇◇◇

B. Révisez en n'intervenant qu'au besoin :

1. D'après l'économiste de la banque, le Québec fera plus que rattraper le retard causé par les chutes de pluie verglaçante de janvier 1998, faisant chuter la production.

2. La porte-parole du ministère fera connaître la réaction gouvernementale à la contestation de ses fonctionnaires.

3. À partir de janvier 1999, il a été interdit aux commandants des sous-marins de déclencher le lancement d'ogives nucléaires sans l'accord du chef de l'État.

4. Mick Jagger a du mal à parler. Voilà qui regarde mal pour ses cordes vocales et le concert de la semaine prochaine.

5. Du à une différence de température entre l'air et l'eau, il y a un espèce de nuage brumeux sur la Rive-Sud de Montréal.

6. Les cultivateurs des régions rurales ont fait connaître leur satisfaction aux autorités.

7. *Au début d'un livre en français.* Ce livre est la traduction française de *Bright Days*.

8. Les positions du premier ministre de l'Alberta brouillent les cartes du chef réformiste, qui rêve d'unir la droite sous sa houlette.

9. Les associations de citoyens sont, pour la plupart à vocation ethnique ou multi-ethnique, le tiers restant étant constitué de groupes à vocation ni ethnique ni confessionnelle.

10. Ce livre sur le PC (ordinateur personnel) est le résultat des nombreuses années de recherche effectuées par son auteur sur son matériel et son système d'exploitation.

◇◇◇◇◇

C. Prenez position :

Dans l'introduction de *En français dans le texte,* Robert Dubuc écrit (p. XIV) : *Souvent les linguistes se montrent accueillants à ce type d'emprunts* [les faux amis] *parce qu'ils s'intègrent facilement dans la langue emprunteuse. Dans une situation de langues en contact, cet avantage peut devenir le cheval de Troie de l'assimilation.*

Commentez cette affirmation.

◇◇◇◇◇

D. Sourions, puis corrigeons :

Muira Puama. Des études cliniques ont été effectuées sur le produit à l'Institut de sexologie à Paris, France, par le Docteur Jacques Hoffman, une des personnes les plus compétentes à travers le monde dans le domaine sexuel.

EXERCICE 9

A. Corrigez les fautes :

1. Cette spécialiste de la technique américaine du « focusing » va droit au cœur des problèmes. _____ _____

2. Le déneigement s'effectue rapidement, ce qui augure bien pour les prochaines heures dans les rues. _____ _____ _____

3. Gangs de rue. Si la persuasion ne suffit pas, la police devra faire preuve de coercition. _____ _____

4. C'est à vous qu'il revient de contrôler le futur de votre peau. Utilisez *Défi au temps.* _____ _____

5. Le réseau de distribution de la nouvelle société a été mis sur pied dans un temps relativement record. _____ _____ _____

◇◇◇◇◇

B. Révisez en n'intervenant qu'au besoin :

1. Fête du troisième centenaire de Côte-des-Neiges. Le but premier de la célébration est de rassembler dans leur diversité les habitants du quartier et faire découvrir son histoire à ceux qui y sont installés seulement depuis quelques décennies, voire quelques années.

2. Les atteintes à la bonne langue parsèment nos journaux; il est impossible de s'en isoler, de s'en immuniser.

3. L'histoire du français ne remonte pas qu'aux Gaulois, bien que l'on sache bien peu des Aquitains, des Ibères et des Ligures, prédécesseurs des Gaulois en Gaule. Leurs langues ont légué peu de choses au français si l'on fait exception de certains noms de lieux comme *Luchon* et *Collioure*, de provenance ibère, et *Manosque* ou *Tarascon*, d'origine ligure.

4. La tendance est aux évasions à la ville ou à la campagne. De nos jours, la tendance est aux congés plus courts pour profiter davantage de week-ends prolongés.

5. Dans son prochain discours, le ministre des Finances promettra que la marge de manoeuvre budgétaire qui se dégagera au cours des prochaines années sera aiguillée vers les jeunes.

6. Il nous fait plaisir de vous annoncer l'ouverture de notre nouvelle succursale du centre d'achat de Bellefontaine. À cette occasion, la boutique vous offre des soldes sur presque tous les nouveaux arrivages!

7. Trente-huit patients ont été victimes d'erreurs de diagnostique ou de manque de nuances de la part du Dr Mancuso, ce pathologiste lui-même atteint d'une tumeur au cerveau. De ces 38 patients, certains cas sont plus sérieux, au point de nécessiter un suivi plus étroit.

8. Les Égyptiens réservent une place très importante aux chats de leur foyer. Étant des représentants de la déesse Bastet, ils sont traités avec circonspection. Ainsi, si un incendie se déclare, le propriétaire se précipite pour sauver les chats plutôt que de s'occuper d'éteindre le feu.

9. *Propos d'une équilibriste.* Comme je ne prends pas toujours le temps de prendre de bons repas, je prends des vitamines, car c'est ce que ça prend pour avoir de l'équilibre.

10. *Journal d'entreprise.* Seulement quelques mots pour faire suite à la présentation de la retraite de notre collègue Gaby Tremblay. Bien sûr, le caricaturiste du journal s'est surpassé avec la caricature de Gaby au volant de sa Corvette. Mais la caricature nous dit-elle tout? Le moulin aux rumeurs pourrait-il éclaircir

le portrait quelque peu? Il paraît que la puissante corvette avec Gaby à bord, roulait un jour dans le stationnement à 125 milles à l'heure ou 200 km heure.

Pourriez-vous être témoin?

◇◇◇◇◇

C. Prenez position :

Invoquant qu'en français les adjectifs *premier* et *dernier* se placent toujours après le nombre, un secrétaire de rédaction veut corriger la phrase suivante : *Plus de 1000 militants d'extrême gauche ont été arrêtés dans la région de Katmandou au cours des dernières 72 heures, à la veille d'une grève générale convoquée par les maoïstes.*

Êtes-vous d'accord avec le secrétaire de rédaction?

◇◇◇◇◇

D. Sourions, puis corrigeons :

Nous préparons un barbecue dont la recette sera donnée aux Amputés de guerre.

EXERCICE 10

A. Au besoin, corrigez ou améliorez les phrases suivantes :

1. Au cours de ses échanges avec Saddam Hussein en 1998 , le secrétaire des Nations-Unies a bien fait sur tous les dossiers.

2. Un accident a fait un mort en début de soirée hier sur la Rive-Sud de Montréal.

3. La Croix-Rouge poursuit son travail de récupération du matériel prêté pendant la crise : lits, couvertures et autres lampes de poche seront rassemblés dans trois centres de stockage.

4. Plus le procédé de torréfaction est long, plus les huiles du café se développent et moins il reste d'humidité dans les grains. La période idéale de torréfaction rehausse les caractéristiques des cafés de qualité supérieure utilisés dans notre mélange maison, un café d'un brun chocolat riche, beaucoup plus foncé que les mélanges types plus pâles. Pour en savoir plus, consulter notre pamphlet intitulé : *Un éventail rapide des breuvages Café-Maison^MD*.

5. Les banques devraient avoir un tiers de femmes sur leurs conseils d'administration.

6. La Société des hémophiles est outrée et sa colère transparaît dans les propos du président du chapitre ontarien de l'association.

7. Des échanges acerbes marquent les discussions sur la constitution canadienne entre les souverainistes et les juges. Notre reporter Richard Lacoste est à Ottawa, et explique.

8. En une année, le président du pays aurait parcouru 100 000 km et rencontré autant de citoyens.

9. La jeune femme injustement accusée de dopage pouvait compter sur le support de ses amis.

10. Après l'annonce du verdict, l'indignation de la famille de la victime s'est donnée libre cours.

11. Le 15 millions de dollars injectés dans l'aménagement du parc du Mont-Royal n'adresse pas les questions de fond.

12. Les réactions violentes à la syndicalisation de l'industrie hôtelière vont compliquer celle de d'autres secteurs.

13. À tous les mois, on affichera sur les babillards des informations générales sur les négociations.

14. Les superviseurs ne prennent pas le temps de discuter avec le personnel sur le plancher.

15. Après 8 nuits de notre traitement, la tonicité et la densité de la peau sont améliorées. Utilisée régulièrement, l'apparence des rides et ridules s'atténue.

16. Les réviseures ne localisent pas toujours facilement les fautes de grammaire, d'orthographe, de ponctuation, de style, etc...

17. Dans le monde des bouts-de-choux, Ronald McDonald est le deuxième plus connu des personnages.

18. Il me fait plaisir d'acceuillir Mme Blanchard et son escorte, Mr. Pouliot.

19. Les étudiants de M. Charpentier disent progresser par le billet des commentaires sur leurs copies.

20. Grâce aux comprimés Sambex, vous maîtrisez maintenant les brûlements d'estomac.

21. Après sa contre-performance, le skieur italien avait les bleus à l'âme et au corps.

22. Les membres du service Platine sont des clients qui connaissent bien Transair et vous, employés en contact avec le public, vous les connaissez bien aussi, les rencontrant au moins deux fois par semaine au sol comme dans les avions.

23. Grâce au jeu admirable de la comédienne principale, nous avons assisté à une représentation à vous donner la berlue.

24. La meilleure aubaine en transport étudiants... le devient plus encore. En effet, votre transporteur ferroviaire vous offre une affaire en or, un nouveau forfait.

25. En plus de ses effets bénéfiques, Flax peut entraîner des effets secondaires : fièvre, frissons et urticaire.

26. D'après le rapport sur l'incendie, la fumée originait de l'échoppe du coiffeur.

27. La pénurie d'instituteurs n'en est pas une de ressources humaines mais une de ressources budgétaires.

28. Comme elle a bien fait aux qualifications, cette ex-championne du biathlon devrait faire bonne figure aux épreuves officielles.

29. Vous serez surprise à quel point un nouveau chauffage peut changer votre vie.

30. Les Approvisionnements avaient du mal à croire qu'une garniture en plastic grosse comme le bout d'un crayon puisse coûter 139 $ US. Après un suivi auprès du fournisseur, nous payons maintenant 9,80 $ US pour cet article.

RÉVISION UNILINGUE

Pour le premier trimestre

La forte progression des résultats des grandes banques n'ont pas surpris

DOMMAGE AUX RÉCOLTES

Un accompte

Al Gore entre de plein pied dans la diplomatie internationale

Washington embarassé par les hésitations de Bruxelles

Les experts ne prévoient pas d'adouciment à la politique monétaire aux États-Unis

TEXTE 1

1	## ATTENTION !
2	Les liens dans cette section de l'Internet vous font quitter le site Minisoft. Vous devez
3	savoir que les sites listés ici ne sont pas sous le contrôle de Minisoft. De fait, Minisoft
4	ne peut être tenu responsable du contenu de ces sites, et le fait que ces sites soient listés
5	par Minisoft n'engage en aucun cas la responsabilité de Minisoft. Minisoft vous fournit
6	cette liste de sites comme un service, il nous paraît donc important de vous informer
7	que Minisoft n'a pas testé les logiciels que vous pourrez trouver sur ces sites et ne peut
8	donc en aucun cas être tenu responsable de la qualité ou des déficiences de ces logiciels,
9	ou même d'éventuels dommages encourus dans l'utilisation de ces logiciels. Il existe
10	des dangers inhérents à l'utilisation de tout logiciel téléchargé sur l'Internet, et Minisoft
11	vous engage vivement à vous assurer d'évaluer au mieux le risque que vous pouvez
12	encourir lors du téléchargement d'un logiciel.

13	## RABAIS SPÉCIAL JUSQU'À 20$

14	## LE NOTEUR, DE L'ORDRE SOUS LA MAIN.

15	J'ai finalement complété mon rapport d'impôt! J'ai tout fais sur un disque souple que
16	je ne retrouve plus car j'avais oublié de l'étiqueter.

17	## MAIS LE NOTEUR ORGANISE VOTRE MILIEU!

18	SENSASS! Le système d'étiquetage électronique Le Noteur crée des étiquettes auto-
19	collantes professionnelles pour toute application. Enlevez, collez et voilà!
20	De plus, avec Le Noteur, je bénéficie du Soutien au Consommateur!

TEXTE 2

VERNISSAGE DE RICHARD LÉGITIMUS

Dans le cadre du mois de l'Histoire des Noirs, il nous fait plaisir de vous inviter au vernissage de l'exposition des peintures de Richard Légitimus le vendredi 12 février prochain, à 17 heures, au 200 Laurier Ouest, Montréal.

Richard Légitimus est né en Haïti en 1961. Il a vécu son enfance à Montréal et a obtenu un Baccalauréat en Arts à l'Université du Québec à Montréal. Peintre, chanteur et musicien, il est artiste jusque dans la moindre fibre son être. Il a participé à plusieurs expositions en Haïti, à Montréal et à l'étranger. Il a été le récipiendaire de plusieurs prix. Pour cette exposition, il prévilégie son thème favori : la femme. Son oeuvre est réaliste et figurative quoiqu'avec une touche abstraite et fantastique. On aime la finesse et la sensibilité dégagées de l'univers de ses femmes qu'il réussit, avec aisance et chaleur, à nous communiquer. Malgré une grande demande pour ses oeuvres, Richard Légitimus produit annuellement un nombre d'oeuvres limité afin de privilégier une qualité d'inspiration et d'exécution de stature internationale. L'artiste sera présent lors du vernissage.

Marie-José Lefrançois, galériste

1
2
3
4
5

6
7
8
9
10
11
12
13
14
15
16
17
18

19

TEXTE 3

LE RÊVE D'UN MANEUVRE

QUELLE JOURNÉE!

Qui aurait pu prédire que cette année, moi, Yves, simple mécanicien au plant des moteurs, ferais partie de l'équipe qui accueilleraient Mr. Ishu, le représentant d'un important transportateur international, pour un tour de nos facilités modernes. M. Ishu désirait établir un partenariat à long terme avec un fournisseur de renom international et il m'a confié être venu chez-nous en raison de la réputation enviable sur le marché, à savoir la fourniture de façon constante de services fiables et d'un bon rapport qualité-prix pour la maintenance des réacteurs. Pour lui, nos délais sont les meilleurs de l'industrie et nous faisons l'envie de nos compétiteurs.

Au cours de la visite, il régnait un grand niveau d'activité dans l'atelier et M. Ishu a réalisé un sentiment de confiance chez les employés. Il a été très impressionné par l'environnement propre et clair, l'enchaînement simple des opérations et le peu de pièces laissé sur le plancher compte tenu du fait que nous produisons deux appareils journellement. Il a fait des remarques sur les investissements relatifs aux nouveaux équipements et a montré un intérêt spécial pour la meuleuse à grande vitesse à la section des compresseurs ainsi que les écrans tactiles au banc d'essais. Il était très heureux de voir John, un de nos techniciens, au vidéophone avec le service d'ingénierie de l'industrie AAM pour faire adopter de nouvelles réparations mises au point par nos services d'opération afin de réduire le coût total d'un appareil client.

Le meeting sur l'amélioration des processus à l'atelier de réparations a été un des faits 21

marquants 22

de la journée. Suzanne, opérant l'appareil à plasma, expliquait avec enthousiasme les 23

mesures de rendement affichées et comment son équipe les avait utilisé pour réduire 24

de façon conséquente le travail de reconditionnement. Après le déjeûner, M. Ishu a 25

pu observer l'implication directe des clients lorsque Mike, représentant interne d'un 26

client, a pris part au groupe sur le développement continuel des processus d'assemblage 27

final. Il a profité de l'occasion pour expliquer comment notre société supportait avec 28

enthousiasme l'implication des clients à l'optimalisation des processus et qu'il trouvait 29

cette procédure très intéressante. 30

À 4 hres P.M., nous nous sommes rendus à la salle de réunion principale rencontrer le 31

groupe du Marketing. M. Ishu nous a remerciés. Il nous a aussi mentionné qu'il était 32

impressionné par l'agressivité des employés travaillant en équipes autogérées pour 33

améliorer les processus et répondre aux exigences des clients. Ce qu'il a vu confirme 34

notre réputation et l'a convaincu que nous étions une entreprise dotée d'une orientation 35

clientèle. Il est maintenant prêt à discuter des conditions d'un contrat exclusif de dix 36

ans. 37

Quelle tournée extraordinaire! 38

TEXTE 4

1 **LES PASSAGERS CLANDESTINS**

2 **COÛTENT UNE FORTUNE AUX COMPAGNIES MARITIMES.**

3 **HALIFAX**– Le problème des passagers clandestins en provenance d'Europe contraint

4 une entreprise maritime internationale à reconsidérer sa présence au Canada.

5 Bohmes Maersk a fait savoir hier qu'elle pourrait mettre un terme à sa présence au

6 port d'Halifax, en Nouvelle-Écosse, si rien n'est fait pour empêcher les clandestins

7 d'entrer au pays par la voie maritime.

8 «Quitter Halifax est la dernière chose que nous voulons faire», a tout d'abord déclaré

9 le directeur général de la firme, Olaf Nirska. «Mais avec ce que ça (les clandestins)

10 nous a coûté ces dernières cinq semaines, et avec ce poids que nous supportons,

11 nous devons réaliser que nos coûts sont tels que ça ne peut durer.»

12 Ces derniers temps, plus de 30 passagers clandestins, presque tous roumains, ont

13 débarqué à Halifax, cachés dans des containers à bord de navires en provenance

14 d'Europe.

15 Jusqu'à présent cette année, quelques 60 personnes sont entrées de façon illégale au

16 Canada après avoir dissimulé leur présence sur des navires commerciaux, soit le

17 double du nombre des 30 qui avaient fait de même tout le long de 1998.

18 En plus d'encourir une amende de 7000$ pour chaque clandestin, les entreprises

19 maritimes doivent également payer les coûts d'une sécurité accrue à bord des navires,

les frais de réparation des navires endommagés, et les soins aux clandestins, entre | 20
autres dépenses. | 21

À ces coûts s'ajoutent ceux encourus par les différents paliers de gouvernement ayant | 22
pris en charge les clandestins. Les 1400 passagers illégaux arrivés dans les ports | 23
canadiens depuis 1994 ont coûté pas moins de 70 $ millions au pays, a précisé | 24
M. Nilska. | 25

Ce dernier presse donc Ottawa d'amender les politiques relatives à l'immigration afin | 26
de décourager les réfugiés envisageant d'entrer au Canada de façon clandestine. | 27

TEXTE 5

IL PLEUT À MOURIR

Les précipitations acides inquiètent les gens. Aujourd'hui, non plus seuls les groupes écologistes, mais aussi les producteurs agricoles et les citoyens se questionnent sur le sort réservé à nos forêts, à nos arbres...

On lève les yeux vers la cime des feuillus et observe la couleur des épines de pin pour y voir les symptômes de la maladie qui les guette. À la fin d'août, il est plus aisé de les remarquer. Quels sont-ils?

Les indices présentés ici proviennent d'un feuillet de la Division de la Conservation du ministère de l'Énergie et des Ressources du Québec et d'une brochure de la direction générale de l'information d'Environnement Canada. On les trouve dans les centres d'interprétation et à Communication Québec, entre autres.

SYMPTÔMES

Lorsque les symptômes sont détectables à l'oeil nu, l'arbre est déjà fortement atteint. Mais l'observateur attentif peut remarquer des signes avant-coureurs. Prenons l'exemple de l'érable à sucre.

Comme le mal vient d'en haut, c'est normal que notre regard se porte sur la cime. Les feuilles de la partie supérieure de l'arbre sonnent l'alarme. Elles se dressent anormalement comme un noyé pour atteindre l'air libre et elles se colorent d'un vert plus sombre.

Plus tard dans le processus de dépérissement, les feuilles deviennent plus petites, 20
offrant une cime plus clairsemé, elles ont un aspect cireux et rougissement plus 21
hâtivement - ne pas confondre avec l'érable rouge -. 22

Les petites taches blanchâtres qui apparaissent parfois indiquent que ces collecteurs 23
solaires ont de sérieuses difficultés avec nos productions d'ozone. 24

Les symptômes qui indiquent que la fin est proche se remarquent aisément. Les feuilles 25
désertent le pourtour de la cime ou encore se forment en touffes laissant des ouvertures 26
dans le couvert feuillu. Elles peuvent se colorer de pourpre; vu du sol, le feuillage 27
peut alors devenir comme bronzé. Le dessèchement progresse. L'écorce se décolle 28
anormalement sur les grosses branches, puis le tronc. 29

C'est dire qu'on remarque que la cime se clairsème et se dépouille comme atteinte de 30
calvitie, dépouillement qui s'étend bientôt à l'arbre tout entier. 31

On note également que les arbres cicatrisent moins rapidement lorsqu'ils sont atteints 32
par le cancer de la pollution. 33

Aujourd'hui, il n'est donc pas surprenant que nos arbres soient plus vulnérables aux 34
insectes et aux maladies. 35

TEXTE 6

MON FRÈRE, MA SOEUR, MON COUSIN ET
1 MILLIARD DE CHINOIS

Ralph Nader, avocat et activiste américains, a déjà fait la remarque suivante, "La plus grande contribution du communisme au reste de la société fût d'empécher que chaque Russe et que chaque Chinois possède une voiture".

La couche d'ozone serait dans quel état si la Chine comptait une voiture par personne comme c'est le cas en Amérique du Nord? Du point de vu social, économique et environnemental, il est impossible que chaque être humain possède une voiture. Le dossier que nous allons vous présenter illustre assez bien cette affirmation. Pourtant les québécoises et les québécois ne sont pas inquiets.

J'ai un ami qui demeure en région avec sa famille. Il travaille au même endroit que sa femme mais ils voyagent chacun avec une voiture puisqu'il commence à 8h00 et fini à 5h00 et elle commence à 8h30 et fini à 16h30. C'est leur choix d'avoir deux voitures. Une famille à faible revenu n'a pas ce choix.

Une amie qui demeure à Montréal et travaille à Lasalle me disait récemment qu'utiliser le transport en commun au lieu de sa voiture lui prendrait une heure et demi de voyagement supplémentaire par jour. Pourtant son travail est facilement accessible par Métro-autobus. Par contre, elle a fait le choix d'habiter loin d'un Métro.

Un troisième ami de la Suisse me racontait, que même si il est plus rapide pour lui de prendre le train pour aller travaillé, il prend sa voiture! Il avait de la misère à m'expliquer la raison pourquoi. Pourtant il se dit contre un projet de bâtir un autoroute 21

le long du lac Neuchatel. 22

Ces trois personnes, qui soit dit en passant sont mon frère, ma soeur, et mon cousin, 23

ont le privilège de pouvoir choisir leur mode de transport. Ils ont le pouvoir économique 24

de choisir si ils utilisent la voiture, le transport en commun ou bien le co-voiturage. Et 25

comme 99.9% des gens qui ont ce pouvoir, ils en abusent. Pourtant, ils sont sensiblisés 26

aux effets néfastes de la voiture. Pour eux, le confort l'emporte sur ses conséquences. 27

Il est très facile de dire que nous sommes dépendants de la voiture. Il est aussi facile 28

de mettre le blâme sur les compagnies de voitures qui nous innondent de publicité 29

pour acheter et qui exerce des lobby importants pour que nos gouvernements 30

construisent des autoroutes et coupent dans le budget du transport en commun. Nous 31

devons réaliser que nos gestes individuels influent nos choix de société. Si personne 32

utilise le transport en commun et tous le monde veut rester à l'extérieur des grands 33

centres, nos politiciens vont arriver à la conclusion que nous voulons utiliser la voiture. 34

Personnellement, j'aime utiliser le transport en commun, mais ce n'est pas le cas pour 35

tous le monde. Si, en tant que société nous décidons de privilègier la voiture comme 36

notre mode de transport, il faut comprendre qu'il nous sera difficile d'empêcher d'autres 37

sociétés de faire la même chose. 38

Imaginez un milliard de Chinois et 150 millions de Russes qui utilisent chacun une 39

Ford pour allez travailler à tous les jours... 40

TEXTE 7

1   ## À TOUS LES MEMBRES DE L'ASSOCIATION

2   L'information concernant la pétition que vous avez signé ou n'avez pas eu la chance

3   de signer dénonçant l'insatisfaction face au programme de l'OT et qui se lisait comme

4   suit :

5   Nous soussignés membres du groupe des motopropusleurs, informons la direction

6   et tous les officiers de la loge de district et de la loge locale, que nous sommes

7   complètement et totalement insatisfait de notre représentation et de notre participation

8   dans le cadre de l'OT. Par conséquent, nous exigeons que toute participation dans le

9   cadre de l'OT cesse immédiatement. Advenant un refus de notre revendication,

10   nous cesserons toute participation à l'OT sur une base individuelle.

11   Le 02 Décembre 1999, M. Robin Avel (V. P.); M. Gerry Basting (P.D.G.); M. Paul

12   Piette (district), ont reçu la pétition. Nous espérons que M. Don Aldrich (V.P. de

13   l'association) la reçoive sous peu.

14   Le 10 Décembre 1999, nous avons rencontré M. Avel à titre d'information, pour lui

15   expliquer pourquoi nous avons fait circuler cette pétition. Lors de cette rencontre,

16   nous lui avons fait part de tous les problèmes que vous connaissez. Nous lui avons

aussi fourni une multitude de documents et d'informations reliées aux problèmes de | 17

l'OT. Pour terminer cette rencontre, nous avons demandé à M. Avel de venir rencontrer | 18

les employés au power plant, ce qu'il s'est engagé à faire. | 19

Le 11 Décembre 1999, nous avons rencontré M. Paul Piette (district), ainsi que M. | 20

Roméo Blais (loge), et M. Roger Lamarre (coordinateur OT). Durant cette rencontre, | 21

nous leur avons donné les mêmes informations que durant la rencontre que nous | 22

avions eu avec M. Avel la veille. Nous avons également demandé à M. Piette de | 23

venir rencontrer les employés au power plant. Aucunes réponses n'ont été enregistrées | 24

sur cette demande. | 25

Nous vous remercions de votre appui et de votre collaboration pour cette démarche et | 26

encourageons cette même solidarité pour les rencontres à venir. | 27

TEXTE 8

1 *LE GROUPE DE RECHERCHE CONJOINTE*

2 *DE L'ÉCOLE DU BÂTIMENT ET DE LA FIRME CONSULTAIR INC.*

3 Le 28 septembre 1998.

4 Madame / Monsieur,

5 En moyenne, les canadiens passent plus de 90% de leur vie à l'intérieur, ce qui

6 implique que les effets sur la santé de cet environnement intérieur prennent un intérêt

7 particulier. Depuis 1975, un problème nouveau et mystérieux a été rapporté. Connu

8 sous l'appélation du syndrôme des édifices malsains, ce problème a rapidement pris

9 de l'importance aux yeux des architectes, des propriétaires, et particulièrement des

10 occupants de ces édifices. Ceci a mené à une attention particulière de la part des

11 médias et plus récemment à une demande d'action législative. Toutefois, la solution

12 n'en est pas facilement identifiable puisque la cause en est inconnue.

13 Le groupe de recherche en collaboration avec le comité sur la qualité de l'air des

14 universités québécoises est à mener une étude de la santé et de l'environnement des

15 bureaux dans 10 bâtisses de votre institution. Les buts des recherches entreprises sont

16 identifiées les causes du problème des édifices malsains ainsi que les solutions possibles.

17 Le groupe de recherche est sur le réseau des centres nationaux d'excellence en santé

18 respiratoire et est subventionné par le conseil de recherche médical du Canada.

19 Afin d'estimer à fond l'environnement des bureaux de ces édifices, nous allons évaluer

20 l'opération du système de ventilation de votre édifice ainsi que l'environnement dans

21 quelques bureaux. Nous demandons aux travailleurs de compléter un questionnaire

concernant leurs antécédants médicaux, les caractéristiques du bureau, l'évaluation de | 22

l'environnement habituel et les symptomes ressentis au travail. Ceci ne devrait prendre | 23

que 10 ou 15 minutes de votre temps. Nous sollicitons votre participation à cette étude. | 24

Vous trouverez ci-joint une formule de consentement accompagnée d'un questionnaire | 25

concernant votre milieu de travail et votre santé. | 26

Si vous voulez bien nous offrir votre collaboration, nous vous serions gré de signer le | 27

formulaire de consentement, de compléter le questionnaire ci-joint et de glisser et de | 28

sceller le tout l'enveloppe fournie. Si vous ne désirez pas participer à l'étude, nous | 29

vous prions de mettre le tout dans l'envelope fournie. Un membre de notre équipe | 30

viendra recueillir l'enveloppe fournie dans les deux cas. | 31

Seuls les membres de l'équipe qui supervisent cette aspect de l'étude auront accès à | 32

ces questionnaires. Votre identité sera protégée par un numéro de code et tous les | 33

renseignements fournis seront STRICTEMENT CONFIDENTIELS. | 34

Si vous avez des questions, veuillez communiquer avec l'un de nous aux numéros | 35

indiqués ci-dessous. | 36

En espérant avoir l'occasion de travailler avec vous, veuillez agréer, Madame, | 37

Monsieur, l'expression de nos sentiments les meilleurs. | 38

Ken Leprince : 344-6151 | 39

Rosie Ghatto : 848-7300 | 40

Jo Morgentaler : 872-7812 | 41

132

TEXTE 9

1   LA VENTE AU DÉTAIL

2   **c'est plus qu'un emploi, c'est une carrière**

3   chez Électro Shoppe, super centre de l'électronique

4   **Électro Shoppe, une occasion à ne pas manquer!**

5   Le succès personnel de nos gens est la clé de notre performance

6 Électro Shoppe est rapidement devenu un des dirigeants parmi les détaillants de

7 l'électronique grâce à son engagement pris afin d'offrir une sélection et un service

8 imbattables ainsi qu'un rapport qualité-prix supérieur. Depuis l'ouverture de notre

9 premier magasin en 1985, nous avons toujours cru que la clé de notre succès est là

10 grâce à nos employés. Nous sommes déterminés à devenir l'un des détaillants

11 principaux en Amérique du nord et nous sommes à la recherche de gens voulant

12 poursuivre une carrière avec nous!

13   ATTEIGNEZ VOTRE PLUS HAUT POTENTIEL

14 Débutez votre carrière en vente au détail, pour ensuite faire votre introduction au

15 programme de développement à la gérance en 3 étapes. De là, poursuivez votre

16 carrière de gérance.

17   **NOTRE FORMATION**

18 **1ère étape** : Vous ferez vos débuts en vente au détail comme représentant(e) du service à

19 la clientèle suivant une formation intégrale payée. Aucune expérience n'est nécessaire.

2ᵉ étape : Vous aurez une formation aux ventes qui vous rapportera un salaire d'environ | 20

25 000$ par année. | 21

3ᵉ étape : Vos qualités de ventes et promptitude à aller vers le succès ainsi qu'une | 22

formation en leadership et service à la clientèle vous prépareront pour un poste en | 23

gérance avec un salaire débutant à 45 000$ par année. | 24

NOUS RECHERCHONS DES GENS | 25

QUI VEULENT S'ÉPANOUIR AVEC NOUS | 26

Chez Électro Shoppe vous trouverez des gens déterminés à aller vers l'excellence, | 27

des gens positifs se dirigeant vers le succès. Notre formation vous aidera à développer | 28

des qualités de leadership et de gestion ainsi que les outils dont vous aurez besoin | 29

pour atteindre vos objectifs en vente, publicité, marketing et comptabilité. | 30

Vos avantages... | 31

Un ensemble de bénéfices est offert à tous nos employés à plein temps. Celui-ci | 32

comprend des assurances médicales, un plan dentaire, une assurance-vie de groupe, | 33

une salaire d'incapacité de travail à court ou à long terme, des vacances payées, des | 34

escomptes pour employés et un plan d'achat d'actions. | 35

Si vous êtes une personne ambitieuse, travaillante et vous êtes à la recherche d'une | 36

entreprise dynamique pour faire une carrière, pensez à Électro Shoppe! Complétez la | 37

formule du dépliant ci-jointe et envoyez-la à l'adresse à l'endos aujourd'hui en oubliant | 38

surtout pas de compléter la section ÉDUCATION. | 39

134

ÉDUCATION

S.V.P. cocher le niveau d'éducation complété ci-dessous.

☐ École secondaire	☐ Diplôme universitaire
☐ CÉGEP	☐ Collège technique
☐ Baccalauréat	☐ Diplôme du 2e ou 3e cycle

Si vous partagez notre engagement à la croissance et au succès, découvrez le futur que vous réserve Électro Shoppe. Faites partie de notre équipe alors que Électro Shoppe devient le magasin de l'électronique préféré en Amérique du nord.

TEXTE 10

25 juillet 1998 | 1

à tous les contribuables, | 2

Corporation Municipale de Vallon-le-Joli | 3

Madame le maire Yvonne Haché s'est engagée dans une campagne électorale qui | 4

aura son dénouement en novembre 1998, ce qu'elle sait, elle aura de l'opposition et | 5

en voici quelques raisons. | 6

D'abord elle ne respecte pas ses paroles et en voilà une preuve — le 12 janvier, | 7

le 2 avril j'adressais une lettre contenant des questions reliés à l'administration de | 8

notre municipalité — à chaque assemblée subséquente elle me promit réponse dans | 9

les jours suivants. Finalement j'eus la réponse de la lettre de janvier le 19 mai et celle | 10

d'avril le 13 juillet non sans avoir payés $64.25 pour les réponses à ma première | 11

lettre. | 12

Si vous assistiez aux assemblées du Conseil, vous réaliseriez que Mme le Maire | 13

est continuellement sur la défensive et qu'oralement elle ne peut donner des réponses | 14

complètes et directes. | 15

Dans un premier temps nous aimerions vous donner des faits et dans un deuxième | 16

temps vous découvrir une partie du programme que nous vous offrirons. | 17

136

18 | 1) Faits

19 | 1) Saviez-vous que dans les 3 dernières années, les entrées de taxes municipales
20 | ont augmenté de 34.7 % — qui a payé? Vous et moi, avons nous eu un
21 | retour? Au présent Conseil de répondre par écrit.

22 | 2) Saviez vous que nos idylles municipaux se sont donnés des augmentations
23 | de salaire dans les dernières 3 années comme suit : Mme le Maire 14.71 %,
24 | Messieurs et Mesdames les Conseillers 14.71 %, de ce 14.71 %, ils se sont
25 | alloués un peu plus de 5 % en 1998 pendant que plusieurs citoyens étaient
26 | sans ouvrage et que plusieurs autres ont du faire des sacrifices comme donner
27 | des heures à leur employeur pour conserver leur gagne-pain.

28 | 3) Saviez vous que nous sommes propriétaire d'un terrain devant servir à un
29 | parc industriel qui nous coûte aujourd'hui plus de $ 100,000.00 et que tous
30 | les jours ce montant augmente du au manque à gagner de votre argent.

31 | 4) Saviez vous que le 22 juillet 1998 à une assemblé a laquelle assistaient des
32 | représentants de la Ville de Vallon , de la C.D.E, du M.A.P.A.Q. Mme. le
33 | Maire a semblé accepter de donner une autre vocation à notre terrain, car
34 | après presque 2 ans il n'y a pas d'avenir sur ce site pour attirer des industries,
35 | les raisons pas d'aqueduc, pas d'égout sanitaire, pas d'égout pluvial.

36 | 5) Saviez vous que Mme le Maire a l'intention de vendre ces terrains pour la
37 | construction résidentielle pendant qu'il y a plus de 50 maisons à vendre

entre la ville et le Vallon. Dans les dernières semaines il s'est vendu une 38

maison qui avait été payée en 1997 88,000.00$ pour 62,000.00$. En plus 39

nous avons 2 payeurs de taxes à proximité du terrain qui essaient de vendre 40

des terrains sans preneur à date. 41

PROGRAMME DU GROUPE LALANCETTE
42

1) Tenter de se débarrasser de notre terrain qui nous coûte plus cher de jour en 43
jour à un prix minimisant une perte et faire du profit si possible. 44

2) Coopérer avec les municipalités environnantes, la plus grosse industrie de 45
Joli et les associations de façon à établir sur des bases solides pour le présent 46
et le futur un parc industriel qui donnera de l'ouvrage aux nôtres et donnera 47
de la valeur à nos propriétés. 48

3) A tous les 3 mois nous vous adresserons un mémo vous informant des choses 49
courantes et demandant votre input sur des questions importantes concernant 50
notre municipalité. (coût d'un mailing à tous les contribuables moins de 51
$50.00) 52

4) Corriger le règlement No.193 - règlement qui dit que toute question doit-être 53
posée à M. ou Mme le Maire - que font les conseillers dans le présent conseil 54
- en autant que je suis concerné ils ont autant ou plus de valeur que le maire. 55
Nous formerons des comités et ceux-ci répondront à vos questions. 56

138

| 57 | 5) Nous répondrons à vos questions dans un minimum de 30 jours s'il y a lieu |
| 58 | de faire des recherches pas après 3 mois comme ça se fait présentement. |

59	6) Employés municipaux, nous coopérerons avec la Ville de Joli qui fait des
60	concours pour l'engagement, récemment ils ont engagé un chef de pompier
61	et ils ont demandé 2 conseillers du Vallon pour les assister, ces gens ont
62	dressé une série de 10 questions et ont interviewé 3 appliquants . Notre
63	Maire avait fortement appuyé à la table du Conseil un de ses amis, déception
64	pour elle, on a nommé le plus méritant, de plus nous payons 2 secrétaires
65	minicipaux depuis plus d'un an — auriez vous aimé qu'il y ait concours
66	pour le deuxième poste — peut-être qu'un des nôtres aurait pu avoir le job
67	au mérite — en autant que je suis concerné pourquoi payer 2 secrétaires
68	pour le peu d'ouvrage qu'il y a à faire? Nos comptes de taxes sont fait par
69	une firme de l'extérieur.

70	Ceci se veut une première approche en vue des prochaines élections, nous vous
71	reviendrons avec une étude passée et présente de la coopération de notre municipalités
72	avec la M.R.C. et la C.D.E. et les responsabilités qui incomberont au nouveau conseil
73	avec l'adaption de la loi du Ministre des Affaires municipales — on parle d'une
74	augmentation de $5 millions dont $101,163.00 pour la voirie et de plus de $1 millions
75	pour la Sureté du Québec (La Pensée, 18 mars 1998) Ces deux montants représentent
76	une augmentation de taxes de plus de 195% — C'est facile à figurer ce montant —
77	l'entrée des taxes en 98 est de $520,316.00 et il semble qu'il n'en restera rien — si
78	on ajoute les montants mentionnés ci-haut

$520,316.00   79

$101,163.00   80

$1,000,000.00   81

Total   **$1,621,479.00**   82

Ce $520,316.00 de revenus, nous payons $0.61 du $100.00 — pour payer   83
$1,621,479.00 nous aurons a payer $1.194   84

Ce circulaire est écrit et payé par A. Lalancette — le coût moins de $100.00   85

Je défis le Conseil de nier tout avancé dans ce mémo et si vous désirez plus   86
d'information il me fera plaisir de vous rencontrer   87

A. Lalancette   88

13 Rang du ruisseau   89

RÉVISION BILINGUE

TEXTE 1

	TO ALL PERSONNEL	DEST. : PERSONNEL
1		
2	A recent survey carried out in the offices	Un récent sondage effectué dans les
3	indicated that there are still a certain	bureaux a démontré qu'il y a encore des
4	number of individuals who eat at their	individus qui mangent à leur lieu de
5	work locations.	travail.
6	We would like to remind everybody that	Nous tenons à rappeler à tout le monde
7	consumption of food in their office or	que la consommation de nourriture dans
8	on a shop floor as opposed to a separate	un bureau ou sur le plancher,
9	clean room or lunch area is not	contrairement à une chambre propre
10	recommended regardless of the	séparée ou une cantine, n'est pas
11	substance handled. In the same line,	recommandée quelque soient les
12	food stored in working areas, especially	substances manipulées. Dans le même
13	in shops may also become	ordre d'idée, la nourriture gardée au
14	contaminated.	travail peut-être également contaminée.
15	Keeping in mind the safety of all our	Gardant à l'esprit la sûreté de tous, toute
16	employees, the Leadership Team	l'équipe de direction encourage
17	strongly encourages that the cafeteria or	fortement que les employés mangent
18	lunch rooms be used during break, lunch	dans la cafétéria ou dans les cantines lors
19	and dinner for the purpose of eating.	des pauses repos et des pauses-repas.
20		Merci de porter attention à cette
21	Thank you for keeping safety in mind.	question de sécurité.
22		Directeur intérimaire
23	The Supervisor, Safety	

TEXTE 2

Somali

	1

The Somali originated as a longhaired mutation of the Abyssinian. For many years longer coated kittens had been showing up in Abyssinian litters but it wasn't until the 1960s that several breeders decided to develop these cats as a separate breed named the Somali.

The Somali is a well proportioned medium sized cat with firm muscular development. Large tufted ears and dark pencil strokes above gold or green eyes distinguish a modified wedge shaped head. The Somali has the same ticked coat as the Aby but it is silkier, softer and very much longer. Instead of two or three bands of ticking on each hair, there are 10 to 12 and the colouring is deeper and altogether richer. The tail is very full like a fox's brush. C.C.A.* recognizes the Somali in the same Aby colours of Ruddy, Sorrel, Blue and Fawn.

The Somali is a high-energy, adventurous, often mischievous extrovert and loves being the centre of attention. Favourite pastimes include shoulder-riding, lap-sitting and bed-snuggling.

*Canadian Cat Association

TEXTE 2

Somali

Le Somali est une mutation de l'Abyssin à poil long. Depuis plusieurs années des chatons à poil long apparaîssent dans les portées d'Abyssins mais ce n'est que durant les années 60 que plusieurs éleveurs ont décidé de développer ces chats comme une race séparée et la nomma le Somali.

Le Somali est un chat aux proportions moyennes avec un bon développement musculaire. Sa tête triangulaire aux contours arrondies est bien encadrée par de grandes oreilles touffues; il y a des traits foncés comme des marques de crayon au dessus de ses yeux verts ou ors. La robe du Somali a le même ticking que l'Abyssin mais elle est plus soyeuse, douce et longue. Au lieu de deux ou trois bandes de ticking par poil, il y en a environ de 10 à 12 et la coloration est plus profonde et riche. La queue est en panache et est comme une queue de renard. L'Association Féline Canadienne reconnaît le Somali dans les même couleurs que l'Abyssin, donc le lièvre, rouge, bleu et faon.

Le Somali est un chat doté de beaucoup d'énergie, il est aventureux et extraverti et il aime être le centre d'attention. Ses passe-temps favoris sont se percher sur notre épaule, s'assoir sur nos genoux ou de se blottir contre nous dans le lit.

TEXTE 3

HISTORY IS A RECORD OF FACTS AND COINCIDENCE.

It is history that William Hamilton Merritt built the first Welland canal 165 years ago. 2

It is a fact that the stamp commemorating William Merritt's great achievement is printed 3

on Outaouais Provincial's uncoated, gummed, stamp paper. It is fact that this stamp 4

paper is produced at Outaouais Provincial's Thorold, Ontario mill and gummed at the 5

company's coating facility in Georgetown, Ontario. 6

But, it is coincidence that the paper was manufactured by a machine built on the site 7

of lock 23, of the first Welland Canal. And it is further coincidence that during 8

excavation for the mill the identification stone of lock 23 was uncovered and is now 9

mounted in a wall of the paper machine room where the commemorative stamp paper 10

was made. So that Canada might prosper by trade, William Hamilton Merritt built the 11

first Welland Canal "where steamships climb the mountain". So that Canada could be 12

supplied with high quality fine paper, Outaouais Provincial's Thorold mill was built 13

in 1909. 14

These two facts are history. Now history will record the unusual coincidence that 15

William Merritt is being honored by a stamp printed on paper on the site of a lock he 16

built. 17

The William Hamilton Merritt issue is being mailed to employees of Outaouais 18

Provincial Paper in Thorold and Georgetown, in recognition of those who developed 19

and manufactured this quality fine paper grade and to all our valued fine paper 20

customers. 21

CONTAINS RECYCLED DE-INKED FIBRE ✿

22

TEXTE 3

1 **L'HISTOIRE EST UNE SUITE DE FAITS ET DE COINCIDENCES.**

2 La construction, voilà 165 ans, du canal de Welland par William Hamilton Merritt est un

3 événement historique. L'impression d'un timbre commémorant son exploit sur du papier à

4 timbres ordianire et gommé d'Outaouais Provincial est un fait. La production de ce papier par

5 l'usine d'Outaouais Provincial à Thorold en Ontario et son gommage à nos installations de

6 Georgetown aussi en Ontario constituent également des faits.

7 Par contre, lorsque l'on sait que la machine ayant produit ce papier est située à l'emplacement

8 même de l'écluse 23 du premier canal de Welland et qu'on découvrit lors des travaux

9 d'excavation nécessités par la construction de cette papeterie la pierre identificatrice de l'écluse

10 en question faisant maintenant partie intégrante d'un des murs de la salle où se trouve la

11 machine ayant produit le papier nécessaire à l'impression de ce timbre, on a naturellement

12 affaire à des coïncidences. C'est pour permettre au Canada d'accroître sa prospérité commerciale

13 que William Hamilton Merritt construisit le premier canal de Welland qui rendait possible aux

14 « navires à vapeur de grimper la montagne ». C'est pour permettre au Canada de disposer de

15 papier de haute qualité qu'Outaouais Provincial construisit sa papeterie de Thorold en 1909.

16 Ces deux faits sont historiques et c'est à l'histoire qu'appartient d'enregistrer la coïncidence

17 incroyable d'un homme, William Merritt, honoré par un timbre imprimé sur du papier fabriqué

18 sur l'emplacement de l'écluse qu'il construisit.

19 Outaouais Provincial adresse à chacun de ses employés de Thorold et de Georgetown un

20 exemplaire de ce timbre à l'effigie de William Hamilton Merritt en gage d'estime pour leur

21 contribution à la création et à la production de ce papier de qualité et à tous ses fidèles clients

22 de papier qualité pour les remercier de leur confiance.

---

23 **Contient des fibres désencrées et recyclées.** ✿

TEXTE 4

THE PLACE FOR SMOKED MEAT | 1

WORLD FAMOUS FOR FINE FOOD SINCE 1905 | 2
SEE WHAT THEY SAY BEHIND OUR BACK | 3

WHAT THEY SAY ABOUT THE PLACE FOR SMOKED MEAT | 4

| 5

Holiday Magazine: Here the specialty is a smoked-meat sandwich more than an inch | 6

thick that has become famous from Miami to Hollywood through visiting actors. The | 7

Place for Smoked Meat is also a rendez-vous for McGill and Concordia students and | 8

in the small hours for high-hatted members of Montreal society. | 9

The New York Times Magazine: If you crave something different and more informal, | 10

try The Place for Smoked Meat, where the Montreal smoked meat is set up by walls | 11

full of photos of the many luminaries who have eaten there. | 12

Promenade: Thank you, Mr. Sam. From its humble beginnings in the city's garment | 13

district, the smoked meat sandwich has evolved into a universal tradition. | 14

Al Palmer: By now just about everything that can be said or written about The Place | 15

for Smoked Meat has been said and written many times. This is the unofficial heart | 16

of Montreal where you can't tell the natives from the tourists. It is here that the | 17

professional athletes meet the professional musicians, where sales girls meet actresses, | 18

TEXTE 4

1 ## THE PLACE FOR SMOKED MEAT

2 **RÉPUTÉ DANS LE MONDE ENTIER DEPUIS 1905**

3 **VOICI CE QUE L'ON DIT DERRIÈRE NOTRE DOS!**

4 CE QU'ILS DISENT DE THE PLACE FOR SMOKED MEAT OU «LA PLACE À SAM»

5 *Magazine Holiday* : La grande spécialité, c'est le smoked meat de plus d'un pouce

6 d'épaisseur, réputé parmi les acteurs de Miami à Hollywood, qui ont rendu visite à

7 l'établissement. La place à Sam est aussi le lieu de rendez-vous entre les étudiants

8 des universités et, aux petites heures, on peut y rencontrer les membres de la haute

9 société montréalaise.

10 *La revue New York Times* : Si vous avez vraiment le goût de déguster quelque

11 chose de différent dans une ambiance dégagée, rendez-vous à The Place for Smoked

12 Meat, l'endroit à Montréal pour sa viande fumée et ses murs décorés de photos des

13 nombreuses célébrités qui y ont mangé.

14 *Promenade* : Monsieur Sam, merci! Depuis ses modestes débuts, dans le quartier

15 des tailleurs, le sandwich de boeuf fumé est devenu une spécialitée universelle

16 traditionnelle.

17 *Al Palmer.* À peu près tout ce qui pouvait être dit ou écrit au sujet de cet établissement

18 a déjà été dit et écrit plusieurs fois. C'est en quelque sorte le coeur de Montréal où

19 vous ne pourriez distinguer les natifs des touristes. C'est là que l'athlète professionnel

where everybody meets everybody. It's a Montreal institution and the food is at its   19

best. Mister Sam, the owner can be found around the place all day—and all night.   20

Weekend Magazine: The Place for Smoked Meat is, of course, famous for many   21

things. Best known and most popular with Montreal residents and visitors is their   22

famous smoked meat sandwich. Here you have hot, thick, golden slices of the choicest   23

beef, hickory-smoked, and served between slices of oven-fresh rye bread.   24

The Montrealer: At The Place for Smoked Meat, you never know who will be sitting   25

beside you—show business personality, politician, movie starlet, artist, author,   26

celebrity. What you do know is that the smoked-meat is delightful, delectable, and as   27

much a part of Montreal as Richard is to hockey or Drapeau to City Hall...   28

Ken Johnson: Between two slices or round rye bread baked especially to The Place   29

for Smoked Meat specification, the dark red smoked meat, slice upon slice, almost   30

half an inch thick, protrudes from the sandwich, and its tantalizing aroma is akin in   31

quality to its taste which some people say is akin to nothing less than ambrosia is a   32

kosher form.   33

Macleans Magazine: In the neighbourhood there seems to be one convenient open   34

all night spot, if you just want a bite and no fuss and feathers. This is The Place for   35

Smoked Meat. It is a big crowded place, not too expensive. You are apt to see anyone   36

150

20 | rencontre le musicien professionnel, que la vendeuse rencontre l'actrice, que monsieur

21 | tout le monde rencontre monsieur tout le monde. C"est une entreprise montréalaise

22 | où les mets sont à leur meilleur. Jour et nuit on peut y rencontrer Sam III, le proprio.

23 | *Weekend* ...Évidemment, The Place for Smoked Meat est fameuse pour bien des

24 | choses. Mais le mieux connu et le plus populaire de ses mets, tant auprès des

25 | Montréalais que des visiteurs, est le fameux sandwich au smoked meat qu'on vous

26 | sert entre deux tranches de pain de seigle fraîchement réchauffées au four, remplies

27 | d'épaisses tranches dorées de boeuf de choix, fumé sur feu de noyer.

28 | *The Montrealer* À «La place à Sam», vous ne savez jamais qui sera votre compagnon

29 | de table — une vedette de télévision, un politicien, une étoile du cinéma, un artiste,

30 | un écrivain ou une célébrité. Ce dont vous êtes certain, c'est que la viande fumée est

31 | délicieuse et appartient à Montréal comme Maurice Richard appartient au hockey

32 | ou M. Drapeau à L'Hôtel de Ville.

33 | *Ken Jonhstone* Entre deux tranches rondes de pain de seigle, cuit exactement selon

34 | des exigences de M. Sam, déborde la viande fumée, d'un beau rouge foncé, empilée

35 | tranche sur tranche; l'arôme qu'elle dégage trahit déjà sa saveur qui n'est rien d'autre,

36 | selon plusieurs, que l'ambroisie sous forme 'kosher'.

37 | *Maclean* Il semble y avoir dans les environs un endroit pratique, ouvert toute la nuit,

38 | si vous désirer prendre une bouchée sans extravagance. C'est à «La place à Sam», un

39 | grand restaurant bien achalandé et pas trop dispendieux, à cette heure-là vous êtes

there at that hour: the pale red-eyed businessman from out of town who can't bear to   37
go to bed, show girls with their make-up still on.   38

The Gazette: From coast to coast: "One regular on rye". Whether it be in Victoria   39
B.C., or in Truro, N.S., or some 80 snack shops in between, ex-Montrealers and   40
Canadians who've never been here are satisfying the soulful need for a smoked meat   41
sandwich courtesy of Sam's family at The Place for Smoked Meat.   42

40 | susceptibles d'y rencontrer toutes les classes de la société: l'homme d'affaires au

41 | teint blême et aux yeux rougis autant que les filles de spectacle encore maquillées.

42 | ***The Gazette***: D'un océan à l'autre : "un régulier sur pain de seigle". De Victoria BC

43 | à Truro, N.E., quelques 80 casse-croûtes, ex-Montréalais ou Canadiens qui n'ont jamais

44 | visité «La place à Sam», se régalent d'un succulent spécial des cuisines de M. Sam.

TEXTE 5

Patrick, saint 1

Saint Patrick, c. 389 - c. 461, the patron of Ireland, was a bishop and missionary. 2

He was born in Roman Britain and, at he age of 16, was captured and sold into 3

slavery in Ireland. During his captivity he turned to religion. After six years of 4

labor as a shepherd, Patrick escaped back to Britain at the age of 22, determined to 5

convert the Irish to Christianity. He probably trained for the ministry in Britain, 6

although later traditions say he studied in Gaul and spent 15 years in the church of 7

Auxerre (or Lerins). On the death of Palladius — appointed first bishop of the Irish 8

in 431 by Pope Celestine I, and often confused with Patrick — Patrick was 9

ordained a bishop (apparently in 432) and set out for Ireland. 10

Although opposed by priests of the indigenous religion, Patrick secured toleration 11

for Christians and, through active preaching, made important converts among the 12

royal families. He developed a native clergy, fostered the growth of monasticism, 13

established dioceses, and held church councils. Feast day: Mar.17. 14

Audrey Cummings 15

Bibliography : Bury, J. B., The Life of St. Patrick (1905; repr. 1980); Dunville, 16

David, Saint Patrick (1993); Hanson, R.P., The Life and Writings of the Historical 17

Saint Patrick (1983). (c) 1996 Grolier, Inc. 18

TEXTE 5

Saint Patrick

Saint Patrick, c.389-c.461, le saint patron de l'Irlande, était un évêque et un missionnaire. Né en Bretagne Romaine, a seize ans, il était capturé et vendu comme esclave en Irlande. Pendant sa captivité, il se tourna vers la religion. Après six ans comme berger Patrick, âgé alors de 22 ans, s'échappait vers la Bretagne, résolu à convertir les Irlandais au christianisme. Il a probablement étudié en Bretagne mais l'histoire veut que ce soit en Gaule. Il vécut quinze ans à l'église d'Auxerre (ou Lerins). Après la mort de Palladius - - le premier évêque Irlandais, en 431 - - le pape Célestine I a ordonné Patrick évêque (en 432 ap. J.-C. apparemment) , qui s'et ensuite rendu en Irlande.

Historiquement, Palladius et Patrick sont souvent pris l'un pour l'autre.

Bien que la religion indigène s'opposait à lui, Patrick a su obtenir une certaine tolérance pour les chrétiens. Par un évangélisme très actif, il a réussi à convertir plusieurs membres influents des familles royales. Il a développé un clergé autochtone, il a stimulé le développement du monarchisme, il a établi des diocèses, et il fait des assemblées d'églises. On célèbre la Saint Patrick le 17 mars.

Audrey Cummings

Bibliography : Bury, J. B., The Life of St. Patrick (1905; repr. 1980); Dunville, David, Saint Patrick (1993); Hanson, R.P., The Life and Writings of the Historical Saint Patrick (1983). (c) 1996 Grolier, Inc.

TEXTE 6

GREEKS IN THE LAND OF CAESAR

In 1850, the English poet and painter Edward Lear climbed to the top of a peak in the Aspromonte mountains, on the southern toe of Italy, and wrote in his journal that he had reached cloud-capped Bova, a village "that is said to be the last remnant of Magna Graecia, preserving the language and the habits of its ancestral colonizers."

Numerous other travelers followed after him, including Norman Douglas in 1915, who reported that he spoke "fluent Byzantine" with the inhabitants. In 1930, a German linguist, began to document this strange modified or corrupt Greek in a vast five-volume dictionary, the *Lexicon Graecanicum Italie Inferioris*. Having finished it, he declared adamantly that these communities must have their roots in the ancient Greek colonists who came to trade in the eighth century B.C. And when some argued later that no, in fact, the language was a product of the Byzantine occupation, a dispute emerged in academia that has yet to be resolved.

En 1850, le peintre et écrivain Edward Lear est monté au sommet d'une des montagnes Aspromonte, situé au sud de l'Italie. Il a écrit dans son journal qu'il avait découvert un village appelé Bova, qui flottait parmi les nuages. Il a dit que Bova était une des dernières traces de la Magna Graecia, ou Grand Grèce, où la langue et la culture de ses ancêtres colonisateurs y sont encore présents.

Après Lear, beaucoup d'autres ont visité le village dont Norman Douglas qui, en 1925, a affirmé avoir communiqué en grec byzantin avec les gens du village. En 1930, Gerhard Rohlfs, un linguiste germaniste, rassemble en cinq volumes le dictionnaire de ce grec « métamorphosé», appelé LEXICON GRAECANICUM ITALIE INFERIORIS. Selon Rohfls, ce grec provient des colonisateurs grecs qui sont venus s'y établir au huitième siècle avant J.-C. Pour d'autres, cette langue est le produit de l'occupation byzantine. Ces deux théories sont la cause de plusieures disputes entre ces deux groupes des membres de l'académie qui, jusqu'à aujourd'hui n'arrivent pas à une conclusion sur ce sujet.

TEXTE 7

	MANIC DEPRESSION	LA MANIACO-DÉPRESSION
1		
2	Manic depression is a treatable illness	La maniaco-dépression est une maladie
3	which is found in about one percent of	traitable qui se retrouve dans environ un
4	the population. People with manic	pour cent de la population. Les victimes
5	depression experience periods of	de la maniaco-dépression éprouvent des
6	depression as described in another	périodes de dépression tel que décrites
7	booklet, as well as periods of mania.	au paragraphe «La dépression» ainsi que
8	During an episode of mania, a person	des périodes de manie. Au cours d'une
9	may have some or all of the following	période de manie, tous ou certains de
10	symptoms: excessive energy, racing	ces symptômes pourraient se
11	flights of ideas, vigorous denial that	manifester : hyperactivité, pensées
12	anything is wrong, pressured speech,	rapides et vols d'esprit, intense
13	grandiose thoughts or inflated self-	dénégation de quelque problème, la
14	esteem, overspending, high heart rate	parole forcée et rapide, les illusions
15	and irregular breathing, alternating	grandioses ou un amour-propre exagéré,
16	decreases and increases of sleep,	le dépenses excessives, variations
17	impaired judgement, extreme irritability	marquées dans la longueur des périodes
18	or rapid, unpredictable mood changes.	de sommeil, un jugement diminué, une
19		irascibilité extrême ou des sauts
20		d'humeur imprévisibles.

TEXTE 8

GLOBAL MARKETING

1

RESEARCH CAN HELP

2

Proper market research can reduce or eliminate most international business blunders.

3

Market researchers can uncover adaptation needs, potential name problems, promotional

4

requirements, and proper market strategies. Even many translation blunders can be

5

avoided if good research techniques are used.

6

A number of mistakes have occurred because firms tried to use the same product,

7

name, promotional material, or strategy overseas that they use at home. But even

8

though standardization promotes certain efficiencies and cost reductions, in many

9

instances it is not a worthwhile strategy to pursue abroad. Limitations do exist, and it

10

is important for firms to recognize and understand these.

11

The use of market research enables a firm to determine its limits of standardization. It

12

serves two major functions: the research can help a company identify what it can

13

hope to accomplish and realize what it should not do. Neither dimension should be

14

overlooked.

15

TEXTE 8

Mise en situation : Le texte qui suit sert de conclusion à un article sur les erreurs de mise en marché les plus fréquentes des multinationales. Ces erreurs concernent, par exemple, le non-respect des pratiques sociales ou religieuses du pays de destination, la méconnaissance des normes techniques du pays d'accueil, les connotations régionales malheureuses du nom d'un produit et, même, la désinvolture dans la traduction. Le texte à réviser présente les études de marché comme la mesure préventive idéale contre les erreurs de commercialisation en pays « étranger ».

1   ETUDES DE MARCHÉ : TRÈS UTILES

2   Une bonne étude de marchés peut minimiser voire même éliminer la plupart des bévues

3   commerciales à l'étranger. En analysant le marché, on peut découvrir des besoins

4   d'adaptation, des problèmes potentiels de noms, des exigences promotionnelles ainsi

5   que de bonnes stratégies commerciales. Également, plusieurs erreurs de traduction

6   peuvent être évitées lorsque de bonnes techniques de recherche sont utilisées.

7   Plusieurs erreurs se sont produites parce que les compagnies ont tenté de reprendre

8   pour des marchés extérieurs les mêmes produit, nom, outil promotionnel, ou stratégies

9   qu'elles avaient pris localement. Mais même si la standardisation peut s'avérer assez

10   efficace ou économique, elle n'est souvent pas rentable à l'étranger. Elle présente

11   des limites, importantes à reconnaître et à comprendre pour les sociétés. Les études

12   de marché sont un moyen de déterminer ces dernières. L'utilisation des études de

13   marché a deux avantages majeurs : elle peut aider une compagnie à identifier ce

14   qu'elle peut espérer accomplir et prendre conscience de ce qu'elle ne devrait pas

15   faire. Aucune de ces dimensions ne devraient être négligées.

Few question the value of marketing research as part of international business planning. | 16

Unfortunately, market research is an extremely difficult and complex undertaking. | 17

Specific data requirements depend on the firm, its products, and the type of decisions | 18

being made. Different sets of data are needed for a company to determine whether or | 19

not to go abroad, which countries to enter, how to enter the foreign markets, and what | 20

the best marketing strategies are. Research methods must be tailored to the particular | 21

situation. There is no short, simple list of variables all firms should always research. | 22

Market tests can be tricky to initiate and conduct. It is difficult indeed to "cover all | 23

the angles," and one of the hardest tasks is to identify the proper testing location. | 24

Firms normally identify sample areas as representative of a country or region. Some | 25

companies use an area of France for their West European test market, and others use | 26

Belgium. Each firm, however, must determine the region most appropriate for its | 27

product. This is no easy task. In fact, a combination of locations may be necessary. | 28

We can learn from our mistakes. Blunders have been made, but they need not be | 29

repeated by others. Awareness of differences, consultation with local people, and | 30

concern for host-country feelings will reduce problems and will save money. Many | 31

companies—especially those that blundered—have already learned this and are doing | 32

much better. But there is still room for improvement. | 33

16 | Quelques questions concernent la crédibilité des études de marché comme composantes

17 | de la planification du commerce extérieur. Mais malheureusement, ces études

18 | constituent des opérations très complexes et difficiles. L'obtention des données précises

19 | dépend de la compagnie, de son produit et du type de décision à prendre. Pour savoir

20 | si oui ou non elle ira à l'étranger, dans quels pays elle ira, comment percer les marchés

21 | étrangers et utiliser les meilleures stratégies, la compagnie a besoin de différents types

22 | de données. La recherche doit être adaptée à chaque cas particulier. Il n'existe pas de

23 | guide pratique s'appliquant à toutes les compagnies et leur indiquant les points sur

24 | lesquels elles doivent toujours investiguer.

25 | Les études de marché peuvent s'avérer difficiles à lancer et à réaliser. Il est difficile en

26 | effet de couvrir tous les angles et une des tâches des plus difficiles est celle d'identifier

27 | le bon endroit pour effectuer des tests. Les compagnies choisissent normalement un

28 | groupe échantillon représentatif du pays ou de la région choisies. Quelques sociétés

29 | utilisent des régions de France pour leurs études de marché de l'Europe de l'Est alors

30 | que d'autres optent pour la Belgique. Chaque compagnie cependant doit déterminer

31 | l'endroit le plus adéquat pour ses produits. Ceci n'est pas une mince tâche, mais elle

32 | est essentielle. En fait, une combinaison de plusieurs régions peut être nécessaire.

33 | Nos erreurs nous servent de leçons. Des bévues se sont produites par le passé et il

34 | m'est pas nécessaire de les répéter. Être conscients des différences, consulter les gens

35 | de l'endroit et être sensibilisé aux besoins des pays visés minimisera les problème et

36 | économisera les ressources. Plusieurs compagnies, plus particulièrement celles qui

37 | ont fait des gaffes, ont acquis de l'expérience à leurs dépens. Cependant, il reste toujours

38 | place à l'amélioration.

TEXTE 9

PLANNED INSPECTION	1

INTRODUCTION

2

The need for effective inspections to keep the businessman informed regarding | 3
problems that could adversely affect his operations has never been greater. One of the | 4
oldest and most widely-used of loss control tools, the planned inspection continues to | 5
be the best way to detect and control potential downgrading incidents before losses | 6
occur that could involve people, equipment, material, or the environment. | 7

This chapter will discuss those methods that have proven valuable through the years, | 8
and it will also introduce newer inspection techniques that can assist the supervisor in | 9
meeting the much broader demands of today. | 10

BENEFITS OF THE PLANNED INSPECTION

11

A good percentage of managers prefer to have supervisors "exchange" areas for | 12
planned inspection, because of their feeling that "familiarity breeds contempt". While | 13
familiarity with the people, equipment, machines and environment of his own area | 14
can be one of the supervisor's greater advantages, it can also be a disadvantage. No | 15
matter how sincere and conscientious the supervisor may be, he cannot escape the | 16

TEXTE 9

LES INSPECTIONS ORGANISÉES

INTRODUCTION

Le besoin d'inspection convenable pour tenir l'homme d'affaires au courant des problèmes qui pourraient affecter de façon adverse ses opérations de fabrication n'a jamais été plus grand. Un des outils les plus anciens et les plus repandus pour le contrôle des pertes, *l'inspection organisée,* continue d'être le meilleur moyen de détecter et de contrôler les incidents qui comportent des dangers avant que ne se produisent des pertes qui pourraient impliquer le personnel, l'équipement, le matériel, ou l'environnement.

Dans ce chapitre, nous discuterons des méthodes qui se sont révélées utiles au cours des années; nous introduirons également de nouvelles techniques d'inspection qui peuvent aider le surveillant à combler les exigences beaucoup plus vastes des temps actuels.

LES AVANTAGES DE L'INSPECTION ORGANISÉE

Nombre de directeurs préfèrent que les surveillants entre eux «échangent» les secteurs d'inspection organisée, à cause du sentiment que «la familiarité engendre le mépris». Bien que la familiarité avec le Personnel, l'Equipement, le Matériel et l'Environnement de son propre secteur puisse constituer un des plus grands avantages du surveillant, cela peut aussi se révéler un désavantage. Qu'importe jusqu'à quel point le surveillant puisse-t-il être sincère et consciencieux, il ne pourra échapper au

fact that he has a personal and vested interest in his own area. This will sometimes rob   17

him of his own objectivity, one of the most critical ingredients of a good loss control   18

inspection. As we said earlier, supervisors are human and it is often difficult to be   19

coldly objective about things with which one is personally involved.   20

Whether the supervisor makes a planned inspection of his own area, or is assigned   21

the responsibility to inspect one other than his own, the benefits to management are   22

many. Listed below are several of the more significant areas in which inspections can   23

consistently help management people to upgrade deficiencies in their operations before   24

losses occur.   25

Injury and trauma   26

Needless loss (or theft) of material   27

Stream and air pollution   28

Property damage   29

Energy loss (leaks)   30

Careless use of time   31

Tool and equipment defects   32

Incipient fire and explosion   33

Occupational illnesses   34

Narcotic or alcohol abuse   35

Space wasted or inefficiently used   36

21 fait qu'il a un intérêt personnel de longue date dans son propre secteur. Son objectivité

22 en souffrirait, et ceci nuirait à un des ingrédients les plus critiques d'une bonne

23 inspection du contrôle des pertes. Comme nous l'avons dit plus tôt, les surveillants

24 sont humains et il est souvent difficile d'être froidement objectif au sujet des choses

25 qui nous touchent de très près.

26 Cependant, que le surveillant fasse l'inspection organisée de son propre secteur, ou

27 qu'on lui assigne la responsabilité d'en inspecter un autre que le sien, les avantages

28 pour la direction sont nombreux. Plusieurs des secteurs les plus significatifs où les

29 inspections peuvent aider les membres de la direction à surmonter les carences de

30 leurs opérations avant que des pertes ne se produisent, sont énumérés plus bas.

31 **B**lessures et traumatismes

32 **P**ertes inutiles (ou vols) de matériel

33 **P**ollution des cours d'eau et de l'air

34 **D**ommages matériels

35 **P**ertes d'énergie (fuites)

36 **M**auvais usage du temps

37 **D**éfaut de l'outillage et de l'équipement

38 **D**angers d'incendies et d'explosion

39 **M**aladies professionnelles

40 **A**lcoolisme et autres toxicomanies

41 **E**space gaspillé ou mal utilisé

INSPECTION FREQUENCY

37

The suppliers of most equipment can furnish detailed descriptive brochures with specific 38
information on inspection frequency. The answers to a variey of questions can help 39
people to use vital information to arrive at a frequency that is not just a "happy medium", 40
but is the proper rate of inspection for that particular part under the specific 41
circumstances of your operations: 42

- –What is the loss potential if this part fails? 43
- –What is the probability of physical harm to people or damage to property 44
   if failure occurs? 45
- –What has been the past history of failure for this particular part? 46

42	LA FRÉQUENCE DES INSPECTIONS

43 | Les fournisseurs de machines fournissent généralement des manuels détaillés
44 | contenant des renseignements sur la fréquence des inspections. Les réponses à une
45 | foule de questions peuvent s'avérer très révélatrices et permettre d'atteindre une
46 | fréquence qui ne constituera pas seulement un juste milieu, mais qui assurera que
47 | chacune des pièces est inspectée à un rythme recommandable selon la nature de vos
48 | opérations :

49 | — Quel serait le degré de pertes si cette pièce faisait défaut?
50 | — Quelle est la probabilité de blessures corporelles ou de dommages
51 | matériels s'il y avait brisure?
52 | — Dans le passé, cette pièce a-t-elle déjà fait des siennes?

TEXTE 10

PRESCRIPTION DRUGS AND YOUR HEALTH | 1

EFFECTIVE CHOICES AND PRESCRIPTION DRUGS | 2

Drugs are not necessarily the solution to every medical problem. Not every illness | 3
can be effectively treated by a medication so not all visits to your physician will | 4
necessarily result in a prescription. For example, antibiotics are not effective against | 5
viral infections such as the common cold. Consult your physician about alternative | 6
treatments for illnesses. | 7

PHYSICIAN, PHARMACIST, PATIENT COMMUNICATION | 8

When talking to a physician or a pharmacist, keep the lines of communication open. | 9
Ask questions and answer their questions with as much detail and accuracy as possible. | 10
This will help ensure that you receive quality health service. | 11

- If you are precribed medication, be sure to tell your physician and your pharmacist | 12
  if you: | 13
    —Have ever had an allergic or unusual reaction to any medicine, food or | 14
      other substance, | 15
    —Are on any type of special diet, | 16
    —Are pregnant or are planning to become pregnant, | 17
    —Have any major medical problems, | 18

TEXTE 10

<table>
<tr><td>1</td><td><h2 style="text-align:center">MÉDICAMENTS PRÉSCRITS</h2></td></tr>
</table>

1   MÉDICAMENTS PRÉSCRITS

2   à l'intention des étudiants

3   CONSEILS PRATIQUES ET ORDONNANCE MÉDICALE

4   L'usage des médicaments n'est pas la solution ultime à tous les problèmes médicaux.

5   Certaines infections de type virale tel qu'un simple rhume n'ont pas besoin d'être

6   traitées à l'aide d'une ordonnance alors ne soyez pas surpris lors de votre prochaine

7   visite médicale si vous ne ressortez pas de chez votre médecin avec une ordonnance.

8   Votre médecin pourra vous suggérer d'autres modes de traitements qui vous mèneront

9   vers la guérison.

10   LA COMMUNICATION ENTRE LES INTERVENANTS

11   Lorsque vous parlez avec votre médecin ou avec votre pharmacien faites-le, le plus

12   ouvertement possible. Posez des questions et fournissez leur des renseignements

13   détaillés. Répondez avec exactitude à leurs question. De cette manière vous pourrez

14   faire confiance à la qualité des soins qui vous seront prodigués

15   • Avant de faire l'usage d'un médicament quelconque, assurez-vous d'informer

16   votre médecin et votre pharmacien de certains renseignements tels que :

17   — Si vous avez des allergies ou des réactions inhabituelles à certains médica-

18   ments, aliments ou autres substances;

19   — Si vous suivez une diète particulière;

20   — Si vous êtes enceintes ou prévoyez le devenir;

21   — Si vous avez des problèmes médicaux importants;

—Have been taking any other medications (prescription or non-prescrip-   19

tion) in the past few weeks.   20

If you have any doubt about a medication or how to use it, be sure to consult your   21

pharmacist.   22

USING PRESCRIPTIONS WISELY   23

Make the best use of any medications you are prescribed. If directions are not followed,   24

the medication will not work as effectively and may even be harmful.   25

- Take all medication exactly as directed: 26
  - —"Three times a day" means take the medication during waking hours.   27
  - —"Every four hours" means take the medication around the clock.   28
  - —"Take with meals" means exactly that; this is crucial to prevent stomach   29
    irritation.   30

- Take pills with a large glass of water while you are in the upright position.   31
- Take all your prescription. Do not stop taking it as soon as you feel better. The   32
  strongest bacteria are the last to die so if you don't take all of the medication, you   33
  may find the disease returning in a more severe form.   34

22	— Si vous avez pris tout autres médicaments (prescrits ou non-prescrits) au cours
23	des dernières semaines.
24	Si vous avez certains doutes sur le mode d'emploi de la médication ou sur la médi-
25	cation elle-même, n'hésitez pas à consulter votre pharmacien.
26	L'USAGE AVERTI D'UNE ORDONNANCE MÉDICALE
27	Effectuez la meilleure utilisation de la médication prescrite. Si la posologie n'est
28	pas bien suivie, l'effet de la médication ne se manifestera pas comme prévu et pourrait
29	même s'avérer nuisible pour votre organisme.
30	• Prenez la dose telle qu'indiquée :
31	— L'indication "Trois fois par jour" signifie de prendre l'antibiotique pendant
32	les heures d'éveils.
33	— L'indication "Toutes les quatre heures" signifie de prendre l'antibiotique
34	toutes les quatre heures pendant 24 heures.
35	— L'indication "Prendre avec repas" signifie de prendre la dose avec le repas.
36	Afin de prévenir d'importantes douleurs à l'estomac causées par l'irritation.
37	• Il est recommandé de prendre les pilules avec un grand verre d'eau en position
38	verticale.
39	• Il est également très important de consommer toute la médication prescrite.
40	N'arrêtez pas votre traitement dès que vous ressentez une amélioration, car les
41	bactéries les plus vigoureuses sont souvent les dernières à mourir. Alors, si
42	vous ne poursuivez pas votre traitement la maladie aura de forte chance de se
43	manifester plus sévèrement.

MEDICATION AND MENTAL HEALTH

In some cases, you may be prescribed medications to control the symptoms of various disorders such as schizophrenia, depression, manic-depression and anxiety. Depending on the type of disorder, the medication prescribed and the duration and severity of symptoms, it can take several weeks to achieve the full benefit ot the medication. Initially some of these medicines may make you feel sleepy or perhaps "jittery". Check with your physician to see of the dose should be modified.

Most of these medications do not cause psychological or physical dependence. Although they do not cure the illness, they do control the symptoms. When you are symptom-free you can make better use of therapy and can concentrate better on your studies.

IMPORTANT "DO-NOTS"

- There are no approved medications which can improve your intelligence. Do not take so-called "smart pills". They can be dangerous.
- Do not leave medicine where children and pets can get into it.
- Do not give human medicine to animals–not even aspirin!

44 | LA SANTÉ MENTALE ET LES MÉDICAMENTS

45 | Dans certains cas vous aurez des médicaments prescrits afin de contrôler les symptômes

46 | de divers maladies telles que : la schizophrénie, la dépression, la psychose maniaco-

47 | dépressive et l'anxiété. Plusieurs semaines sont nécessaires avant d'arriver à un

48 | rétablissement complet. La guérison dépend du type de désordre, du médicament

49 | prescrit, de la durée ainsi que du niveau de sévérité des symptômes. Certains de ces

50 | médicaments peuvent causer des effets secondaires tels que : la somnolence ou peut-

51 | être l'agitation. Si ces contre-indications surviennent, vérifiez auprès de votre

52 | pharmacien si des ajustements seraient nécessaires.

53 | La majorité de ces médicaments ne causent pas de dépendance psychologique ou

54 | physique. Cependant, ils ne guérissent pas la maladie, ils ne font que contrôler les

55 | symptômes. Lorsque les symptômes seront disparus vous deviendrez plus fonctionnel

56 | et obtiendrez une meilleure concentration dans vos études.

57 | FACTEURS IMPORTANTS À NE PAS FAIRE

58 | • Jusqu'à nos jours, il n'y a aucun médicament approuvé qui sert à améliorer

59 | l'intelligence. Prière de ne pas consommer des pilules communément appe-

60 | lées : Pilules intelligentes, elles risqueraient de nuire à votre organisme.

61 | • Ne laissez pas de médicaments à la portée des enfants et des animaux.

62 | • Ne donner pas de médicaments aux animaux qui sont uniquement destinés aux

63 | êtres humains, pas même des aspirines!

64 | Diffusé par la Réseau National d'Assurance-Santé Étudiant

TEXTE 11

EMERGENCY CANDLE LAMP

	1

TO USE YOUR EMERGENCY CANDLE LAMP :   2

a) Remove the plastic chimney.   3

b) Remove the plastic wick cover with a coin, spoon, or screwdriver. Do not discard   4

wick cover.   5

c) Do not tamper with the wick or attempt to increase the wick height.   6

d) Snap the chimney back into place. Light.   7

e) After extinguishing, replace wick cover. Keep covered when not in use to prevent   8

accidental ingestion of liquid by a child.   9

f) Keep surface clean of oil residues and debris.   10

g) Discard when empty; do not attempt to refill.   11

DANGER: LIQUID IN PLASTIC CONTAINER IS HARMFUL OR FATAL IF   12
SWALLOWED. COMBUSTIBLE. Contains petroleum hydrocarbons. Do not take   13
internally. If swallowed, do not induce vomiting. Call a physician immediately.   14

KEEP OUT OF REACH OF CHILDREN. Do not store near heat or open flame.   15
NEVER LEAVE A LIGHTED LIQUID EMERGENCY CANDLE LAMP   16
UNATTENDED.   17

As with all liquid emergency lamps, oil and wax candles, an open flame is present;   18
therefore, use with extreme care and at your own risk.   19

TEXTE 11

1	## LAMPE D'APPOINT
2	UTILISATION DE LA LAMPE D'APPOINT
3	a) Enlever le verre de lampe en plastique.
4	b) Enlever le couvercle de mèche en plastique à l'aide d'une pièce de monnaie,
5	d'une cuillère, ou d'un tournevis. Ne pas jeter le couvercle de mèche.
6	c) Ne pas toucher à la mèche ni tenter de régler la hauteur de la mèche.
7	d) Remettre en place le verre de lampe de façon sûre. Allumer.
8	e) Après avoir éteint la lampe, remettre en place la couvercle de mèche en plastique.
9	Il faut qu'il soit toujours en place lorsque la lampe est éteinte pour empêcher
10	l'absorption accidentelle de substances nuisibles.
11	f) S'assurer de la propreté de la surface. Éliminer tout résidu d'huile et autres débris.
12	g) Mettre toute lampe épuisée au rebut. Ne pas réutiliser.
13	**DANGER** : L'INGESTION DU LIQUIDE DANS LA CARTOUCHE EN
14	PLASTIQUE PEUT ETRE DANGEREUSE OU MEME FATALE. COMBUSTIBLE.
15	Contient des hydrocarbures de pétrole. Pour usage externe.
16	En cas d'absorption, ne pas faire vomir la victime; appeler immédiatement un
17	médecin.
18	GARDER HORS DE PORTEE DES ENFANTS. Ne pas ranger près d'une source
19	de chaleur ou d'une flamme découverte.
20	NE JAMAIS LAISSER ALLUMEE SANS SURVEILLANCE.
21	Comme c'est le cas pour toute lampe d'appoint, bougie à huile et bougie de cire, une
22	flamme découverte est présente. Utiliser avec beaucoup de soin et à vos risques et périls.

TEXTE 12

LIVING THE PHARMACEUTICAL LIFE

I DIDN'T KNOW WHAT SEROTONIN WAS UNTIL I FOUND OUT I DIDN'T HAVE ENOUGH OF IT.

I hadn't been sleeping well—for years, it seemed—and I went to my general practitioner for help. I described a pattern of waking up two or three times every night. "That's textbook," my doctor said. "Textbook what?" I asked. He stunned me by answering, "Textbook depression."

Though I was pretty sure I didn't need it, I went home with a prescription for amitriptiline, a tricyclic antidepressant of the pre-Prozac age. The crinkly pamphlet that came with the pills mentioned some side effects: weight gain, dry mouth, sluggishness. It also informed me that it might take weeks for the drug to relieve my symptoms. I filled a glass of water and downed my pills, and within an hour, my mouth was dry as sand. Because all this happened seven years ago, before depression and its chemical basis were staple topics on the morning shows, I went to bed that night feeling slightly ashamed.

And woke up nine hours later feeling terrific. The drug had worked immediately— no waiting period—and it continued to work night after night. What's more, my days were different. Brighter. Smoother. My famously spiky temper tapered off. Like a headache one doesn't know he has until it's gone away, my serotonin deficiency revealed itself only once a drug had filled it in.

TEXTE 12

À LA RECHERCHE D'UNE HUMEUR PERDUE

Je n'avais aucune idée de ce qu'était la sérotonine avant d'apprendre que j'en manquais. Souffrant de troubles de sommeil - depuis, à mon avis, des années - je me suis rendu consulter mon médecin. Je lui ai expliqué que j'avais l'habitude de me réveiller deux ou trois fois chaque nuit. «C'est un cas classique», m'a-t-il dit. «Un cas classique de quoi?» lui ai-je demandé. «Un cas classique de dépression». Sa réponse m'a assommé.

En quittant son bureau, j'ai pris l'ordonnance qu'il me tendait pensant que je n'en avais probablement pas besoin. Il m'avait prescrit de l'amitriptyline (Elavil et autres), un antidépresseur tricyclique datant des années pré-Prozac. Les feuillets explicatifs du fabricant mentionnaient des effets secondaires : gain de poids, sécheresse de la bouche, léthargie. Il y était également indiqué que ses effets bénéfiques ne se faisaient parfois sentir qu'après plusieurs semaines de traitement. J'ai avalé les comprimés avec un grand verre d'eau, et moins d'une heure plus tard, j'avais la bouche aussi sèche que du sable. Comme toute cette histoire remonte déjà à sept ans, à une époque où la dépression et ses causes chimiques ne faisaient pas régulièrement l'objet des discussions des talk-shows du matin, je me suis couché avec un léger sentiment de culpabilité.

Et je me suis réveillé, neuf heures plus tard, en super forme. Le médicament avait déjà fait effet - se moquant des mises en garde de son fabricant. Non seulement mes nuits, mais aussi toutes mes journées en furent transformées. Plus radieuses. Plus paisibles. Mon légendaire caractère chatouilleux s'est amélioré. Comme il arrive qu'on

The change was so profound it spooked me. I'd done some reading by then about neurotransmitters, and I wasn't entirely comfortable with the notion that human laughter is, at bottom, a chemical phenomenon. After hearing from several friends how much more relaxed I looked, some whip-wielding inner Puritan took over and convinced me that I should throw away my pills.

At first, nothing happened. My mood stayed bright. I slept. I concluded that I had a soul after all and that my moods weren't merely molecular. Then the inevitable slippage started. With plottable predictability, as if my brain were a slowly draining beaker, my sense of well-being sank and sank until I felt lower and darker than ever before. I went back to a doctor—a specialist this time—and asked flat out for Prozac, then the subject of books and articles. One week later I felt fully restored and resigned myself to a humbling new self-image: neurochemical robot. I felt like one of those cutaway human heads used in TV commercials for decongestants.

Once I'd lost my pharmaceutical virginity, it was impossible to get it back. The Prozac, as my doctor had warned it might, stalled my libido. From approximately my waist down to my knees, I felt like the Invisible Man. I tried another drug, Effexor, but didn't like the trembling in my hands. Next came Wellbutrin. It packed a punch. The week I started taking it, I was watching CNN when news of Yitzhak Rabin's assassination broke. I wept through the night and the following day. Oddly, the crying

22 | s'aperçoive d'un mal de tête seulement après sa disparition, ma déficience en sérotonine

23 | ne s'était révélée qu'après avoir été médicalement comblée.

24 | Le changement était si profond que ça m'a donné la chair de poule. Mes quelques

25 | lectures sur les neurotransmetteurs m'avaient laissé comme un malaise : je n'aimais

26 | pas du tout l'idée que, chez l'homme, même le rire soit un phénomène essentiellement

27 | chimique. Après m'être fait dire par quelques amis que j'avais l'air beaucoup plus

28 | décontracté qu'avant, j'ai laissé mon côté puritain prendre le dessus pour me

29 | convaincre que je devais me défaire de mes psychotropes.

30 | Au début, il ne s'est rien passé. J'étais toujours d'humeur joyeuse. Je dormais. En

31 | fin de compte, ai-je conclu, j'avais une âme et mes humeurs n'étaient pas

32 | qu'essentiellement moléculaires. Puis, l'inévitable dérapage s'est amorcé. Comme

33 | il ne pouvait manquer de se produire, mon cerveau, tel un pichet, laissa lentement

34 | couler mon impression de bien-être, jusqu'à ce que je tombe au niveau le plus bas et

35 | le plus sombre de mon existence. Je suis retourné chez le médecin - un spécialiste

36 | cette fois - et je lui ai demandé tout net de me prescrire du Prozac, sujet de nombreux

37 | livres et articles. Une semaine plus tard, je me sentais tout à fait remis et je m'étais

38 | résigné à accepter ma nouvelle, et humiliante, image de robot neurochimique. Je me

39 | sentais comme l'une de ces têtes coupées montrées dans les publicités télévisées de

40 | décongestionnants.

41 | J'avais perdu ma virginité pharmaceutique; il n'y avait aucun moyen de la recouvrer.

42 | Comme m'en avait averti mon médecin, le Prozac a fait baisser ma libido. D'à peu

43 | près la taille jusqu'aux genoux, je me sentais comme l'Homme Invisible. J'ai essayé

felt good, like a catharsis, and I wondered if my reaction to the tragedy—far from | 40
being excessive or drug related—wasn't in fact the genuinely human one. But 12 | 41
hours later, still shedding burning tears, I concluded that robot Walter needed a tune- | 42
up. | 43

In time I found a mix of pills—a litte amitriptiline at night, a little Effexor at noon— | 44
that I could live with. In the process I became highly sensitive to the play of my | 45
mental chemicals. I fancy that I can feel them rise and fall according to the weather, | 46
the time of year, and what I've had for lunch. In the morning, after waking up, I take | 47
a moment to look within and check my emotional thermostat, so to speak. And in the | 48
same way veteran dieters see a steak and register a certain number of fat grams, I see | 49
a grumpy or irritable person and estimate his or her serotonin level. It's an odd way to | 50
view the world, or oneself, and I wonder sometimes if I'll ever really get used to it. | 51

By Walter Kirn | 52

44 | un autre antidépresseur, Effexor, mais du coup, je me suis mis à trembler des mains.

45 | Horreur! Ensuite le Wellbutrin et son action violente. Un exemple : c'était la première

46 | semaine que j'en prenais; je regardais CNN au moment de l'annonce de l'assassinat

47 | d'Ytzhak Rabin. J'ai pleuré toute la nuit, puis, encore le lendemain. Curieusement,

48 | cela m'a fait du bien, comme si c'était une catharsis, et je me suis demandé si ma

49 | réaction à cette tragédie - loin d'être excessive ou médicamenteuse - n'était pas, en

50 | fait, la seule normale pour un être humain. Mais sanglotant toujours autant douze

51 | heures plus tard, j'ai dû reconnaître que le robot Walter avait besoin d'une mise au

52 | point.

53 | Avec le temps, j'ai trouvé un mélange qui pouvait me convenir : un comprimé

54 | d'amitriptyline le soir, un autre d'Effexor à midi. L'expérience m'a rendu extrêmement

55 | conscient du réglage des composantes chimiques de mon cerveau. Je me plais à les

56 | sentir s'accumuler ou s'épuiser au gré de la température, du temps de l'année, ou de

57 | ce que j'ai mangé à midi. Chaque matin en me levant, je prends quelques minutes

58 | pour me livrer à une introspection et, pour ainsi dire, consulter mon baromètre

59 | émotionnel. Et, à l'image des habitués des régimes qui automatiquement calculent

60 | le nombre de grammes de gras d'un steak, j'évalue le taux de sérotonine des gens

61 | que je rencontre et qui me paraissent particulièrement grognons et de mauvais poil.

62 | Voilà une bien curieuse vision du monde et des gens, et je me demande parfois si je

63 | m'y habituerai un jour.

64 | Walter Kirn

TEXTE 13

INIMANIMO
WORKING TOGETHER TO FIX OUR PETS

Mandate:	Inimanimo is a registered charitable organization dedicated to having as many animals as possible vaccinated and spay/neutered by its affiliated vets, within the limits of its annual budget. This service is available to adult low-income earners and senior citizens.	
Short-term Goal:	to spay/neuter 150 animals in our third year of operation.	
Long-term goals:	–to curb the pet overpopulation problem in Montreal by reducing the number of 'surplus' that are killed.	
	–to reduce the stray and feral population, often the result of people dumping unwanted pregnant pets.	
	–to encourage pet owners to continue long-term veterinary care after initial contact with our affiliated vets.	

If you feel you need our services, please complete the spay/neuter form on the reverse side and return it to us.

Inimanimo has no phone number. We ask that you respect the privacy of our volunteers and communicate only in writing.

WHY THE COMMUNITY NEEDS INIMANIMO:

Per capita, Greater Montreal has the worst pet overpopulation problem in North America. Recent figures show that local human shelters and pounds put to death

1
2
3
4
5
6
7
8
9
10
11
12
13
14
15
16
17
18
19
20
21

TEXTE 13

INIMANIMO

ENSEMBLE POUR STÉRILISER NOS COMPAGNONS

Mandat :   Inimanimo est un organisme charitable qui a pour mission de faire stériliser et vacciner le plus grand nombre d'animaux possible par ses vétérinaires affiliés, dans les limites de son budget annuel. Ce service est disponible aux adultes à faible revenu et ceux de l'âge d'or.

But à court terme :   stériliser 150 animaux pendant notre troisième année d'existence.

Buts à long terme :   – freiner le problème de la prolifération d'animaux à Montréal en réduisant le taux de mise à mort d'animaux excédentaires.

– réduire la population d'ánimaux et sauvages, souvent le résultat de gens qui abandonnent leurs animaux gravides.

– encourager les propriétaires d'animaux à continuer les soins vétérinaires suite au premier contact avec nos vétérinaires affiliés.

Si vous croyez avoir besoin de nos services, veuillez compléter le formulaire de stérilisation fourni et nous le retourner.

Inimanimo n'a pas de téléphone. Nous vous demandons de respecter nos bénévoles et de communiquer seulement par écrit.

POURQUOI LA COMMUNAUTÉ A BESOIN D'INIMANIMO?

Par personne, le grand Montréal a le plus grand problème de surpeuplement d'animaux domestiques d'Amérique du nord. Les statistiques récentes démontrent que les refuges

about 47,000 animals each year, of whom approximately 25,000 are surplus or | 22

unwanted. | 23

Local municipalities have shown little or no interest in implementing low-cost | 24

spay/neuter programmes for their taxpayers in spite of requests from concerned groups. | 25

The tough economic times make it more difficult for people to afford basic veterinary | 26

care. The animals need our help. | 27

HAVING YOUR PETS SPAY/NEUTERED: | 28

    –eliminates the risk of unwanted births. | 29

    –prevents health problems related to the reproductive system. | 30

    –has no effect on eating, playing or guarding habits. | 31

If you would like to volunteer some time to help, please write to us. | 32

Our administrative services are donated and the organization is run entirely by | 33

volunteers. Funds donated by generous and caring benefactors would be greatly | 34

appreciated and will be used to help the animals. Tax deductible receipts are issued | 35

for donations over $25. | 36

1995 ACTIVITY REPORT | 37

animals neutered	89	38
carry-over from 1994	$2,900	39
income from fundraising	$3,550	40

| 22 | et fourrières de la région tuent environ 47 000 animaux chaque année, dont environ 25 |
| 23 | 000 d'excédentaires. |

24	Les municipalités de la région se sont montrées indifférentes à l'implantation d'un
25	programme de stérilisation pour leurs contribuables, malgré les demandes de groupes
26	intéressés.

| 27 | Dans la conjoncture actuelle, bien des personnes n'ont pas les moyens de se payer |
| 28 | les soins vétérinaires de base. Les animaux ont besoin de nous. |

| 29 | FAIRE STÉRILISER VOTRE ANIMAL : |

30	– élimine le risque de grossesses imprévues.
31	– prévient le problèmes de santé associés aux organes de reproduction.
32	– n'a aucun effet sur les habitudes alimentaires, protectrices et joueuses.
33	Si vous désirez faire du bénévolat, veuillez nous écrire pour plus d'information.

34	Nos services administratifs sont offerts sans aucun frais et l'organisme est gérée
35	entièrement par des bénévoles. Tous dons versés par des bienfaiteurs généreux seraient
36	très appréciés et serviraient à aider les animaux. Un reçu à fin d'impôts sera émis en
37	fin d'année pour tout don en dessus de 25$.

38	RAPPORT D'ACTIVITÉS 1995
39	animaux stérilisés 89
40	reporté de 1994 2 900$

income from donations	$3,853	41
veterinary bills	$5,974	42
insurance	$926	43
assistance to other groups	$1,250	44
miscellaneous debits	$137	45

We acknowledge our grateful thanks to the companies who have donated services | 46

or funds to support this initiative. | 47

SPAY/NEUTER FORM

48

Mr Ms 1st Name: _____ Family Name: _____ | 49

Address: _____ Apt No: _____ Nearest corner: _____ | 50

Municipality: _____ Postal Code: _____ | 51

Telephone (day): _____ (evening): _____ Date of Birth: _____ | 52

The maximum annual income permitted to benefit from this programme is $ 15,000 | 53

per year. You may apply only for your own pet and a separate form must be completed | 54

for each animal. Check the appropriate category below and include the associated | 55

requested documents when you return the form to Inimanimo. If your pet is under 6 | 56

months old, keep the form until then. If possible, please send a photograph of the | 57

animal that we can use for fund raising, or a volunteer photographer may visit. You | 58

may make copies of this form for other people. All documents provided remain | 59

confidential. | 60

41	revenu - levées de fonds	3 550$
42	revenu - dons divers	3 853$
43	frais vétérinaires	5 975$
44	assurance	926$
45	assistance à d'autres groupes	1 250$
46	débits divers	137$

47 Nous sommes reconnaissants aux compagnies qui ont donné des services ou des

48 fonds pour appuyer cette initiative.

49 FORMULAIRE DE STÉRILISATION

50 M Mme Prénom : _____ Nom de famille : _____

51 Adresse : _____ Apt : _____ Angle le plus proche : _____

52 Municipalité : _____ Code postal : _____

53 Téléphone (jour) : _____ (soir) : _____ Date de naissance : _____

54 Le plafond salarial annuel permis pour bénéficier de ce programme est de 15 00 $

55 par an. Vous ne pouvez demander de l'assistance que pour vos propres animaux et

56 un formulaire doit être complété pour chacun. Cochez la catégorie appropriée ci-bas

57 et renvoyez le formulaire complété à Inimanimo, ainsi que les documents demandés

58 selon la catégorie choisie. Si votre animal a moins de 6 mois, veuillez garder le

59 formulaire jusqu'à ce moment. Si possible, vous devez fournir une photo de l'animal

60 en question pour fins de levée de fonds, sinon un photographe pourrait vous visiter.

61 Vous êtes libre de photocopier ce formulaire. Tout document fourni demeure

62 confidentiel.

Senior Citizen	–copy of last year's Notice of Assessment–a sheet indicating	61
	total revenue, returned to you by the Federal government after	62
	processing your tax return.	63
	–copy of your Medicare card.	64
Welfare Recipient	–copy of last year's Notice of Assessment–a sheet indicating	65
	total revenue, returned to you by the Federal government after	66
	processing your tax return.	67
	–copy of your current welfare medication slip.	68
Unemployed	–copy of last year's Notice of Assessment–a sheet indicating	69
	total revenue, returned to you by the Federal govern't after	70
	processing your tax return.	71
	–copy of two recent, consecutive government cheque stubs.	72
	–copy of your social insurance card.	73
Low Income Earner	–copy of last year's Notice of Assessment–a sheet indicating	74
	total revenue, returned to you by the Federal govern't after	75
	processing your tax return.	76
	–copies of two recent, consecutive paycheck cheque stubs.	77
	–copy of your social insurance card.	78

Full-time university-age students should provide copies of: current student card, course- 79
load, social insurance card and cheque stubs (as above) or grant letters or 2 recent 80
bank statements for chequing acct. 81

63	Âge d'or	– une copie de l'Avis de Cotisation de l'année passée - la feuille
64		indiquant le revenu total, renvoyée par le gouv't fédéral après
65		le traitement de vos impôts.
66		– une copie de votre carte d'assurance-maladie.
67	Assistance sociale	– une copie de l'Avis de Cotisation de l'année passée - la
68		feuille indiquant le revenu total, renvoyée par le gouv't fédé-
69		ral après le traitement de vos impôts.
70		– une copie de votre dernière feuille d'assistance sociale pour
71		médicaments.
72	Sans-emploi	– une copie de l'Avis de Cotisation de l'année passée - la
73		feuille indiquant le revenu total, renvoyée par le gouv't fédé-
74		ral après le traitement de vos impôts.
75		– une copie de deux talons de chèques consécutifs et récents
76		du gouvernement.
77		– une copie de votre carte d'assurance sociale.
78	Faible revenu	– une copie de l'Avis de Cotisation de l'an passée - la feuille
79		indiquant le revenu total, renvoyée par le gouv't fédéral après
80		le traitement de vos impôts.
81		– une copie de deux talons de chèques consécutifs et récents
82		de votre emploi.
83		Les étudiants d'âge universitaire doivent fournir une copie de : votre carte d'étudiant
84		actuelle, liste de cours, carte d'assurance sociale et talons de chèques (voir ci-haut)
85		sinon des lettres confirmant vos bourses scolaires ou 2 relevés de compte récents de
86		votre compte de chèques.

Our affiliated clinics are located in the following areas. Please select the one most convenient for you. 82 83

When we have verified your request, you will be mailed a voucher allowing you a discount of 50% on the already-discounted price charged to Inimanimo. This voucher is valid for 2 months. It will then be up to you to contact the clinic and have the operation done within the time allotted. 84 85 86 87

➡ close to Namur métro   ➡ close to Decarie circle 88

➡ close to Lionel-Groulx métro   ➡ Decarie close to Van Horne 89

—eastern district, if and when available. In the meantime, please check alternative choice. 90 91

Since each animal has different requirements, we cannot be precise as to prices: 92
however, those indicated below include basic vaccinations and taxes. 93
The cost will be: 94

✔ male dog = $30 - $50   ✔ female dog = $45 - $65 95

✔ male cat = $30 - $40   ✔ female cat = $40 - $50 96

Animal to be neutered: ☐ male dog ☐ male cat ☐ female dog ☐ female cat 97

Animal's name: _____ Colour/Markings: _____ 98

Age: _____ Breed (if any): _____ Approximate weight: _____ 99

Does the animal go out? ☐ not at all ☐ balcony ☐ yard ☐ attended ☐ not 100
attended 101

Is the animal currently pregnant? ☐ yes ☐ no   or nursing? ☐ yes ☐ no 102

When were the animal's last vaccinations: year _____ ☐ unknown ☐ never 103

Would you like to receive information concerning volunteer work? ☐ yes ☐ no 104

| 87 | Nos cliniques affiliées sont dans les quartiers suivants. Choisissez celle qui vous convient |
| 88 | le plus. |

89	Une fois votre demande vérifiée, vous recevrez par courrier un coupon vous permettant
90	un rabais de 50% en plus du rabais déjà accordé à Inimanimo. Ce coupon est bon
91	pour deux mois. Ce sera à vous de contacter la clinique et prendre les rendez-vous
92	dans ces délais.

93	➡ près du métro Namur ➡ près de Décarie / Métropolitaine
94	➡ près du métro Lionel-Groulx ➡ Décarie près de Van Horne
95	– secteur est quand et si disponible. Entretemps, cochez aussi votre
96	deuxième choix.
97	Puisque chaque animal a des besoins différents, nous ne pouvons pas préciser les
98	prix. Néanmoins, les prix ci-bas incluent les vaccins de base et les taxes. Vous aurez
99	à débourser tel que suit :
100	✔ chien = 30$ - 50$ ✔ chienne = 45$ - 65$
101	✔ chat = $30 - $40 ✔ chatte = 40$ - 50$
102	Animal à stériliser : ☐ Chienne ☐ Chatte ☐ Chien ☐ Chat
103	Nom de l'animal : _____ Couleurs/Marques : _____
104	Âge : _____ Race (si besoin) : _____ Poids approximatif : _____
105	Est-ce que l'animal sort? ☐ balcon ☐ cour ☐ pas du tout ☐ surveillé ☐ seul
106	Est-ce que l'animal est enceinte? ☐ oui ☐ non ou allaite? ☐ oui ☐ non
107	Derniers vaccins de l'animal? année : _____ ☐ inconnu ☐ jamais
108	Désirez-vous de l'information concernant du bénévolat? ☐ oui ☐ non
109	Comment avez-vous entendu parler de Inimanimo?

How did you hear about Inimanimo? | 105

In completing this form and signing below, the applicant understands that Inimanimo | 106
is charitable, subsidizing organization run entirely by non-professional volunteers | 107
and operated exclusively for the benefit of animals. | 108

The applicant hereby waives, with respect to this application and the services to be | 109
carried out herein, all rights and remedies, express or implied, arising by law or | 110
otherwise, including but not limited to any express or implied warranty for services | 111
rendered, and relieves Inimanimo and its agents from any obligation or liability for | 112
loss or damages arising from the fault on negligence of Inimanimo or any of its agents. | 113

The applicant hereby undertakes to pay to the vet. At the time of the operation, the | 114
full amount for services rendered, unless such payment is made in advance. | 115

The parties hereto acknowledge that they requested and are satisfied that this form be | 116
drawn in English. | 117

Signed: _____ Date: _____ | 118

don't forget to send in your documents | 119

For completion by Inimanimo: | 120

Our file number: _____ Clinic: _____ Cheque # : _____ | 121

Expiry date of voucher: _____ Notes: _____ | 122

02 july 1996 | 123

192

110	En complétant et signant ce formulaire, le demandeur reconnaît que Inimanimo est
111	une corporation charitable subventionnaire entièrement gérée par des bénévoles non-
112	professionnels au profit des animaux.

113	Le demandeur renonce, par les présentes, à tous ses droits et recours, explicites ou
114	implicites, en vertu de la loi ou autrement, y compris, sans limitation, toute garantie
115	explicite ou implicite pour services rendus en vertu de ce contrat. Par ailleurs, le
116	demandeur, tient à couvert Inimanimo et ses agents de toute obligation ou
117	responsabilité, y compris sans limitation les pertes et dommages, découlant de la
118	faute ou négligence de Inimanimo ou de ses agents.

119	Le demandeur, par les présentes, consent à payer au vétérinaire, au moment de
120	l'opération, le montant au complet pour services rendus, à moins que ce montant
121	n'ait été payé d'avance.

122	Signé(e) : _____ Date : _____
123	☑ n'oubliez pas d'envoyer vos documents ☑
124	À compléter par Inimanimo :
125	Numéro de dossier : _____ Clinique : _____ Chèque no : _____
126	Date d'expiration du coupon : _____ Divers : _____
127	02 july 1996

ANNEXE A

LA CORRECTION D'ÉPREUVES

Nous avons vu précédemment (1.1.2) que la correction d'épreuves intervenait dans le cas de textes destinés à l'impression. C'est le dernier contrôle de la qualité du produit fini. Il importe donc d'y apporter un soin particulier, car, passé ce stade de l'élaboration d'un texte, il devient difficile – et coûteux – de remédier aux erreurs.

A.1 OBSERVATIONS GÉNÉRALES

Contrairement à ce qu'on pourrait croire, la correction d'épreuves est une tâche astreignante qui demande beaucoup d'attention. L'expérience prouve qu'il est difficile, même après plusieurs lectures, de ne pas laisser passer quelques coquilles, tant l'œil est habitué à lire des groupes de lettres ou de mots plutôt qu'à isoler chaque caractère. Or, il est toujours déplaisant de buter sur des erreurs typographiques, sans parler des cas où les erreurs peuvent avoir des conséquences graves – le plus bel exemple étant la transcription erronée des chiffres.

Une bonne correction d'épreuves va au-delà du relevé des erreurs typographiques. Elle exige la lecture comparative du texte imprimé et du manuscrit, seul moyen de détecter certaines omissions. On devrait même faire une lecture « intelligente », et non mécanique, c'est-à-dire se substituer au destinataire pour noter au passage les mots ou les phrases sur lesquels on achoppe, les énoncés qui paraissent étranges. À l'occasion, on vérifiera l'orthographe d'un mot, l'application d'une règle de grammaire. Il n'appartient pas à la personne qui lit les épreuves de modifier le texte, mais elle doit signaler à l'auteur ou au réviseur les points qui ont attiré son attention. Parfois, c'est à l'ultime étape de la correction d'épreuves qu'on évite une bévue ou même une catastrophe.

Il est bon de se rappeler que la correction des erreurs typographiques est exécutée gratuitement par l'imprimeur, mais que les corrections d'auteur (effectuées par rapport au texte original) sont facturées en supplément et coûtent assez cher. La correction d'épreuves ne doit donc pas être une seconde révision.

A.2 CONSEILS PRATIQUES

L'art de la correction d'épreuves est évidemment de ne laisser subsister aucune erreur dans le texte corrigé. Or, certaines coquilles sont particulièrement difficiles à détecter : les correcteurs d'expérience les connaissent et s'en défient. Les conseils suivants visent à signaler les pièges les plus fréquents.

1. Comme en révision, on est mauvais correcteur de ses propres textes : les connaissant bien, on est porté à en faire une lecture globale. Il est donc préférable de confier la correction d'épreuves à une personne qui n'a pas encore lu le texte.

2. On doit s'habituer à lire des signes, c'est-à-dire des lettres et non des mots, des chiffres et non des nombres. Ces derniers demandent une attention toute particulière. Il est conseillé de les lire à haute voix, en les décomposant : en 1897 – un, huit, neuf, sept; 68,9 % – six, huit, virgule, neuf; 216-0981 – deux, un, six, trait, zéro, neuf, huit, un.

3. Se méfier des titres : les coquilles les affectionnent... et passent souvent inaperçues. Résultat : le lecteur qui, lui, les relève, a une mauvaise impression dès le départ.

4. Les erreurs semblent avoir un instinct grégaire : lorsqu'on en relève une, attention aux suivantes...

5. Surveiller les « couples » : parenthèses, crochets, tirets et guillemets perdent souvent leur deuxième élément. Ne pas oublier non plus qu'un appel de note... appelle une note – à la même page.

6. Vérifier la pagination (numéro manquant ou répété), la séquence des paragraphes, tableaux ou figures, les renvois à une autre page.

7. Redoubler de vigilance lorsqu'on corrige les épreuves d'un texte portant sur des questions de langue. Les coquilles ont le sens de l'humour : attention aux « fautes d'ortographe », au « singe linguistique » et aux acceptions qui deviennent des « acceptations ».

8. Surveiller les divisions et les coupures de mots. L'utilisation de logiciels anglais de mise en pages automatique entraîne parfois des coupures inadmissibles en français.

9. S'assurer de l'uniformité des abréviations, sigles et acronymes. L'usage étant parfois flottant, on peut, sans se méfier, utiliser en alternance des acronymes comme ONU, O.N.U. et Onu, mais au moment de la correction, il faut s'assurer que l'abréviation est la même de la première à la dernière page.

10. Faire montre de vigilance face aux négations. Les énoncés négatifs ont une tendance inexplicable à se transformer en énoncé positif à la composition, chez l'imprimeur.

11. S'il s'agit de deuxièmes épreuves, vérifier à nouveau les paragraphes où des corrections ont été apportées : il est possible qu'une modification de mot ait entraîné un changement de ligne et provoqué la mise en place de nouvelles coupures.

A.3 QUELQUES COQUILLES CÉLÈBRES

Rectificatif 1

« N'allez pas employer de l'acide nitrique dans la mise en conserve des tomates! Dans notre édition du 13 septembre (bas de vignette de la page 7), on disait : "Il faut employer l'acide nitrique". Or, il fallait lire "acide citrique". Nous nous excusons de cette malencontreuse et explosive erreur. » (*Le Devoir*, 14 septembre 1978)

Rectificatif 2

« À la suite d'une regrettable erreur, nous avons écrit ces derniers jours que M. Aristides Moschakis était président de l'Association *crétaine*. Il aurait fallu lire, bien entendu, l'Association *crétoise*. » (*Le Devoir*, 8 avril 1978)

Rectificatif 3

« Une erreur de transcription de l'agence Reuter nous a fait écrire hier que le *Quotidien du Peuple* réclamait la réhabilitation de toutes les victimes de la Bande des quatre et de celle de Lin Piao. En réalité, ce que le *Quotidien du Peuple* réclame c'est la réhabilitation des victimes de la Bande des quatre et de celles (les victimes) de Lin Piao. » (*Le Devoir*, 18 novembre 1978)

Alumin(i)um

Si l'on en croit la petite histoire, c'est à la suite d'une coquille typographique que les Américains se distinguent des autres anglophones en écrivant « aluminum » et non « aluminium ». (Cf. Jacques Lanthony, *L'aluminium et les alliages légers*, Paris, PUF, « Que sais-je? », n° 543, 1968, p. 9-10.)

Coquille humoristique

« "L'Université encourage vivement ses membres à oublier les résultats de leurs travaux...", pouvait-on lire dans notre dernière édition. De quoi faire dresser les cheveux sur la tête du chercheur le mieux intentionné qui sera vite revenu de son étonnement, dans un grand éclat de rire, puisqu'il aura tôt fait de conclure qu'un *o* s'est malencontreusement substitué au *p*. Une seule lettre se transforme, et le sens de la phrase s'en trouve changé… » (*Forum*, 21 septembre 1981)

Coquille coûteuse

La sonde Mariner I a raté sa cible, la planète Mars, parce qu'on avait omis un trait d'union dans les instructions de son système de guidage. Coût de l'omission : 2 millions de \$. (*Termiglobe*, vol. 4, n° 4, 1984, p. 30)

Coquilles dangereuses

« Un correcteur d'une maison d'édition envoya un jour une note de service dactylographiée à un collègue dans laquelle il déclarait que, dans un ouvrage, il y avait beaucoup de coquilles et qu'il fallait donc faire faire les corrections par le typographe : « Il faudra lui faire enlever les coquilles », disait-il en conclusion. Malheureusement, sa dactylo fit elle aussi une coquille, à ce mot même, et fit sauter, l'étourdie, la lettre *q*. Ayant pris connaissance de la note, le typographe n'en mena pas large pendant un certain temps, craignant pour sa... vie. Ce qui prouve que les coquilles, qui sont inévitables dans un livre ou un journal (et même dans le Larousse) peuvent être ennuyeuses, dangereuses, émasculantes (voir ci-dessus). » (Louis-Paul Béguin, *Le Devoir*, 22 janvier 1976)

A.4 Protocole des corrections typographiques

Contrairement à la révision, où les corrections sont effectuées « en clair » directement sur la copie, c'est au moyen d'un code conventionnel, ou protocole, qu'il est d'usage d'indiquer les corrections typographiques. Il importe donc de connaître ce code typographique si l'on veut être compris par la personne chargée de transcrire les corrections.

Le code est un ensemble de signes ou symboles qui correspondent chacun à un type d'erreur. Tous les imprimeurs appliquent le même, à l'exception de quelques variantes, et on peut s'en procurer un exemplaire auprès de l'imprimerie avec laquelle on traite.

Pour effectuer une correction, on indique d'un signe l'endroit où se trouve l'erreur *dans le texte*, **et** on précise *dans la marge* la correction à apporter. En correction d'épreuves, *on intervient donc deux fois pour chaque erreur*. Lorsqu'il y a plusieurs corrections dans une même ligne, leur ordre s'établit en partant du texte, c'est-à-dire en s'en éloignant. Enfin, si les corrections sont nombreuses, on peut utiliser les deux marges, en divisant virtuellement les lignes en deux parties sensiblement égales. Exemple :

ⱳ/ơ/ Si on utilise la marge gauche, les corrections sont indiquées

ⱳ/ ơ/ Si on utilise les deux marges, les corrections sont indiquées ↘ᵣ/ ℊ/

Lorsque la correction est terminée, le correcteur ou la correctrice inscrit, selon le cas, la mention « Bon à tirer » ou « Bon à tirer après corrections », suivie de ses initiales.

A.4.1 INDICATION DES CARACTÈRES

On peut indiquer sur la copie, à l'aide de signes conventionnels, les caractères (capitales, italiques, gras...) que devra utiliser le typographe ou l'opérateur de traitement de texte.

	Copie marquée	Texte imprimé
Grandes capitales	La correction	LA CORRECTION
Petites capitales	LA CORRECTION	LA CORRECTION
Capitales italiques	LA CORRECTION	*LA CORRECTION*
Capitales en gras	LA CORRECTION	**LA CORRECTION**
Cap. ital. gras	LA CORRECTION	***LA CORRECTION***
Italique	La correction	*La correction*
Gras	La correction	**La correction**
Soulignement	La correction (souligné)	La correction

199

A.4.2 S<small>IGNES DE</small> <small>CORRECTION</small>

		Marge	Texte
Ajouter	une lettre		
	un mot	révision	
	un point		
	une virgule		
	une apostrophe		
	un trait d'union	ou	
	un tiret		
	des parenthèses	ou	
	des guillemets		
	un alinéa		
	une espace		
	un interligne		
Supprimer	une lettre		
	un signe de ponctuation		
	un mot		
	un alinéa	Pas du	
	le chevauchement		
	une espace (rapprocher)		
	une espace (joindre)		
	un interligne		
Changer	une lettre		
	un accent		
	un mot	révision	

	Marge	Texte
Aligner		
Espacer régulièrement	///	///
Transposer		
Sortir		
Rentrer		
Renvoyer à la ligne suivante		
Grandes capitales		
Petites capitales		
Minuscule (bas de casse)	(b.c.)	
En gras	(gras)	
En italique	(ital.)	
En maigre	(m.)	
En romain	(rom.)	
Lettre supérieure ou exposant (ex. : 2e, m^3)		
Indice (ex. : H_2O)		
Correction annulée	Bon ou (stet)	
Passage omis	(v. copie)	
Question à l'auteur	(?)	
Souligner	(souligné)	

A.5 MODÈLE DE CORRECTIONS TYPOGRAPHIQUES

(TEXTE MANUSCRIT)

LA TYPOGRAPHIE

Au XVIIᵉ siècle ce sont les *Elzevier*, famille de grands imprimeurs hollandais, qui se placent au premier rang grâce à la qualité de leurs travaux. Ils lancent des livres de petit format (in-douze); ce format, trop petit pour faire appel aux illustrations en vogue à cette époque, impose au contraire des recherches typographiques vers la simplicité, une étude plus poussée des vignettes, des cadres, des frontispices. Les œuvres des Elzevier sont tout à fait remarquables pour l'aplomb de la mise en page, la netteté de la typographie. Les caractères qu'ils ont fait graver ont créé une famille qui porte toujours leur nom. En France, c'est plus tard, en 1656, qu'Abraham Bosse fait connaître ses lettres ornées, ses têtes de pages et ses culs-de-lampe. La mode était alors fort répandue de calligraphies savantes et harmonieuses, et les ouvrages écrits ainsi d'une main attentive et experte, en belles lettres ornées enrichies de couleurs et d'or, sont fort nombreux.

LA TYPOGRAPHIE

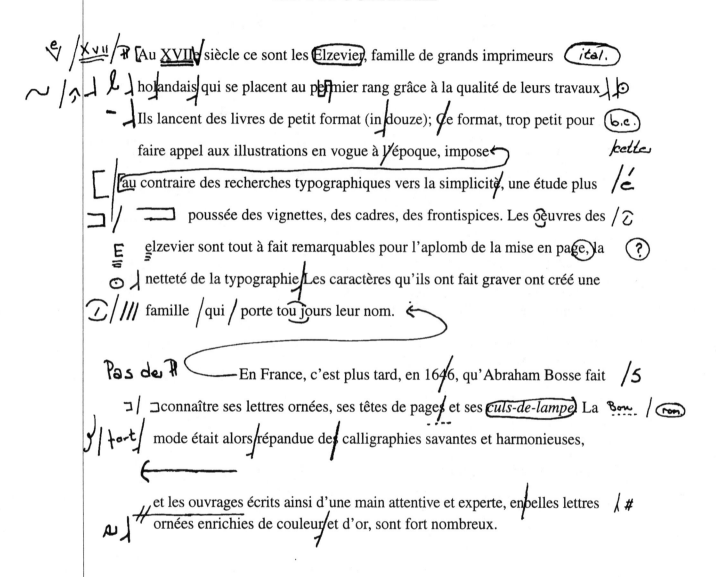

[Au XVIIe siècle ce sont les Elzevier, famille de grands imprimeurs hollandais qui se placent au premier rang grâce à la qualité de leurs travaux. Ils lancent des livres de petit format (in douze); ce format, trop petit pour faire appel aux illustrations en vogue à l'époque, impose au contraire des recherches typographiques vers la simplicité, une étude plus poussée des vignettes, des cadres, des frontispices. Les œuvres des elzevier sont tout à fait remarquables pour l'aplomb de la mise en page, la netteté de la typographie. Les caractères qu'ils ont fait graver ont créé une famille qui porte toujours leur nom.

En France, c'est plus tard, en 1646, qu'Abraham Bosse fait connaître ses lettres ornées, ses têtes de pages et ses culs-de-lampe. La mode était alors répandue des calligraphies savantes et harmonieuses,

et les ouvrages écrits ainsi d'une main attentive et experte, en belles lettres ornées enrichies de couleur et d'or, sont fort nombreux.

203

AU CŒUR DE LA PRÉHISTOIRE

1

Pour connaître la morphologie des hommes préhistoriques, on rencontre parfois de

2

précieux et fragiles documents archéologiques, telles ces empreintes de mains

3

peintes au pochoir (comme dans la grotte de Roucadour). Plus intéressantes sur le

4

plan anatomique sont les empreintes de mains et de pieds, parfois de genoux et de

5

coudes, conservées dans l'argile des grottes. Sur certaines mains d'enfants ayant

6

joué à enfoncer leurs doigts dans les sols mous de grottes, on remarque des ongles

7

rongés... Les moulages endocrâniens restituent quant à eux l'empreinte naturelle

8

de la dure-mère sur la paroi interne de la boîte crânienne et permettent de connaître

9

le système vasculaire méningé. L'anatomiste Roger Saban en a montré l'évolution,

10

des Australopithèques jusqu'aux *Sapiens*. Elle se manifeste par une complexité

11

croissante du réseau méningé. Le moulage endocrânien du Néandertalien de La

12

Quina, daté d'une cinquantaine de milliers d'années, est déjà moderne par le

13

nombre important d'anastomoses formant un quadrillage vasculaire assez serré,

14

notamment pour l'hémisphère gauche (en bas, à gauche).

15

Le Paléolithique connu dans l'Ancien Monde commence il y a environ

16

2,5 millions d'années avec les premiers outils et s'achève il y a 10 000 ans. On le

17

divise en trois périodes : le Paléolithique inférieur (de - 2,5 millions d'années à

18

environ 200 - 150 000 ans), le Paléolithique moyen (de - 200 000 ans à - 35 000

19

ans) et le Paléolithique supérieur (de - 35 000 ans à - 10 000 ans). A chaque

20

AU COEUR DE LA PRÉHISTOIRE

Pour connaître la morphologie des hommes préhistoiriques, on rencontre parfois de précieux et fragiles documents archéologiques, tels ces empreintes de mains peintes au pochoir (comme dans la grotte de Rocamadour)

Plus intéressantes sur le plan anatomique sont les empreintes de mains et de pieds, parfois de genoux et de coudes, conservés dans l'argile des grottes.

Sur certaines mains d'enfants ayant joué à enfoncer leurs doigts dans les sols m ou s des grottes, on remarque des ongles rongés.. Les moulages endocriniens restituent quant à eux l'empreinte naturelle de la dure-mère sur la paroi interne de la boî-te crânienne et permettent de connaître le système vasculaire méningé.

L'anatomiste Roger Saban en a montré l'évaluation, des *Australopithèques* jusqu'aux Sapiens. Elle se manifeste par la complexité croissante du réseau méningé. Le moulage endocrânien du Néanderthalien de La Quina, datée d'une cinquantaine de milliers d'années, est déjà moderne par le nombre important d'anastomoses formant un quadrillage vasculaire assez serré, notamment pour l'hémisphère gauche (en bas, à gauche).

Le Paléolithique connu dans l'Ancien Monde commence il y a environ 2.5 millions d'années avec les permiers outils et s'achève il y a 100 000 ans. On le divise en trois périodes le Paléolithique Inférieur (de - 2,5 millions d'années à environ 200 - 150 000 ans, le Paléolithique moyen (de - 200 000 ans à - 35 000 ans) et le Paléolithique supérieur (de - 35 000 ans à -10 000 ans). À chaque période se rapportent des cultures caractérisées par leurs industries. Elles tirent leurs | 21

noms des lieux de fouilles où elles furent définies pour la première fois : par | 22

exemple Moustérien du Moustier en Dordogne, ou Solutréen de Solutré en | 23

Saône-et-Loire. Le Paléolithique supérieur débute il y a 35 000 à 40 000 ans, avec | 24

Homo sapiens sapiens. Il comprend plusieurs cultures : l'Aurignacien (- 35 000 à | 25

- 25 000 ans), le Gravettien (- 27 000 à - 22 000 ans), le Solutréen (- 22 000 à | 26

- 18 000 ans), le Magdalénien (- 18 000 à - 10 000 ans). Ce découpage général ne | 27

reflète pas une réalité linéaire : les cultures se chevauchent assez souvent dans le | 28

temps et coexistent parfois dans la même aire géographique. | 29

Les outils de pierre sont les témoins les mieux conservés des cultures matérielles | 30

préhistoriques, dites « industries ». Certains outils sont caractéristiques d'époques | 31

de longue durée et sont largement répandus sur d'immenses territoires. Ainsi, les | 32

galets aménagés caractérisent les premières industries du Paléolithique inférieur, | 33

puis les bifaces des industries acheuléennes pendant des centaines de milliers | 34

d'années en Afrique et en Eurasie. | 35

Vialou, Denis (1996) : *Au cœur de la préhistoire. Chasseurs et artistes*, Paris, | 36

Gallimard, p. 15. | 37

période se rapportent des cultures caractérisées par leurs industries. Elles tirent leurs noms des lieux de fouilles où elles furent définies pour la première fois : par exemple Moustérien du Mouster en Dordogne, ou Solutréen de Solutré en Saône-et-Loire. Le Paléolithique supérieur débute il y a 35 000 à 40 000 ans, avec *Homo sapiens*. Il comprend plusieurs cultures : l'Aurignacien (- 35 000 à - 25 000 ans), le Gravétien (- 27 000 à - 22 000 ans), le Solutréen (- 22 000 à - 18 000 ans), le Magdalénien (-18 000 à - 100 000 ans). Ce découpage général ne reflète pas une réalité linéaire : les cultures se chevauchent assez souvent dans le temps et coexistent parfois dans la même aire géographique.

Les outils de pierre sont les témoins les mieux conservés des cultures matérielles préhistoriques, dites « industries . Certains outils sont caractéristiques d'époques de longue durée et sont largement répandus sur d'immenses territoires. Ainsi, les galets aménagés caractérisent les premières industries du Paléolithique supérieur, puis les bifaces des industries acheuléenes pendant des centaines de milliers d'années en Afrique et en Eurasie.

Vialou, Denise (1996) : *Au cœur de la préhistoire. Chasseurs et artistes*, Paris, Gallimard, p. 15.

LE JARDIN DE CLAUDE MONET À GIVERNY

1

LES DEUX JARDINS

2

Que ce soit sur le plan historique, géographique ou paysager, il est juste de parler 3

« des » jardins de Claude Monet à Giverny. Les deux parties du jardin de Monet 4

s'opposent et se complètent. 5

LE CLOS NORMAND

6

Quand Monet et sa famille s'installent à Giverny en 1883, le jardin qui descend de la 7

maison jusqu'à la route est planté d'un verger et entouré de hauts murs de pierre. Une 8

allée centrale sombre bordée de pins le coupe en deux. Monet fera abattre les pins, ne 9

conservant que les deux ifs les plus près de la maison, à la demande d'Alice. 10

Ce Clos Normand d'environ un hectare, Monet en fait un jardin riche en perspectives, 11

en symétries et en couleurs. Le terrain se découpe en plates-bandes où les massifs de 12

fleurs de différentes hauteurs créent les volumes. Les arbres fruitiers ou d'ornement 13

dominent les rosiers grimpants, les tiges élancées des roses trémières et les masses 14

colorées des annuelles. Monet mêle les fleurs les plus simples (pâquerettes et 15

coquelicots) aux variétés les plus recherchées. 16

L'allée centrale se couvre d'arceaux sur lesquelles poussent des rosiers grimpants. En 17

écho, d'autres rosiers couvrent les balustrades qui longent la maison. À la fin de l'été 18

des capucines envahissent le sol de l'allée centrale. 19

208

LE JARDIN DE CLAUDE MONET À GIVERNAY

LES DEUX JARDINS

Que ce soit sur le plan historique, géographique, ou paysager, il est juste de parler «des» jardins de Monet à

Giverny. Les deux parties du jardin de Monet s'opposent et se complètent

LE CLOS NORMAND

Quand Monet avec sa famille s'installe à Givernay en 1883, le jardin qui descend de la maison à la route est planté d'un verger et entouré de hauts murs de pierres. Une allée sombre bordée de pins le coupe en deux. Monet fera abattre les pins, ne conservant que les deux les plus près de la maison à la demande d'Alice. Ce clos normand d'environ une hectare, Monet en fait un jardin haut en perspectives, en symétries et en couleur. Le terrain se découpe en plates-bandes où les massifs de fleurs, de différentes hauteurs, créent des volumes.

Les arbres fruitiers ou d'ornement dominent les rosiers grimpants, les tiges élancées des roses trémières et les masses colorées des annuelles. Monet mêle les fleurs les plus simples (pâquerettes et coquelicots aux variétés les plus recherchées.

L'allée centrale se couvre d'arceaux sur lesquelles poussent d'autres grimpants. En écho, d'autres rosiers couvrent les ballustrades qui longent la maison. À la fin de l'été, des capucines envahissent le sol de l'allée centrale.

Claude Monet n'aime pas les jardins organisés ou contraints. Il allie les fleurs en fonction de leurs couleurs et les laisse pousser assez librement.

Au fil des années, il se passionne pour la botanique, il échange des plants avec ses amis Clémenceau et Caillebotte. Toujours à l'affût de variétés rares, il fait venir à grands frais des bulbes ou des jeunes pousses. « Tout mon argent passe dans mon jardin, confiera-t-il, mais je suis dans le ravissement. »

LE JARDIN D'EAU

En 1893, soit dix ans après son arrivée à Giverny, Monet achète le terrain qui voisine sa propriété de l'autre côté de la voie de chemin de fer. Il y fera creuser un premier petit bassin. Par la suite le bassin sera agrandi pour atteindre ses proportions d'aujourd'hui. Le jardin d'eau, tout en courbes, s'inspire des jardins japonais. On y trouve le fameux pont japonais couvert de glycines, d'autres ponts plus petits, des saules pleureurs, une forêt de bambous, et surtout les fameux nymphéas qui fleurissent pendant tout l'été. Le bassin et la végétation qui l'entourent forment un monde clos, indépendant de la campagne environnante.

Jamais encore un peintre n'avait à ce point façonné son motif dans la nature avant de le peindre, créant son œuvre deux fois. Monet y puisera son inspiration pendant plus de vingt ans. Après une célèbre série de ponts japonais, il se consacrera à celle des nymphéas, jusqu'aux gigantesques décorations de l'Orangerie. Toujours à la recherche de brumes et de transparences, Monet s'attachera de plus en plus non pas aux fleurs mais aux reflets dans l'eau, une sorte de monde inversé transfiguré par l'élément liquide.

Claude Monet aime les jardins organisés ou contraints. Il allie les fleurs en fonction de leurs couleurs et les laisse pousser librement. Au fil des années, il se passionne pour la botanique, et échange des plans avec ses amis Clémenceau ou Caille botte. Toujours à l'affût de variétés rares, il fait venir à grand frais des bulbes ou des jeunes pousses. "Tout mon argent passe dans mon jardin", confiera-t-il, " mais je suis dans le ravissement ".

LE JARDIN D'EAU

En 1893, soit six ans après son arrivée à Giverny, Monet achète le terrain qui avoisine sa propriété de l'autre côté de la voie de chemin de fer. Il y fera creuser un premier petit bassin. Par la suite, le bassin sera agrandi pour atteindre ses proportions d'aujourd'hui. Le jardin d'eau, tout en courbes, s'inspire des jardins japonais. On y trouve le fameux pont japonais couvert de glycines, d'autres ponts plus petits, des saules pleureurs, une forêt de bambous, et surtout les fameux nympheas qui fleurissent tout l'été. Le bassin et la végétation qui l'entoure forment un monde clos, indépendants de la campagne environnante.

Jamais encore un peintre n'avait à ce point façonné son motif dans la nature avant de le peindre, créant son oeuvre deux fois. Monet y puisera son inspiration pendant plus de vingt ans. Après une célèbre série de ponts japonais, il se consacrera à celle des nymphéas, jusqu'aux gigantesques décorations de l'Orangerie. Toujours à la recherche de brumes et de transparences, Monet s'attachera de plus en plus non pas aux fleurs mais aux reflets dans l'eau, une sorte de monde inversé transfiguré par l'élément liquide.

ANALYSE FINANCIÈRE DES RÉSULTATS DE NOS FONDS

Entre le 31 décembre 1998 et le 31 décembre 1999, l'actif net du Fonds Marché monétaire a connu une hausse en passant de 37,7 millions de dollars à 59,7 millions de dollars. Le nombre de parts en circulation est passé parallèlement de 3 770 743 à 5 966 745. La valeur unitaire des parts est demeurée inchangée à 10,005 $; les gains pour les détenteurs provenaient plutôt du revenu net attribué, de l'ordre de 0,569 $ par part.

À la fin de 1999, l'actif net du Fonds appelé Hypothèques s'établissait à 246,1 millions de dollars. Un an plus tôt, cet actif se chiffrait à 286,7 millions de dollars. Durant la période, la valeur des parts a augmenté de 4,403 $ à 4,617 $ et le nombre de parts en circulation est passé de 65 119 829 à 53 291 110. Au 31 décembre 1999, un revenu net de 0,274 $ a été attribué à chaque part.

Quant au Fonds des Obligations, son actif net a augmenté en passant de 55,1 millions de dollars en décembre 1998 à 55,3 millions de dollars en décembre 1999. Le nombre de parts en circulation a suivi le mouvement inverse en diminuant de 11 917 386 à 10 675 732. La valeur unitaire de ces parts est passée de 4,624 $ à 5,184 $. Un revenu net de 0,306 $ a été attribué à chaque part.

L'actif net du Fonds Équilibré a enregistré une diminution en 1999. Il est passé de 311,3 millions de dollars au 31 décembre 1998 à 289,5 millions de dollars au 31 décembre 1999. Il demeure néanmoins le plus important de nos Fonds. Un total de 21 805 802 parts étaient en circulation à la fin de 1999, en regard de 26 295 156

212

ANALYSE FINANCIÈRE DES RÉSULTATS DE NOS FONDS

Entre le 31 décembre 1998 et le 31 décembre 1999, l'actif net du Fonds Marché Monétaire a connu une hausse en passant de 37,7 millions de dollars à 59,7 millions de dollars. Le nombre de parts en circulation est passé de 3 770 734 à 5 966 745. La valeur unitaire des parts est demeurée à 10 005 $; les gains pour les détenteurs provenaient plutôt du revenu net attribué, de l'ordre de 0,569 $ par part.

A la fin de 1999, l'actif net du Fonds appelé Hypothèques s'établissait à 246,1 millions de dollards.

Un an plus tôt, cet actif se chiffrait à 287,7 millions de dollars. durant la période, la valeur des parts a augmenté de 4,403$ à 4,617$ et le nombre en circulation est passé de 65 119 829 à 53 291 110. Au 31 décembre 1999, un revenu de 0,274 $ a été attribué à chaque part.

Quant au Fonds des Obligations, son actif net a augmenté en passant de 55,1 millions de dollars en 1998 à 55,3 millions de dollars en décembre 1999. Le nombre de parts de parts en circution a suivi le mouvement inverse en diminuant de 11 917 386 à 10 675 732. La valeur unitaire de ces parts est passée de 4,624 $ à 5,184 $. Un revenu net de 0,306 $ a été attribué à chaque part.

L'actif net du Fonds équilibré a enregistré une diminution en 1999. Il est passé de 311,3 millions de dollars au 31 décembre 1998, à 289,5 millions de dollars au 31 décembre 1999. Il demeure néanmoins le plus important de nos Fonds. Un total de 21 805 802 parts était en circulation à la fin de 1998, au regard de l'année précédente. La valeur unitaire de ces parts est passée de 11,840 $ à | 22

13,278 $, et un revenu net de 0,254 $ a été attribué à chaque part. | 23

L'actif net du Fonds Dividendes a augmenté au cours de l'année 1999, en passant | 24

de 7,6 millions de dollars à 9,4 millions de dollars. Le nombre de parts en | 25

circulation s'est accru de 827 817 à 931 707 et leur valeur unitaire a progressé de | 26

9,189 $ à 10,103 $. Un revenu net de 0,369 $ par part a été versé en 1999. | 27

Entre le 31 décembre 1998 et le 31 décembre 1999, l'actif net du Fonds Actions est | 28

passé de 70,3 millions de dollars à 64,0 millions de dollars. Pendant cette période, | 29

le nombre de parts en circulation est passé de 3 468 737 à 2 880 067. La valeur | 30

unitaire de ces parts s'établissait à 22,237 $, par rapport à 20,278 $ un an plus tôt. | 31

Chaque part a donné droit à un revenu net de 0,099 $. | 32

Le Fonds Environnement a vu son actif net progresser en 1999 de 11,6 millions de | 33

dollars à 12,4 millions de dollars, pendant que le nombre de parts en circulation | 34

passait de 1 058 179 à 1 035 265. À la fin de 1999, la valeur de ces parts | 35

s'établissait à 12,004 $, par rapport à 10,969 $ un an plus tôt. Un revenu net de | 36

0,064 $ par part a été versé au cours de l'année. | 37

L'actif net du Fonds International a enregistré une hausse en s'établissant le | 38

31 décembre 1999 à 34,0 millions de dollars, par rapport à 32,6 millions de dollars | 39

en 1998. Au 31 décembre 1999, 1 136 118 parts étaient en circulation, en | 40

comparaison de 1 183 271 l'année précédente. La valeur unitaire de ces parts a | 41

augmenté puisqu'elle est passée de 27,519 $ à 29,948 $ au cours de la période. | 42

26 295 156 l'année précédente. La valeur unitaire de ces parts est passée de 11,840 $ à 13,278 $, et un revenu net de 0,254 $ a été attribué à chaque part.

L'actif net du Fonds Dividendes a augmenté au cours de l'année 1999, en passant de 6,7 millions de dollars à 9,4 millions de dollards. Le nombre de parts en circulation s'est accru de 827 817 à 931 707 et leur valeur unitaire a progressé de 9,189 $ à 10,103 $. Un revenu net de 0,369 $ par part a été versé en 1999.

Entre le 31 décembre 1998 et le 30 décembre 1999, l'actif net du Fonds Actions est passé de 70,3 millions de dollars à 64,0 millions de dollars. Pendant cette période, le nombre de parts en circulation est passé de 3 468 737 à 2 880 067. La valeur unitaire de ces parts s'établissaient à 22 237 $, par rapport à 20,278 $ un an plus tôt. Chaque part a donné droit à un revenu net de 0,099 $.

Le Fonds Environnements a vu son actif net progresser en 1999 de 11,6 millions de dollars à 12,4 millions de dollars, pendant que le nombre de parts en circulation passait de 1 058 179 à 1 035 265.

L'actif net du Fonds International a enregistré une hausse en s'établissant le 31 décembre 1999 à 34,0 millions, de dollars, par rapport à 32,6 millions de dollars en 1998. Au 31 décembre 1999, 1 136 118 parts étaient en circulation, en comparaison de 1 183 271 l'année précédente. La valeur unitaire de ces parts a augmenté puisqu'elle est passée de 27,519 $ à 29,948 $ au cours de la période

ANNEXE B

VOCABULAIRE DE LA RÉVISION

Dans le cours de leur activité professionnelle, les réviseurs traitent avec des traducteurs et des rédacteurs qui, eux aussi, sont des spécialistes du langage. Les agents de révision doivent donc utiliser une terminologie précise pour décrire leurs corrections, rédiger des annotations ou faire des observations verbales. En révision, on ne peut se contenter d'explications vagues du type « pas français » ou « mal traduit » ou, pire encore, « pas joli ». Le vocabulaire présenté ci-dessous, sans viser à l'exhaustivité, recense les termes couramment employés dans l'exercice de la profession.

Le but de ce vocabulaire est de faciliter la communication entre « initiés ». On réservera donc son usage aux échanges entre professionnels de la langue et on évitera d'employer des termes hermétiques dans les rapports avec les non-spécialistes, situation courante en révision unilingue. En imposant ce technolecte aux autres, on risquerait, sous le prétexte futile de « faire savant », de ne pas être compris et, surtout, d'indisposer les interlocuteurs. Or, il est toujours possible de s'exprimer clairement sans utiliser de grands mots.

ABRÉVIATIONS UTILISÉES

(A) = anglais

Abrév. cour. = abréviation courante

Adj. = adjectif

Contr. = contraire

Cour. = courant

Ex. = exemple

(F) = français

FdL = faute de langue

LA = langue d'arrivée

LD = langue de départ

Par ext. = par extension de sens

Syn. = synonyme

TA = texte d'arrivée

TD = texte de départ

V. = voir

NOTE : Les termes suivis d'un astérisque (*) sont définis dans le glossaire. La mention abrégée **V.** (voir) renvoie à un synonyme ou à une série synonymique. **V. aussi** renvoie à un terme associé ou à une série de termes associés. Dans le terme en vedette, les parenthèses indiquent une double lecture possible. Ainsi, on peut dire soit *interférence linguistique*, soit *interférence*.

———————

ABRÉVIATION – Forme réduite d'un mot, après retranchement de lettres. Ex. : *av.* pour *avenue*. V. aussi ACRONYME, SIGLE.

ACCEPTABILITÉ – Caractère d'un texte traduit jugé perfectible mais ne présentant pas, sur les plans sémantique et stylistique, d'écart grave* par rapport à l'original ou par rapport au code*. V. aussi ÉCART ADMISSIBLE.

ACCEPTION – Tout sens que peut avoir un mot. V. aussi SIGNIFICATION.

A COMMERCIAL – Nom du symbole @ formé de la lettre *a* encerclée aux trois quarts et utilisé dans les domaines autres que le courrier électronique. V. aussi AROBAS.

ACRONYME – Abréviation* à prononciation syllabique. Ex. : *cégep, chu, sida.* V. aussi SIGLE.

ADAPTATION – Traduction où l'on vise à rendre le thème, indépendamment de la forme. Ex. : *adaptation publicitaire.*

ADAPTATION AU DESTINATAIRE – V. ADAPTATION FONCTIONNELLE.

ADAPTATION FONCTIONNELLE – 1) Caractère d'un texte tenant compte des traits socioculturels de son public. 2) Paramètre de la révision fondé sur ce caractère. *Syn.* : adaptation au destinataire.

ADDITION – Élément d'énoncé figurant dans la traduction mais non dans l'original. *Syn.* : ajout. Nota : L'addition peut être justifiée (amplification*, étoffement*, explicitation*) ou non (surtraduction*).

AFFECTIF – Qui exprime ou révèle les sentiments. *Contr.* : intellectuel, neutre. Nota : Certains mots sont toujours affectifs (ex. : *admirable, fignoler, populace, bidouillage*); d'autres, ambivalents (ex. : *individu, un grand homme/un homme grand*).

AIDE À LA RÉVISION – Composante du poste de travail du traducteur (PTT)* facilitant la révision à l'écran. Ex. : les fonctions *comparaison de textes* et *réviser* ou *révision en ligne* des traitements de texte.

AIRE SÉMANTIQUE – V. CHAMP SÉMANTIQUE.

AIRE SYNONYMIQUE – V. CHAMP SYNONYMIQUE.

AJOUT – V. ADDITION.

ALINÉA – Retour à la ligne pour le début d'un paragraphe.

ALLITÉRATION – Répétition d'un son, généralement des mêmes consonnes, dans un énoncé. (Cas fréquent : répétition des consonnes initiales en anglais. Ex. : *double-digit inflation.*)

ALLUSION – Évocation d'un fait appartenant à l'actualité ou à l'histoire et à la culture d'un peuple. Ex. : *le grand dérangement, un bleu* (conservateur), *accrocher ses patins.*

AMBIGUÏTÉ – Mot ou segment d'énoncé prêtant à plus d'une interprétation. Ex. : *Nous avons cinq appareils de démonstration seulement pour les vendeurs* (cinq appareils seulement? de démonstration seulement? seulement pour les vendeurs?).

AMÉLIORATION – Intervention sur le texte traduit proposée à la personne révisée. *Syn.* : suggestion, proposition. V. aussi CORRECTION, JUSTIFICATION.

AMPLIFICATION – Utilisation d'un plus grand nombre de signes en LA qu'en LD, en raison d'une servitude* ou par souci de clarté. Ex. : *Please sign out* : *Veuillez signer le registre en partant.* Nota : On appelle *dilution* le résultat de l'amplification. *Contr.* : économie*.

ANGLICISME – Élément de la langue anglaise utilisé dans une autre langue. Ex. : *siéger sur un comité, ajusteur d'assurances, brushing, audit.*

ANIMISME – Fait de considérer des choses comme des personnes et de leur prêter des comportements humains. Ex. : *La loi propose des révisions décennales. Janvier a été témoin d'une baisse des faillites par rapport à ce qu'avait connu décembre.*

ANNOTATION – En révision didactique, observation écrite du réviseur sur les trouvailles, les erreurs ou les faiblesses du révisé.

APPEL DE NOTE – Signe (chiffre, lettre ou astérisque) signalant un renvoi en bas de page ou en fin de chapitre.

ARCHAÏSME – Expression, tournure ou mot tombés en désuétude. Ex. : *postillon* (facteur rural), *à matin, être à faire quelque chose.*

ARGOT – À l'origine, langage des malfaiteurs. *Par ext.* : Langage propre à un groupe de personnes, à un milieu fermé (étudiants, militaires, corps de métier). Niveau de langue inférieur à celui du langage populaire. V. aussi JARGON.

AROBAS (masculin) – Nom du symbole @ formé de la lettre *a* encerclée aux trois quarts et utilisé dans les adresses Internet. V. aussi A COMMERCIAL.

ARTICULATION – Liaison syntaxique qui assure l'interdépendance des parties d'un énoncé. *Contr.* : juxtaposition*.

ASPECT – Manière dont on envisage le déroulement de l'action. (Ex. : aspect inchoatif, progressif, terminatif, ponctuel, duratif, itératif.) L'aspect peut être lexical (ex. : *décider* : ponctuel; *réfléchir* : duratif; *grignoter* : itératif) ou être indiqué par le mode ou le temps (ex. : *La porte claquait* : itératif; *La porte claqua* : ponctuel). Nota : Cette notion est principalement attachée au verbe.

ASSURANCE DE LA QUALITÉ – Suite d'opérations visant à mesurer la conformité du texte d'arrivée* ou de l'original produit à des critères de qualité traductionnels ou rédactionnels courants et aux prescriptions du donneur d'ouvrage*. Nota : Pratiquée dans certaines entreprises et dans des services gouvernementaux (fédéraux, au Canada), l'assurance de la qualité se distingue du contrôle de la qualité en ce que cette vérification 1) s'exerce toujours entre pairs et à l'interne, 2) porte sur la totalité d'un texte plutôt que sur un échantillon et 3) concerne uniquement des textes à grande portée ou à large diffusion. On parle aussi en ce sens de la pratique du *second regard*. V. aussi CONTRÔLE DE LA QUALITÉ.

AUTORÉVISION – Révision effectuée, selon des règles déterminées, par l'auteur ou le traducteur d'un texte. On dit aussi *relecture*.

BAGAGE COGNITIF – Connaissances et expérience de vie de chaque rédacteur, traducteur ou réviseur.

BARBARISME – Mot inexistant, déformé ou employé dans un sens contraire à l'usage. Ex. : *aréoport, rabattre les oreilles, originer, prioriser*.

BAS DE CASSE – En imprimerie, lettre minuscule.

BELLES INFIDÈLES – Traductions conformes aux goûts et convenances de l'époque, au détriment de la fidélité. (Origine : XVIIe siècle, domaine français.) Nota : Le terme s'emploie surtout au pluriel.

CACOPHONIE – Suite de sons qui choque l'oreille. Ex. : *Quiconque qui croit que quoi qu'on crie et qui qu'on croise... Contr.* : euphonie*.

CALQUE – En traduction anglais-français, expression, tournure ou mot transcodés directement de l'anglais et non conformes aux habitudes du français, c'est-à-dire n'existant pas en français ou ayant un autre sens dans cette langue. Ex. : *hommes au travail, lit double, abus sexuel* (violence sexuelle).

CANADIANISME – Fait de langue propre au Canada. Ex. : *motoneige, tour du chapeau, fin de semaine* (au sens de « week-end »)*, magasiner,* (A) *muskeg.* V. aussi QUÉBÉCISME.

CAPITALE – En imprimerie, lettre majuscule.

CARACTÈRE – Lettre ou signe utilisés pour l'impression. Ex. : *caractère d'imprimerie, œil* de caractère, corps* de caractère.*

CARACTÈRE INFÉRIEUR – Lettre ou chiffre débordant sous la ligne de base* et de corps* plus petit que la lettre ou le chiffre qui le précède (ex. : a_n). *Syn.* : indice. V. aussi CARACTÈRE SUPÉRIEUR.

CARACTÈRE SUPÉRIEUR – Lettre ou chiffre de corps plus petit que la lettre ou le chiffre qui le précède et placé plus haut (ex. : m^3) ou à la même hauteur (ex. : n^o). V. aussi CARACTÈRE INFÉRIEUR, EXPOSANT.

CHAMP SÉMANTIQUE – Ensemble des signifiés* désignés par un même signifiant*. Ex. : *cloche* : instrument sonore; appareil en forme de cloche (*cloche à plongeur, cloche à fromage*); corolle de fleur; ampoule séreuse. *Argot* : tête. *Syn.* : aire sémantique.

CHAMP SYNONYMIQUE – Ensemble des synonymes* d'un terme d'identification*. Ex. : *cloche, bourdon, clochette, timbre, grelot, sonnailles, clarine. Syn.* : aire synonymique.

CHARABIA – Alignement incohérent de signes linguistiques; degré zéro de la communication.

CHARNIÈRE – Mot-outil* ou membre de phrase servant à articuler le message. Ex. : *en premier lieu, par contre, pour conclure ce bref exposé, comme nous l'avons souligné précédemment.*

CHEVAUCHEMENT – En imprimerie, suite de caractères* mal alignés ou empiétement d'une ligne ou d'une lettre sur une autre.

CHIFFRE INFÉRIEUR – V. aussi CARACTÈRE INFÉRIEUR.

CHIFFRE SUPÉRIEUR – V. aussi CARACTÈRE SUPÉRIEUR.

CLICHÉ – Expression ou phrase stéréotypée. Ex. : *interlocuteur valable, volonté politique, geler à pierre fendre.*

CODE – Ensemble des règles et des conventions d'une langue consignées dans les ouvrages faisant autorité (grammaires, dictionnaires de difficultés, codes orthographiques, avis de normalisation, traités de stylistique, guides de rédaction, etc.). *Syn.* : norme linguistique, code linguistique.

CODE TYPOGRAPHIQUE – Recueil des signes et des symboles, avec leur signification, utilisés pour faire la correction des épreuves. V. aussi CORRECTION D'ÉPREUVES.

COHÉRENCE – Manifestation, de phrase en phrase, de la continuité du sens d'un texte et de sa vraisemblance. V. aussi LOGIQUE, COHÉSION.

COHÉSION – Moyens linguistiques utilisés pour assurer la continuité formelle et sémantique du texte. V. aussi LOGIQUE, COHÉRENCE, DÉICTIQUE, CHARNIÈRE.

COMPENSATION – Report d'un effet du texte de départ* ou TD sur un élément du texte d'arrivée ou TA autre que l'élément accentué du TD. Ex. : *I do agree with you* : *Je vous appuie sans réserve. / Je suis entièrement d'accord. / Mais puisque je vous dis que je vous appuie!*

COMPLÉMENTS COGNITIFS – Ensemble constitué par les connaissances de la personne qui traduit et les renseignements fournis par le texte à traduire et grâce auxquels le traducteur choisit le bon équivalent. V. aussi BAGAGE COGNITIF, CONDITIONS DE PRODUCTION, SITUATION.

CONCENTRATION – V. aussi ÉCONOMIE.

CONCISION – Expression d'une idée en peu de mots. Nota : Le mot juste est un outil de concision. Ex. : *l'après-guerre = les années qui ont suivi immédiatement la guerre.*

CONDITIONS DE PRODUCTION – Ensemble des circonstances entourant la rédaction d'un texte de départ (TD) et la traduction (TA) de ce texte. Ces circonstances se divisent en compléments cognitifs* et en conditions matérielles (contraintes de temps, d'espace). Nota : Ne pas confondre avec la situation*.

CONNOTATION – Charge affective donnée par le contexte à un mot, à une expression; réaction suscitée par le mot ou l'expression. Ex. : *Le capital* (neutre) *d'une société commerciale. Les prolétaires sont exploités par le capital* (affectif*).

CONSTRUCTION – Agencement des mots dans la phrase, des phrases dans un paragraphe, des paragraphes dans le texte.

CONTEXTE – Environnement linguistique immédiat d'un élément de l'énoncé et qui en précise le sens. *Syn.* : microcontexte; contexte verbal. V. aussi SITUATION.

CONTEXTE VERBAL – V. CONTEXTE.

CONTRESENS – Interprétation contraire au sens du texte original. *Par ext.* : Grave faute de sens. Ex. : *If you have any objection : Si vous n'avez aucune objection. Their company is a growing concern : Leur entreprise cause une inquiétude grandissante.* V. aussi FAUX SENS, NON-SENS.

CONTRÔLE DE LA QUALITÉ – Vérification de la conformité d'un produit livré ou en cours de production, suivant des exigences et des normes, un protocole et des critères préétablis, dans le but d'évaluer la qualité du produit et d'économiser temps et ressources. Nota : Suivant les contrôleurs, cette vérification peut aller de la lecture unilingue partielle à la révision bilingue d'échantillons. V. aussi ASSURANCE DE LA QUALITÉ, ÉVALUATION (DES TRADUCTIONS), RÉVISION.

COOCCURRENT – Mot qui en accompagne habituellement un autre. Ex. : *prononcer* un *discours, extraire* une *dent, saisir* des *données,* une *réflexion profonde,* un *rythme accéléré.*

COPIE – En imprimerie, texte manuscrit, tapé ou saisi, destiné à l'impression.

COQUILLE – Substitution fautive d'un caractère en composition typographique. Ex. : *singe* [signe] *linguistique; claque* [calque] *de l'anglais.*

CORPS – En typographie, espace entre la partie la plus haute et la partie la plus basse des lettres dans une composition.

CORRECTEUR, CORRECTRICE – En imprimerie, personne qui corrige des épreuves.

CORRECTION – 1) Modification d'un texte imposée au révisé. Nota : Théoriquement incontestable, la correction doit toujours être justifiable. 2) Ensemble des opérations menant à l'amélioration d'un texte sans consultation ni autre contact avec le traducteur ou l'auteur. *Syn.* : révision pragmatique. 3) Paramètre de la révision correspondant à la conformité à la norme. V. aussi AMÉLIORATION, JUSTIFICATION.

CORRECTION D'AUTEUR – Modification d'un texte imputable à l'auteur et facturée en sus du prix prévu de composition.

CORRECTION D'ÉPREUVES – Opération consistant à vérifier la conformité d'une épreuve* avec le manuscrit remis à l'imprimeur et, le cas échéant, à indiquer les corrections nécessaires, à l'aide de signes conventionnels. V. aussi CODE TYPOGRAPHIQUE, CORRECTION D'AUTEUR, ÉPREUVE.

CORRESPONDANCE – Relation d'identité établie hors discours entre des mots, des syntagmes ou des phrases et n'ayant que des virtualités de sens. Ex. : (A) *option :*

(F) *choix, option*; (A) *pattern* : (F) *patron, type, modèle, motif*, etc.; (A) *illiterate* : (F) *analphabète, illettré, fautif*. V. aussi ÉQUIVALENCE.

CORRIGÉ (nom) – V. aussi PROPOSITION DE RÉVISION.

COUPURE – Séparation entre les mots opérée en fin de ligne. Nota : On ne sépare pas le nom propre du prénom abrégé, ce qui donnerait, par exemple : Mme M.-C. / Duval. V. aussi DIVISION.

CRITÈRES DE RÉVISION – V. PARAMÈTRES DE LA RÉVISION.

CRITIQUE – À l'origine, jugement porté sur la qualité d'une traduction littéraire publiée. *Cour.* : Tout jugement porté sur une traduction. V. aussi ÉVALUATION (DES TRADUCTIONS).

DÉCOUPAGE – Délimitation des unités de traduction ou des unités de sens à l'intérieur d'un texte.

DÉCOUPAGE DE LA RÉALITÉ – Façon dont une langue exprime la réalité.

DÉICTIQUE – « Qui sert à montrer. » Articulation du message à indication orientée (rappelle ce qui précède ou annonce ce qui suit). Ex. : ***Cette constatation. Celui-ci.*** *Je vous dirai **ceci** :...*

DELEATUR (masculin) – Signe de correction typographique indiquant une suppression (↗).

DÉMARCHE – Préférence que manifeste l'usage* pour certaines ressources de la langue. Ex. : *J'ai mal à la tête* plutôt que *La tête me fait mal.*

DÉMARCHE ÉVALUATIVE – Tout jugement critérié, chiffré ou non, porté sur l'ensemble d'un texte original ou traduit. Nota : Ce générique englobe la révision, le contrôle de la qualité, l'assurance de la qualité et l'évaluation.

DÉPERSONNALISATION DU MESSAGE – Remplacement de la forme personnelle par la forme impersonnelle. Ex. : *When you straddle the Arctic Circle* : *Lorsqu'on / Lorsque le voyageur franchit le cercle arctique.*

DÉROULEMENT – Progression du message*. V. aussi GRAPHIQUE DE DÉROULEMENT.

DESTINATAIRE – Personne ou groupe de personnes à qui s'adresse tout texte, original ou traduit. *Syn.* : public cible; lectorat.

DILUTION – V. aussi AMPLIFICATION.

DISCOURS – Énoncé cohérent visant à communiquer un message.

DIVISION – Séparation d'un mot en fin de ligne, indiquée par un trait d'union. Ex. : *pres-crip-tion, com-mis-sion*. V. aussi COUPURE.

DONNEUR, DONNEUSE D'OUVRAGE – Personne ou organisme désirant obtenir la rédaction, la traduction ou la révision d'un texte. *Syn.* : donneur, donneuse d'ordre.

DOUBLE HYPNOSE – Attrait formel excessif exercé sur le réviseur par le TD et par le TA simultanément. Nota : On peut y voir une situation et un risque particuliers d'interférence*.

DOUBLET – Couple de mots de même étymologie* mais de sens différent. Ex. : *écouter* et *ausculter*; *poison* et *potion*.

ÉCART – Variation par rapport à une norme. Ex. : *écarts de langage*. En traduction, peut indiquer une déficience du traducteur ou un choix conscient de ce dernier (ex. : *écart de niveau*).

ÉCART ADMISSIBLE – Différence acceptable entre le TD et le TA ou entre deux versions traduites d'un même TD. *Syn.* : marge.

ÉCART GRAVE – Tout manquement au mandat d'une traduction ou aux principes de la traduction entraînant ou risquant d'entraîner une interprétation erronée ou partielle du message à communiquer.

ÉCONOMIE – Expression en LA d'une même idée en moins de mots qu'en LD. Ex. : *property the owner may acquire up until the time at which the bankruptcy is discharged* (15 mots) : *les biens acquis par le propriétaire jusqu'à sa réhabilitation* (10 mots). On appelle *concentration* le résultat de l'économie. *Contr.* : amplification*.

EFFET STYLISTIQUE – Impression subjective créée par un fait de langue. Ex. : emploi d'un mot péjoratif, archaïsme, écart de niveau. V. aussi CONNOTATION.

ELLIPSE – Suppression de mots non nécessaires à la compréhension. Ex. : *I hope* (that) *he will come home early.* Pour (obtenir) *de plus amples renseignements. Comme* (nous en avons) *convenu.*

EMPRUNT – 1) Élément étranger introduit dans une langue. Ex. pour le français : *glasnost, économiquement faible* (nom), *Shoah.* 2) Procédé par lequel cet élément étranger passe dans la langue receveuse. V. aussi CALQUE.

ÉNONCÉ – Réalisation concrète, actualisée, écrite (pour la rédaction et la traduction) de la langue. Généralement, suite de mots délimités par un silence. Ex. : *La ministre est absente. Viendrez-vous? Oui.* (3 énoncés)

ÉPREUVE – Texte imprimé tel qu'il sort de la composition et tiré à des fins de contrôle. V. aussi CORRECTION D'ÉPREUVES.

ÉQUIVALENCE – 1) En discours*, identité entre deux unités de sens de langues différentes. 2) Mode de traduction qui consiste à décrire la même situation par des procédés linguistiques différents. Ex. : *Where there's a will there's a way* : *Vouloir c'est pouvoir.* V. aussi CORRESPONDANCE.

ERREUR DE MÉTHODE – Manque de rigueur dans l'application de la technique de révision, particulièrement dans l'utilisation des symboles et des signes.

ESPACE (féminin) – En typographie, pièce de métal utilisée pour espacer les mots. *Par ext.* : La séparation ainsi créée. Ex. : *espace forte, espace fine.*

ESPACEMENT – Blanc laissé entre des signes, des lettres ou des mots. Ex. : *l'espacement des signes de ponctuation.*

ÉTOFFEMENT – Renforcement d'un mot pour en préciser le sens. Ex. : *This tends to prove that...* : **Ce fait** *prouverait que... To* : **Destinataire**.

ÉTYMOLOGIE – Origine ou filiation d'un mot. V. aussi DOUBLET.

EUPHÉMISME – Expression atténuée d'une idée. Ex. : *enfance exceptionnelle; sans domicile fixe (SDF) (nom); exclusion sociale; mal-entendant.*

EUPHONIE – Suite harmonieuse de sons dans la phrase. *Contr.* : cacophonie*.

ÉVALUATION (DES TRADUCTIONS) – Détermination chiffrée de la qualité d'un texte traduit ou contrôle *a posteriori.* Elle sert souvent à mesurer la productivité des traducteurs et le rapport qualité/prix des traductions. *Syn.* : appréciation des traductions (*rare*). V. aussi CONTRÔLE DE LA QUALITÉ, CRITIQUE, NOTATION, RÉVISION.

EXACTITUDE – Pour les textes généraux, résultat du respect de tous les articles du mandat* donné au traducteur ou au rédacteur relativement à la traduction ou au texte à produire. *Syn.* : fidélité.

EXPLICITATION – Renseignement ou explication apparaissant dans le TA sans figurer dans le TD. Ex. : *Two sites are more accessible by railroad due to the elimination of water crossings : Deux endroits sont plus facilement accessibles par chemin de fer, car il n'y a pas d'**étendue** d'eau à traverser. I work with a friend : Je travaille avec **une amie**.*

EXPOSANT – Expression numérique ou algébrique de la puissance qui est placée un peu au-dessus et à droite de la quantité élevée à cette puissance (ex. : 10^3). V. aussi CARACTÈRE SUPÉRIEUR.

FAMILLE DE MOTS – En lexicologie, groupe de mots ayant une racine commune et dérivant les uns des autres. Ex. : *faire, défaire, défait, refait, refaire. Par ext.* : Ensemble de mots groupés par centre d'intérêt. Ex. : mots et microcontextes* associés aux statuts des associations professionnelles : *ordre professionnel à titre réservé; ordre professionnel à exercice exclusif; fusionner des ordres professionnels; dissolution d'un ordre professionnel.*

FAUTE DE LANGUE – En traduction et en rédaction, écart par rapport au code*. Ex. : les surimpressions d'idiotismes, comme *traiter de cette question, c'est ouvrir une boîte de crabes* (boîte de Pandore + panier de crabes). Parmi les FdL, on classe aussi les ambiguïtés* non délibérées, les impropriétés* de terme, les barbarismes*, les solécismes* et le charabia*.

FAUTE DE TRADUCTION – Écart du sens du TA par rapport au sens du TD : contresens*, faux sens*, non-sens*, glissement de sens*, littéralité*, addition* injustifiée, omission*, surtraduction*, interférences linguistiques*, anglicismes* de mauvais aloi. *Syn.* : faute de transfert.

FAUX(-)AMI – En traduction, mot de la LD présentant une similitude trompeuse avec une forme de la LA; les deux mots ont généralement une origine commune, mais ont connu une évolution sémantique divergente. Ex. : *articulated : articulé; demonstration (event) : démonstration; clerical : clérical; versatile : versatile. Syn. :* mot-sosie.

FAUX SENS – Traduction d'un mot, d'une expression ou d'une phrase qui altère le sens du texte original sans toutefois le fausser complètement. Ex. : *We cannot afford to lose our reputation : Nous n'avons pas les moyens de perdre notre réputation.* V. aussi CONTRESENS, NON-SENS.

FIDÉLITÉ – V. EXACTITUDE.

FINALITÉ – Intention poursuivie par l'émetteur original (ex. : annoncer, raconter, expliquer, démontrer) et effet qu'il veut produire sur le destinataire* (ex. : intéresser, éblouir, convaincre, émouvoir, faire agir).

FOISONNEMENT – Écart positif, exprimé en pourcentage, entre la longueur de la traduction et celle de l'original. *Syn.* : taux de foisonnement.

FORMULE FIGÉE – 1) Expression lexicalisée se situant à mi-chemin entre la langue et l'énoncé. Ex. : *Chien méchant* (affichage). 2) Énoncé appartenant à une langue de spécialité. Ex. : *Mesdames, Messieurs, la Cour.*

FRANGLAIS – Français truffé d'emprunts* et d'anglicismes*. Ex. : *Nos gens attendent le feed-back des managers du Marketing.*

GALLICISME – 1) Tournure ou construction propres à la langue française. Ex. : *À la bonne heure! Y mettre du sien.* 2) Mot ou tournure d'origine française employés dans une autre langue.

GLISSEMENT DE SENS – Léger déplacement de sens généralement de type lexical. Nota : Le glissement de sens est souvent difficile à distinguer de l'impropriété de terme.

GLOSE – Commentaire explicatif excessif inséré dans un texte ou ajouté sous forme d'annotation. Par exemple, certaines traductions de la Bible sont des gloses, du fait qu'elles comportent davantage d'explications que de texte véritablement traduit. V. aussi EXPLICITATION.

GLOSSAIRE – Ouvrage donnant l'explication ou la traduction de mots rares ou de termes spécialisés. *Par ext.* : Dans les cas de traduction, lexique* ou vocabulaire* bilingue.

GRAMMAIRE NORMATIVE – Ensemble des règles qui constituent la norme.

GRAPHIE – 1) Représentation écrite de la parole. 2) Façon, correcte ou fautive, dont un mot est écrit. V. aussi ORTHOGRAPHE.

GRAPHIQUE DE DÉROULEMENT – Représentation visuelle de la structure d'une phrase, d'un paragraphe, d'un texte. V. aussi DÉROULEMENT.

GUILLEMET – Signe de ponctuation utilisé pour isoler, notamment, une citation. Ex. : *guillemet ouvrant («), guillemet fermant (»), guillemet anglais ("), guillemet allemand (').*

HIATUS – Rencontre de deux voyelles. Ex. : *Anna alla à Arvida.*

HYPERRÉVISION – Modification injustifiable du texte révisé tenant dans la plupart des cas à une préférence personnelle du réviseur. Nota : Ne pas confondre avec la révision excessive* ou la surrévision*.

IDIOLECTE – Ensemble des habitudes linguistiques propres à chaque traducteur ou rédacteur.

IDIOMATICITÉ – Caractère d'un original ou d'une traduction qui respecte les habitudes et les préférences langagières du destinataire*. Nota : *idiomaticité*, qui comble une lacune, ne figure pas encore dans les dictionnaires spécialisés. Par exemple, il est absent du *Dictionnaire de linguistique et des sciences du langage*[1] comme de *La traduction : mode d'emploi. Glossaire analytique*[2]. Pour exprimer la même réalité, Darbelnet a substantivé l'adjectif *idiomatique*, mais, à ce jour, le terme ne semble pas s'être imposé.

IDIOMATIQUE – Propre à un idiome (ex. : *expression idiomatique*). Traduction idiomatique : traduction conforme à la démarche de la LA. S'oppose à *grammatical*. V. aussi IDIOME.

IDIOME – Ensemble des moyens d'expression d'une communauté donnée. Ex. : dialecte, parler, patois, technolecte*.

IDIOTISME – Locution ou tournure propres à une langue et qui ne peuvent être traduites littéralement. Ex. : *My son is doing well at school. C'est le bouquet!*

IMPLICITE (masculin) – Évidence imposée par la situation d'énonciation ou le contexte. Nota : L'implicite est mis en évidence par la comparaison des langues. Ex. : Dans un aéroport, on demande à une personne qui débarque : *How was your flight?* En français, la situation rendant implicite le mode de transport, on dira : *Avez-vous fait bon voyage?*

IMPROPRIÉTÉ DE TERME – Faute de langue consistant à donner à un mot un sens qu'il n'a pas.

INDICE – V. CARACTÈRE INFÉRIEUR.

INFRAPAGINAL – Qui se trouve au bas des pages d'un ouvrage. Ex. : *note infrapaginale*.

INTELLIGENCE DU LECTEUR – Principe en vertu duquel le réviseur estime qu'une phrase simple mais ambiguë sera comprise du lecteur. Ex. : *Elle est la mère de l'enfant qui est dans la voiture pour bébé à quatre roues.* Syn. (à connotation* péjorative) : non-imbécillité du lecteur.

INTELLIGIBILITÉ – V. LISIBILITÉ.

INTENTION – Pour certains auteurs, résultat cognitif et émotif que l'auteur veut produire sur le lecteur. V. aussi FINALITÉ.

INTERFÉRENCE (LINGUISTIQUE) – Choix lexical ou grammatical du traducteur, fait inconsciemment et guidé par la forme du signifié* original plutôt que par

---

[1] J. Dubois (1994), Paris, Larousse.
[2] J. et C. Demanuelli (1995), Paris, Masson.

l'adéquation au sens du texte à traduire ou traduit. Ex. : *Combien avez-vous payé* **pour** *cette voiture? Êtes-vous certaine de vouloir partir? – Définitivement!*

INTERLIGNE (masculin) – Espace entre deux lignes. Ex. : *simple, double interligne.* Nota : Comme dans le cas d'*espace**, le mot *interligne* désignant une lamelle de métal est du genre féminin.

INTERPRÉTATION (DU SENS) – Traitement le plus objectif possible du vouloir-dire* d'un auteur en vue de sa compréhension. V. aussi SURINTERPRÉTATION.

INTERRÉVISION – Révision entre pairs. *Syn.* : révision réciproque.

INTERVENTION (DE RÉVISION) –Toute modification apportée au texte traduit. Ex. : ajout, suppression, déplacement, remplacement, restructuration.

JARGON – 1) Langage incorrect ou incompréhensible. 2) Technolecte* de niveau familier.

JUSTIFICATION – 1) En imprimerie, 1° opération consistant à donner à une ligne composée la longueur nécessaire entre les deux marges; 2° longueur d'une ligne. Ex. : *petite, grande justification.* 2) En révision, démonstration objective de la légitimité d'une correction (imposée) ou d'une amélioration (proposée) à un texte original ou traduit. V. aussi CORRECTION, AMÉLIORATION, OBJECTIVITÉ.

JUXTAPOSITION – Absence de liaison syntaxique entre les éléments de l'énoncé. Ex. : *Article-réclame. Il pleuvait. Le match commence. Contr.* : articulation*.

LACUNE – Absence en LA d'un mot, d'une tournure existant en LD. Ex. : *idyllically : d'une façon idyllique; tabagie : place reeking of stale tobacco-smoke.* Nota : En terminologie, la *lacune* prend le nom de *vide terminologique.*

LANGAGE – 1) Capacité d'exprimer verbalement sa pensée. 2) Système de signes permettant de communiquer. 3) Façon de s'exprimer.

LANGUE – Système d'expression commun aux membres d'une communauté. Ex. : *langue parlée, langue écrite.* V. aussi LANGUE D'ARRIVÉE, LANGUE DE DÉPART, PAROLE.

LANGUE ARTIFICIELLE – Langue non idiomatique caractérisant les textes traduits et portant l'empreinte morphologique de la langue de départ. Nota : La langue artificielle est surtout le fait des langues spécialisées (administrative, technique et scientifique), sans épargner la langue générale.

LANGUE D'ARRIVÉE – Langue vers laquelle on traduit. *Abrév. cour.* : LA. *Syn.* : langue cible.

LANGUE DE DÉPART – Langue du texte à traduire. *Abrév. cour.* : LD. *Syn.* : langue source.

LECTORAT – V. DESTINATAIRE.

LETTRE INFÉRIEURE – V. aussi CARACTÈRE INFÉRIEUR.

LETTRE SUPÉRIEURE – V. aussi CARACTÈRE SUPÉRIEUR.

LETTRINE – Grande capitale initiale, parfois ornée, placée en début de chapitre dans un texte généralement littéraire.

LEXIQUE – 1) Ensemble des mots de la langue. 2) Recueil des termes utilisés par un auteur (ex. : Teilhard de Chardin, Stephen Hawking) ou dans un domaine donné (ex. : biotechnologies). 3) Liste de mots accompagnés de leurs correspondances dans une autre langue. V. aussi GLOSSAIRE.

LIGATURE – Signe graphique formé par deux lettres liées. Ex. : *Ma belle-sœur a fait rédiger son curriculum vitæ par un professionnel.*

LIGNE DE BASE – En imprimerie, ligne imaginaire sur laquelle s'alignent les caractères*.

LISIBILITÉ – 1) Facilité de compréhension d'un texte original ou traduit. *Syn.* : intelligibilité. 2) Paramètre de la révision mesurant le degré de maniement des techniques de rédaction. Ex. : structuration; concision; clarté. V. aussi TRANSPARENCE.

LITTÉRALITÉ – Conformité excessive aux structures de la langue de départ. Ex. : *Learn the easy way* : *Apprenez par la voie facile.*

LOCUTION – Groupe de mots formant une unité linguistique. Ex. : *prendre feu; faire fi de; à l'aide de; Dis donc!*

LOGIQUE – Qualité d'un texte rigoureusement agencé sur les plans sémantique et formel.

LOI DARBELNET – Principe en vertu duquel une fois entrés dans le lexique français, les génériques anglais ont une tendance presque irrésistible à remplacer les spécifiques. Ex. : *opportunité*, calque de *opportunity*, remplaçant par exemple : *occasion, aubaine, bas prix, possibilité, débouché* et *chance*; *supporter* (verbe), de l'anglais *to support*, délogeant souvent les verbes ou locutions verbales comme *encourager* (une équipe, un parti), *aider* (les malheureux), *faire fonctionner* (un logiciel) et *assurer le service* (d'un périphérique informatique). Nota : La notion et le terme sont empruntés à Maurice Pergnier.

MANDAT – Ensemble des demandes explicites ou implicites du donneur d'ouvrage* relativement à la création ou à la traduction d'un texte. Nota : En traduction, le mandat inclut, entre autres, l'information à transmettre, le destinataire*, des recommandations sur le maintien ou le changement de la finalité*, la qualité linguistique attendue, les exigences de mise en pages et l'échéance.

MARGE – V. écart admissible. V. aussi traduction(s) possible(s).

MARQUE – Tout segment de l'énoncé qui sert à identifier une fonction grammaticale ou stylistique. Ex. : Le suffixe -ouille est souvent la marque du niveau familier et celle d'une connotation* péjorative, comme dans *andouille*, *fripouille* et *magouille*. De même -ons est la marque de la première personne du pluriel.

MÉLIORATIF – Se dit d'un mot à connotation* favorable. *Contr.* : péjoratif*.

MESSAGE – Contenu informationnel et formel de l'énoncé*.

MÉTALANGAGE – Langue spécialisée servant à décrire les faits de langue et de langage.

MÉTALINGUISTIQUE (féminin) – « Ensemble des rapports qui unissent les faits sociaux, culturels et psychologiques aux structures linguistiques[3]. » On dit aussi *faits de culture*.

MÉTALINGUISTIQUE – Qui est envisagé du point de vue de la métalinguistique. Ex. : *divergences métalinguistiques*.

MÉTAPHORE – Analogie établie sans lien de comparaison. Ex. : *Ce traducteur est un dictionnaire ambulant; cette réviseure, une encyclopédie vivante.*

MICROCONTEXTE – V. contexte.

MISE EN RELIEF – Insistance sur un des éléments de l'énoncé (intonation ou construction syntaxique). Ex. : ***C'est ici qu'il a vécu. Ça, c'est mon affaire.***

MODE DE NOTATION – V. protocole de révision.

MODULATION – Changement de point de vue entre le texte en LD et le texte en LA. La modulation peut être spontanée ou libre. Ex. : *He nagged me all the time* : *J'étais sans cesse la cible de ses sarcasmes.* Parfois, la modulation est figée et, alors, consignée dans le dictionnaire. Ex. : *slide-rule : règle à calculer.* Nota : Terminologie de Vinay et Darbelnet.

---

[3] Vinay et Darbelnet, *Stylistique comparée du français et de l'anglais*, p. 259.

MOT – 1) Unité de texte entre deux espaces. 2) Élément linguistique appartenant au vocabulaire général. V. aussi TERME.

MOT-À-MOT (masculin) – Traduction dans laquelle est rendu le sens premier* de chacun des mots du TD comme s'ils étaient hors contexte. *Variante* : mot à mot. V. TRADUCTION MOT À MOT. V. aussi TRADUCTION LITTÉRALE.

MOTIVATION – Relation d'identité logique et naturelle établie par le traducteur, le rédacteur ou le réviseur entre un signe et la chose, ou la réalité, qu'il désigne. La motivation est ainsi ce qui transparaît de l'origine d'un mot. Ex. : *fauteuil roulant, cocorico, défaire, gazouillis,* (A) *chain saw,* (A) *pace-maker.*

MOT-OUTIL – Élément du discours* qui indique un rapport entre les éléments de l'énoncé (article, préposition, conjonction...).

MOT-SOSIE – V. FAUX(-)AMI.

MOT-VALISE – Mot formé par la contraction de plusieurs mots. Ex. : *brunch, franglais, stagflation.*

MULTILINGUE – Se dit d'un dictionnaire ou d'un lexique dont chaque entrée est suivie d'équivalents en plusieurs langues. *Syn.* : plurilingue.

NÉOLOGISME – Mot nouveau ou sens nouveau donné à un mot existant. Ex. : *écoguerrier, fracture sociale, créneau* (en publicité), *pharmacie postale.*

NIVEAU DE LANGUE – V. REGISTRE.

NOMENCLATURE – Ensemble des termes techniques appartenant à un secteur spécialisé.

NON-IMBÉCILLITÉ DU LECTEUR – V. INTELLIGENCE DU LECTEUR.

NON-SENS – En rédaction, énoncé dépourvu de sens. Ex. : *Il faudrait au Québec desserrer le frein indépendantiste.* En traduction, énoncé n'ayant aucun rapport avec le sens du texte original. Ex. : *This gives the market a more solid base to support a resumption of the bull market in 2001 : Le marché est assez engagé sur la voie d'une ascension récupérée pour 2001.*

NORMATIF – Se dit des ouvrages ou des avis officiels fixant les règles d'utilisation de la langue. Ex. : dictionnaires, grammaires, avis de normalisation (Québec), arrêtés ministériels en matière de terminologie (France).

NORME LINGUISTIQUE – V. CODE.

NOTATION – Système d'évaluation servant à chiffrer la qualité d'une traduction ou d'une rédaction en fonction du mandat* défini et de divers autres facteurs comme l'expérience du révisé et le rendement de ce dernier par rapport à celui d'un groupe donné.

NOTE – Information complémentaire ou simple référence placée en bas de page ou en fin de chapitre et signalée dans le texte par un appel de note*.

NUANCE – Légère différence de sens ou de tonalité.

OBJECTIVITÉ – 1) Qualité d'une révision qui repose sur des critères vérifiés plutôt que sur les préférences du réviseur. 2) Qualité d'une correction s'appuyant sur une justification* pertinente, incontestable et convaincante.

ŒIL – Partie d'un caractère* qui apparaît à l'impression.

OMISSION – Mot ou passage non repris ou non traduit et dont l'absence entraîne une faute de sens.

OPTION – V. TRADUCTION(S) POSSIBLE(S).

ORTHOGRAPHE – Manière d'écrire un mot par référence à une norme grammaticale. Nota : On appelle *orthographe d'usage* la graphie* des mots indépendamment de leur fonction dans la phrase, et *orthographe d'accord* la graphie correspondant à leur fonction dans la phrase.

PARAMÈTRES DE LA RÉVISION – Critères servant à déterminer le degré de qualité d'un texte original ou traduit et les modifications éventuelles au texte. Ce sont : l'exactitude*, la correction*, la lisibilité*, l'adaptation fonctionnelle* et la rentabilité*. *Syn.* : critères de révision.

PARAPHRASE – 1) Développement explicatif d'un énoncé. 2) Reformulation libre en LA du contenu de tout ou partie du message du TD. 3) *Péjoratif* : Traduction approximative et prolixe.

PAROLE – Exploitation individuelle et concrète des ressources de la langue. V. aussi LANGUE.

PASSAGE – 1) Fragment d'un texte. 2) Opération servant à faire passer en LA le contenu sémantique et stylistique de la LD.

PÉDAGOGIE DE L'ENCOURAGEMENT – Récupération par le réviseur des erreurs de la personne révisée pour amener cette dernière à utiliser ses faiblesses à son profit plutôt que de les considérer comme la marque de son incompétence.

PÉJORATIF – Se dit d'un mot à connotation* défavorable. *Contr.* : mélioratif*.

PERLUÈTE – Nom du caractère « & » (et). Nota : On écrit aussi *perluette, éperluète, esperluette.*

PERTE – Faute de traduction consistant à ne pas faire figurer dans le TA un élément de sens ou un effet stylistique important du texte original.

PERTINENCE – Qualité d'un texte original ou d'une traduction répondant aux besoins des usagers du texte produit.

PLÉONASME – Utilisation inutile de mots de sens identique ou presque identique. Ex. : *monopole exclusif, impondérable difficile à prévoir, soustraire en moins.*

PLURILINGUE – V. MULTILINGUE.

POLYSÉMIE – Caractère d'un signe, d'un mot ou d'un énoncé ayant divers sens partiellement analogues. Ex. : *Lettre* prend, selon le contexte, le sens de *signe alphabétique, caractère d'imprimerie, légende au bas d'une estampe, missive, écrit officiel. Contr.* : monosémie, univocité.

POSTE DE TRAVAIL DU TRADUCTEUR (PTT) – Ensemble des matériels de base, périphériques et logiciels nécessaires à l'exercice de la traduction, par exemple : ordinateur, imprimante, lecteur de CD-ROM (ou cédéroms), unité de sauvegarde, modem, logiciels de traitement de texte, de communication, de vérification, de mise en pages.

POSTÉDITION – En traduction automatique (TA)*, correction humaine de la sortie machine.

POSTPOSITION – 1) Place de la particule après le verbe avec lequel elle forme un syntagme*. Ex. : *to look after, to go up. Par ext.* : Cette particule. 2) Place d'un élément linguistique quelconque après un autre élément. Ex. : Dans *un homme grand*, l'adjectif *grand* est postposé au nom *homme*.

PROPOSITION DE RÉVISION – En pédagogie de la révision, révision faite par l'enseignant sur un texte original ou traduit préalablement travaillé par les étudiants. Nota : La révision suggérée est uniquement considérée comme une des révisions professionnelles possibles. On dit parfois *corrigé*, appellation dont l'inconvénient, toutefois, est de laisser croire que la révision proposée est la seule acceptable.

PROTOCOLE DE RÉVISION – Liste des symboles, avec leur signification, utilisés en révision. *Syn.* : MODE DE NOTATION.

PTT – V. POSTE DE TRAVAIL DU TRADUCTEUR.

PUBLIC CIBLE – V. DESTINATAIRE.

QUALITÉ TOTALE – Contrôle de la qualité portant sur la totalité du texte plutôt que sur un échantillon. Nota : Comme elles portent sur des textes complets, la révision bilingue* et la révision unilingue* sont des opérations de qualité totale.

QUÉBÉCISME – Fait de langue propre au Québec. Ex. : *castonguette, poutine, bleuet* (fruit), (A) *guichet* (*automatic teller*), (A) *metro* (*subway*). V. aussi CANADIANISME.

REDONDANCE – Répétition d'une information ou développement excessif de l'énoncé.

RÉEXPRESSION – V. TRANSFERT.

RÉFÉRENT – Entité, manifestation, objet ou individu appartenant au monde réel, virtuel ou imaginaire, auxquels renvoie un signe linguistique. Nota : La référence, et les référents, n'existent que dans le discours*.

REFORMULATION – V. TRANSFERT.

REGISTRE (DE DISCOURS) – Élément de l'énoncé* qui tient compte de la situation du sujet parlant au moment où il parle, ainsi que de son niveau social et culturel et de ses activités spécialisées. *Syn.* : niveau de langue.

RELECTURE PARALLÈLE – Opération d'assurance de la qualité* surtout pratiquée en traduction littéraire, consistant en une lecture unilingue du texte d'arrivée avec retour à l'original dans les seuls cas de difficultés.

RENDU – Traduction vue dans son rapport avec l'original.

RENFONCEMENT – Action consistant à faire commencer une ligne en retrait par rapport à la justification*. Ex. : *le renfoncement des paragraphes*.

RENTABILITÉ – 1) Caractère d'une révision justifiable économiquement, fonctionnellement ou pédagogiquement. 2) Critère de révision fondé sur ce caractère.

RESTRUCTURATION – Réagencement de la structure d'un énoncé pour le rendre idiomatique.

RETRADUCTION – Reprise de la traduction d'un texte, par décision du réviseur. Nota : 1) Portant sur un texte de qualité inacceptable, elle peut être confiée au traducteur original ou refaite par un autre. 2) Ne pas confondre avec la rétrotraduction* (*back translation*).

RÉTROTRADUCTION – Procédé consistant, à des fins de vérification, à remettre dans la LD un texte déjà traduit.

236

RÉVISION BILINGUE – Étape de l'opération de traduction consistant en l'examen global et attentif d'un texte traduit et de son original pour rétablir, **au besoin**, la conformité de la traduction à des critères méthodologiques et théoriques, linguistiques, textuels et situationnels (dans la nouvelle situation d'énonciation), ces critères ayant été préalablement précisés. En *révision didactique*, les interventions visent un double objectif : l'amélioration du TA et le perfectionnement du révisé. *Syn.* : révision bilingue didactique. Nota : 1) Certains auteurs anglophones réservent *formative revision* à la révision d'entreprise et *didactic revision* à la révision faite dans une salle de cours. 2) La révision bilingue peut aussi être pragmatique, mais cette modalité présente moins d'intérêt dans l'optique de l'apprentissage de la révision. 3) La graphie sans accent, recommandée par l'Académie, est considérée comme archaïque ou peu courante; la même observation s'applique aux termes *réviseur, réviseure* et *réviser*. V. aussi ÉVALUATION (DES TRADUCTIONS), CORRECTION, RÉVISION UNILINGUE.

RÉVISION COLLECTIVE – Révision faisant appel à plusieurs personnes – groupe de rédacteurs ou de traducteurs – auxquelles on peut adjoindre divers collaborateurs (ex. : terminologues, conseillers juridiques, technico-commerciaux, publicitaires, représentants du client).

RÉVISION DIDACTIQUE – Révision unilingue ou bilingue dont la fonction est l'amélioration du texte et le perfectionnement de la personne révisée.

RÉVISION EXCESSIVE – Faute de révision consistant à apporter une correction* là où une amélioration* suffit. Nota : Ne pas confondre avec hyperrévision*.

RÉVISION PÉDAGOGIQUE – Exercice de révision effectué en classe de révision.

RÉVISION PONCTUELLE – Révision demandée librement par le traducteur ou le rédacteur. Nota : C'est celle qui se pratique lorsque le traducteur-rédacteur, devenu autonome, se fait réviser uniquement lorsqu'il en sent le besoin.

RÉVISION PRAGMATIQUE – V. CORRECTION (2).

RÉVISION RÉCIPROQUE – V. INTERRÉVISION.

RÉVISION UNILINGUE – Étape de l'opération de rédaction consistant en l'examen global et attentif d'un texte pour rétablir, **au besoin**, la qualité informative et linguistique de ce texte en vue d'atteindre l'objectif de la communication. Elle peut être pragmatique ou didactique.

SÉMANTIQUE (féminin) – Étude de la signification des mots.

SENS – Idée intelligible que représente un signe ou un ensemble de signes.

SENS FIGURÉ – Résultat du passage d'un mot du sens concret à l'abstrait, de l'animé à l'inanimé. Ex. : le sens de *cheval* dans *monter sur ses grands chevaux* et celui de *queue de pie* dans *porter une queue de pie*. V. aussi SENS PREMIER.

SENS PREMIER – Acception* la plus courante d'un mot ou d'un terme. Ex. : le sens concret de *cheval* et de *queue de pie* dans *monter à cheval* et dans *la queue d'une pie*. *Syn.* : sens primitif. V. aussi SIGNIFICATION.

SERVITUDE – Contrainte imposée par la LA. Ex. : *I was told* : *On m'a dit*; *a brick wall* : *un mur de brique.*

SIGLE – Abréviation* formée de lettres initiales et dont l'ensemble s'épelle lettre par lettre. Ex. : *PME* (petite et moyenne entreprise), *SDF* (sans domicile fixe), *ACV* (accident cérébrovasculaire). Nota : Ne pas confondre avec l'acronyme*.

SIGNE LINGUISTIQUE – Union d'un concept (signifié*) et d'une image acoustique ou visuelle (signifiant*).

SIGNIFIANT – Représentation acoustique ou visuelle du signe linguistique.

SIGNIFICATION – Sens possible d'un mot.

SIGNIFIÉ – Élément de la réalité, concrète ou abstraite, évoqué par le signifiant*.

SITUATION – Éléments non linguistiques entourant la production du discours* à réviser. Ex. : l'auteur de l'original, la date et le lieu d'utilisation du texte révisé, le support de diffusion, les circonstances sociales et politiques entourant la production du texte original ou traduit.

SOLÉCISME – Construction de phrase contraire au bon usage. Ex. : *Je m'inquiète sur son état de santé. Si vous avez besoin d'aide, demandez pour notre conseiller.*

SOUS-RÉVISION – 1) Faute de révision consistant à laisser passer dans le texte révisé des faiblesses, des fautes de langue* ou des fautes de traduction*. 2) Faute de révision consistant à suggérer une amélioration* là où s'impose une correction*.

STRUCTURE – Agencement des unités à l'intérieur d'un énoncé*.

STYLISTIQUE – Étude des faits d'expression du langage, soit à l'intérieur d'une même langue (stylistique interne), soit par comparaison avec une autre langue (stylistique comparée ou externe).

SUGGESTION – V. AMÉLIORATION.

SUPPORT – Moyen matériel ou virtuel utilisé pour transmettre un contenu informatif. Ex. : revue, feuillet, brochure, site Internet, encart, lettre personnalisée.

SURINTERPRÉTATION – 1) Interprétation subjective ou erronée des intentions d'un auteur. 2) Explicitation* abusive (ex. : donner la cause d'un incident plutôt que sa description). Nota : Ne pas confondre avec l'explicitation* ou l'interprétation*. V. aussi GLOSE.

SURQUALITÉ – Degré de qualité d'un texte original ou d'une traduction inutilement supérieur à la qualité attendue par le donneur d'ouvrage*.

SURRÉVISION – Détérioration, par le réviseur, du texte à réviser : ajout d'une faute de langue ou de traduction. V. aussi HYPERRÉVISION, RÉVISION EXCESSIVE.

SURTRADUCTION – Faute de traduction consistant à traduire de façon littérale des éléments de la LD qui constituent une seule unité de sens. Ex. : *No parking at any time : Stationnement interdit (en tout temps). File folder : (chemise à) dossier.*

SYMBOLE – Signe, considéré comme une image, qui, en vertu d'une convention, correspond à une chose ou à une opération. Nota : Le symbole ne doit pas être confondu avec l'abréviation*. Ex. : Le signe ÷ est le symbole de la division, mais non l'abréviation de *division*. De même le signe graphique *QC* ou *Qc* est le symbole de *Québec*, qui ne s'abrège pas. Les symboles sont réservés à des usages techniques (informatique, sciences, tableaux, statistiques).

SYNONYME – Mot ayant approximativement le même sens qu'un autre mot. Ex. : *évanouissement, défaillance, faiblesse, pâmoison.* L'ensemble de ces mots forme une *série synonymique.* V. aussi TERME D'IDENTIFICATION.

SYNTAGME – Groupe d'éléments linguistiques entretenant un rapport essentiel, de subordination, et ayant un sens particulier. Certains syntagmes sont figés (ex. : *pâte à modeler, pomme de terre*); d'autres, ouverts (ex. : *la fin du roman*).

SYNTAXE – Partie de la grammaire traitant de l'arrangement des mots et des phrases.

TA – V. TRADUCTION AUTOMATIQUE.

TAO – V. TRADUCTION ASSISTÉE PAR ORDINATEUR.

TAUTOLOGIE – Répétition inutile d'une même idée. Ex. : *Voilà une phrase incompréhensible; je ne la comprends pas.*

TAUX DE FOISONNEMENT – V. FOISONNEMENT.

TECHNICITÉ – Teneur technique d'un terme ou d'un texte.

TECHNIQUES DE RÉDACTION – Ensemble des procédés régissant l'écriture d'un texte correct et efficace.

TECHNOLECTE – Moyens d'expression, langage propres à une profession.

TERME – Élément linguistique appartenant à une langue de spécialité. V. aussi MOT, TERMINOLOGIE.

TERME D'IDENTIFICATION – Terme neutre qui sert à identifier une série synonymique. Ex. : *désordre* (terme d'identification) – *pagaille, bazar, fourbi, chantier, capharnaüm, fouillis, gâchis, fatras, gabegie, bric-à-brac.* V. aussi CHAMP SYNONYMIQUE, SYNONYME.

TERMINOLOGIE – 1) Ensemble des termes et autres moyens d'expression propres à un domaine spécialisé de l'activité humaine. 2) Étude systématique des termes et des phraséologismes servant à dénommer des classes d'objets ou des concepts. V. aussi MOT, TERME.

TEXTE – Écrit constitué d'énoncés formant un tout cohérent dans le but de communiquer un contenu précis, à un destinataire bien identifié, dans une situation particulière.

TEXTE D'ARRIVÉE – Écrit résultant de la traduction. *Abrév. cour.* : TA. Nota : En traductique, TA est l'abréviation de *traduction automatique.*

TEXTE DE DÉPART– Écrit à traduire. *Abrév. cour.* : TD.

TEXTE(S) PARALLÈLE(S) – En traduction, textes de la LA indépendants du texte à traduire, mais traitant du même sujet, à la même époque, pour un public similaire et dans des publications de niveaux semblables. En rédaction, on dit *documentation.*

TEXTE RÉVISABLE – Texte rédigé ou traduit dont la révision est rentable, c'est-à-dire qu'elle prend moins de temps ou donne d'aussi bons résultats qualitatifs que la retraduction ou la réécriture complète. V. aussi RENTABILITÉ.

TILDE (masculin) – Signe en forme de S étiré couché (~), utilisé dans certains emprunts (cañon) et dans les adresses de sites Web.

TONALITÉ – Impression générale produite par l'ensemble d'un texte et reflétant l'attitude de l'auteur face à la situation en cause ou à l'idéologie traitée. Elle est reliée à la finalité*. Nota : La tonalité utilise toutes les ressources de la langue : lexicales, syntaxiques, rhétoriques. La tonalité peut être neutre, objective, ironique, polémique. V. aussi FINALITÉ, ADAPTATION FONCTIONNELLE.

TRADUCTION – 1) Opération consistant à établir des équivalences de discours entre deux textes de langues différentes et visant la restitution du sens et de l'intention du texte ou discours original, par le recours à des moyens d'expression différents. 2) Résultat de cette opération.

TRADUCTION ASSISTÉE PAR ORDINATEUR (TAO) – Traduction humaine mettant à contribution divers matériels et logiciels informatiques dont l'ensemble constitue le poste de travail du traducteur ou PTT*.

TRADUCTION AUTOMATIQUE (TA) – Traduction entièrement effectuée par la machine. *Syn.* : traduction entièrement automatique (TEA).

TRADUCTION INTERLINÉAIRE – Traduction où chaque ligne de texte est accompagnée de sa traduction, dans l'interligne.

TRADUCTION IRRÉVERSIBLE – Expression résultant d'une mauvaise traduction, mais qu'on doit utiliser telle quelle en raison de son insertion dans les habitudes langagières des locuteurs. Ex. : *missile de croisière* (pour *missile Cruise*); *secrétariat d'État* (pour *ministère de l'Intérieur*); *sobriété* (au sens d'*abstinence d'alcool*, chez les Alcooliques Anonymes).

TRADUCTION JUXTALINÉAIRE – Traduction présentée en regard de l'original, ligne par ligne.

TRADUCTION LITTÉRALE – Procédé de traduction consistant à rendre le sens premier* de tous les mots comme s'ils étaient hors contexte, tout en respectant les structures de la langue d'arrivée. V. aussi TRADUCTION MOT À MOT.

TRADUCTION MOT À MOT – Traduction du sens premier* de tous les mots d'un texte et calquant les structures de la LD pour les mettre en évidence. Nota : L'expression a souvent une connotation péjorative. *Syn.* : mot-à-mot. V. aussi TRADUCTION LITTÉRALE.

TRADUCTION(S) POSSIBLE(S) – Choix entre diverses formulations conformes à la norme de la LA et fidèles au sens du texte original. *Syn.* : option, variante.

TRANSCODAGE – 1) Changement de code linguistique. 2) Selon l'École de Paris, opération consistant à établir des correspondances de langue à langue portant sur des significations* plutôt que sur des sens* en discours. Nota : Dans cette dernière acception, *transcodage* englobe la traduction littérale* et le mot-à-mot*.

TRANSFERT – Étape du processus de traduction consistant à reformuler en LA le message porté par l'énoncé de la LD. *Syn.* : reformulation, réexpression.

TRANSPARENCE – Qualité d'une traduction qui se lit comme un original. V. aussi LISIBILITÉ.

TRANSPOSITION – Passage d'un segment d'énoncé d'une catégorie grammaticale à une autre, sans changement de sens. Ex. : *dès son retour : as soon as he returns*.

USAGE – Ensemble des conventions linguistiques observées par la majorité des usagers d'une langue ou d'un idiome à une époque donnée. V. aussi CODE.

VALIDATION – Accord confirmé du donneur d'ouvrage avec le texte rédigé ou traduit qu'on lui a livré.

VARIANTE – V. TRADUCTION(S) POSSIBLE(S).

VARIANTE ORTHOGRAPHIQUE – Forme d'expression ou graphie* différente d'une autre n'impliquant pas de changement de sens. Ex. : *mot clé/mot-clef*.

VARIANTE STYLISTIQUE – Forme d'expression différente d'une même réalité. Ex. : *N'oubliez pas que... / Je me permets de vous rappeler que... / Mettez-vous bien entre les deux oreilles que... / Mettez-vous dans le coco que...*

VÉRIFICATEUR – Logiciel grammatical et orthographique intégrable au poste de travail du traducteur* et ayant pour fonction de signaler certaines erreurs à l'utilisateur et, parfois, de proposer des solutions ou encore de suggérer la consultation des règles en cause. On trouve surtout des logiciels de types *vérificateur orthographique*, *vérificateur grammatical* et *détecteur d'anglicismes*.

VÉRIFICATION FORMELLE – Lecture minutieuse d'une traduction (TA) pour s'assurer de l'absence de toute omission (ex. : titre, nom de l'auteur, phrases, paragraphes ou pages, appels de note ou notes de fin de document) et vérifier la conformité au code linguistique, l'unité du style employé et l'uniformité terminologique. Nota : S'applique aussi à la révision unilingue.

VERSION – 1) Exercice pédagogique de traduction dans le but de contrôler l'acquisition des connaissances linguistiques, dans l'apprentissage d'une langue seconde. Nota : Ne pas confondre avec l'exercice de traduction qui vérifie essentiellement le savoir-faire, les langues étant présumées acquises. 2) Chaque étape par laquelle passe un texte remanié.

VISÉE – But précis de l'auteur de l'original pouvant être objectivement saisi, par rapport à l'ensemble du texte considéré comme un tout. Ex. : Faire connaître aux tout-petits le phénomène de la formation des nuages. V. aussi FINALITÉ.

VOCABULAIRE – 1) Ensemble des mots utilisés par une personne ou par un groupe social ou professionnel. 2) Liste des termes définis appartenant à un secteur spécialisé de l'activité humaine. V. aussi GLOSSAIRE, TECHNOLECTE, TERMINOLOGIE.

VOULOIR-DIRE – Intention (préverbale) de communiquer de la part de l'auteur du texte à traduire ou à produire. Nota : Le vouloir-dire n'est pas toujours évident chez le signataire du texte à réviser ni dans l'original à traduire. Le mensonge dit « pieux » présente un cas particulièrement difficile de saisie objective du vouloir-dire. Il en va de même des textes à traduire mal rédigés.

ZEUGME – Suppression de mots qu'il n'est pas nécessaire de répéter dans une série d'énoncés de même structure. Ex. : *L'un avait étudié à Montréal, l'autre à Québec et le troisième à Ottawa.*

ZEUGME FAUTIF – Coordination incorrecte d'un complément (ou d'un régime) commun à plusieurs verbes (ou prépositions) de construction différente. Ex. : *pour aller et revenir de l'hôpital; à cause ou grâce aux circonstances.*

ANNEXE C

BIBLIOGRAPHIE

La bibliographie comprend des ouvrages généraux et des articles spécialisés. Le contenu des premiers devrait faire partie du bagage culturel des réviseurs et les seconds traitent de la pratique de la révision ou sont une réflexion sur cette pratique. Nous y proposons aussi des outils essentiels en révision. Pour les domaines de spécialité, nous avons retenu des titres relatifs aux sujets techniques ou scientifiques les plus souvent traités dans les textes dits pragmatiques. Les réviseurs travaillant dans des domaines non couverts par la bibliographie consulteront donc avec profit les sources spécialisées, comme les bases de données et les bibliographies sélectives électroniques ou imprimées. En matière de terminologie, on consultera aussi les lexiques et vocabulaires du Bureau de la traduction (gouvernement du Canada), y compris la base *TERMIUM*, et ceux de l'Office de la langue française (gouvernement du Québec), sans oublier le *Grand dictionnaire terminologique* sur CD-ROM.

1 RÉVISION

1.1 DÉMARCHES ÉVALUATIVES

BERMAN, Antoine, *Pour une critique des traductions : John Donne*, Paris, Gallimard, 1995.

BRISSON, Hélène, « L'évaluation, un second regard », *L'Actualité terminologique,* vol. 25, n⁰ 1, 1992, p. 9-12.

BUREAU DES TRADUCTIONS, *Guide du réviseur*, Ottawa, Direction des services linguistiques, 1985.

CESTAC, Françoise, « The recruitment of translators/précis-writers at the United Nations and quality control of translations », Marilyn Gaddis ROSE (ed.), *Translation Excellence: Assessment, Achievement, Maintenance*, Binghamton, University Center at Binghamton (SUNY), « American Translators Association Scholarly Monograph Series », I, 1987, p. 77-86.

CHESTERMAN, Andrew, « From 'Is' to 'Ought': Laws, norms and strategies in translation studies », *Target*, vol. 5, n° 1, 1993, p. 1-10.

COTTON, Mary, « Teaching translation criticism », *Babel*, vol. XXXI, n° 2, 1985, p. 96.

COVACS, Alexandre, *Le système canadien d'appréciation de la qualité linguistique (SICAL)*, Ottawa, Bureau des traductions, Division de la qualité linguistique (DICAL), 1978.

FAN, Shouyi, « Statistical method of translation quality assessment », *Target*, vol. 2, n° 1, 1990, p. 43.

GILE, Daniel, « A communication-oriented analysis of quality in nonliterary translation and interpretation », Mildred L. LARSON (ed.), *Translation: Theory and Practice, Tension and Interdependence*, Philadelphia, John Benjamins, « American Translators Association Scholarly Monograph Series », V, 1991, p. 188-200.

GOUADEC, Daniel, *Assurance qualité en traduction : perspectives professionnelles; implications pédagogiques*, Université de Rennes 2, 1995. [Inédit. Document distribué à l'Université d'automne 1995].

GOUADEC, Daniel, *Système d'évaluation positive des traductions (SEPT)*, Bureau des traductions, Secrétariat d'État, gouvernement du Canada [s.d.].

HARRIS, Brian, « Notation and index for informative congruence in translation », *Meta*, vol. 20, n° 3, 1975, p. 184-193.

HOUSE, Juliane, « A model for assessing translation quality », *Meta*, vol. 22, n° 2, 1977, p. 103-109.

HOUSE, Juliane, *A Model for Translation Quality Assessment*, 2nd edition, Tübingen, Gunter Narr, 1981.

KUPSCH-LOSEREIT, Sigrid, « The problem of translation error evaluation », Christopher TITFORD and Adolf E. HIEKE (eds), *Translation in Foreign Language Teaching and Testing*, Tübingen, Gunter Narr, 1985, p. 169-179.

LAROSE, Robert, « Méthodologie de l'évaluation des traductions », *Meta*, vol. 43, n° 2, 1998, p. 163-186.

MASON, Ian, « A text linguistic approach to translation assessment », *Translation in the Modern Languages Degree*. Proceedings of a conference held at Heriot-Watt University, Edinburgh, 5-7 January 1986, London, Centre for Information on Language Teaching and Research, 1987, p. 79-87.

McKENZIE, Mark, « DIN 2345: Translation projects – A German initiative », *Circuit*, Montréal, Ordre des traducteurs et interprètes agréés du Québec, n° 58, hiver 1997-1998, p. 7.

PICKEN, Catriona (ed.), *Quality-assurance, Management & Control*. Proceedings of the Seventh Annual Conference of the Institute of Translation and Interpreting, Nottingham, 27-30 April 1994, London, ITI Publications, 1994.

REIß, Katharina, « Text typology and the quality of translation », BAAL Seminar of Translation, Exeter (UK), 1976 [s.p.].

REIß, Katharina, « Text types, translation types, and translation assessment », Andrew CHESTERMAN (ed.), *Readings in Translation Theory*, Helsinki, Oy Finn Lectura, 1989, p. 105-115 (taken from *Lebende Sprachen 1977*, p. 97-100, by permission of Langenscheidt, Munich).

ROLAND, Jacques, « L'assurance de la qualité », *La traduction au Canada. Les acquis et les défis*, Ottawa, CTIC, 1990, p. 315-324.

SAGER, Juan C., « Quality and standards – the evaluation of translations », Catriona PICKEN (ed.), *The Translator's Handbook*, London, ASLIB, 1989, p. 91-102.

SCHWAB, Wallace, « Applying ISO to professional language services », *Circuit*, Montréal, Ordre des traducteurs et interprètes agréés du Québec, n° 58, hiver 1997-1998, p. 8-9.

SPILKA, Irène V., « Analyse de traduction », Arlette THOMAS et Jacques FLAMAND (dir.), *La traduction : l'universitaire et le praticien*, Ottawa, Éditions de l'Université d'Ottawa, 1984, p. 72-81.

Traduire, n° 153, numéro spécial [contenant les] *Actes du Colloque sur l'assurance qualité,* Paris, Société française des traducteurs et Unesco, juin 1992.

VAN HOOF, Henri, « Recherche d'un modèle d'analyse en traduction », *Meta,* vol. 16, n° 1-2, 1971, p. 83-94.

WILLIAMS, Malcolm, « The assessment of professional translation quality: Creating credibility out of chaos », *TTR*, vol. 2, n° 2, 1989, p. 13-33.

1.2 PRATIQUE DE LA RÉVISION

ARTHERN, Peter J., « Judging the quality of revision », *Lebende Sprachen*, vol. 28, n° 2, 1983, p. 53-57.

ARTHERN, Peter J., « Four eyes are better than two », Catriona PICKEN (ed.), *Translating and the Computer 8: A Profession on the Move*. Proceedings of a conference jointly sponsored by Aslib, the Association for Information Management, the Aslib Technical Translation Group, the Institute of Translation and Interpreting, London, ASLIB, 1987, p. 14-26.

CORBELLARI, Michel, « Contresens, inexactitudes et maladresses dans les traductions littéraires », *Hieronymus*, n° 1, 1997, p. 13-18.

DOUMA, Félix J., « Revising a translation: A practical problem in literary criticism », *Meta*, vol. 17, n° 2, 1972, p. 94-101.

GRAHAM, John D., « Checking, revision and editing », Catriona PICKEN (ed.), *The Translator's Handbook*, London, ASLIB, 1989, p. 59-70.

HORGUELIN, Paul A., *Structure et style*, Montréal, Linguatech, 1985.

HOSINGTON, Brenda et Paul A. HORGUELIN, *A Practical Guide to Bilingual Revision*, Brossard (Québec), Linguatech, 1980.

LAVOIE, Jean-Jacques, « Portrait type du réviseur en 1990 », *La traduction au Canada. Les acquis et les défis,* Ottawa, CTIC, 1990, p. 123-130.

LÖFFLER-LAURIAN, Anne-Marie, « Post-édition rapide et post-édition conventionnelle : Deux modalités d'une activité spécifique II », *Multilingua*, vol. 5, n° 4, 1986, p. 225-229.

MANUSCO, J. C., *Technical Editing*, Englewood Cliffs (NJ), Prentice Hall, 1992.

MOSSOP, Brian, « A procedure for self-revision », *L'Actualité terminologique*, vol. 4, n° 3, 1982, p. 6-9.

NORCROSS, Eda L., « Workshop for revisors: Challenges for revisors of technical German-English translations », *Languages at Crossroads*. Proceedings of ATA 29th Annual Conference, Medford (NJ), Learned Information Inc., 1988, p. 167-174.

OUELLET SIMARD, Josée, « Le spectre du réviseur : mythes et réalités », *Circuit*, Montréal, Société des traducteurs du Québec, n° 5, 1984, p. 3-10.

PERGNIER, Maurice, « Comment dénaturer une traduction », *Meta*, vol. 35, n° 1, 1990, p. 219-225.

PERMENTIERS, Jacques, Erik SPRINGAEL et Franco TROIANO, *Traduction, adaptation & editing multilingue : Mode d'emploi des services linguistiques et mutimédias*, Bruxelles, Telos Communication Group Editions, 1994.

PFALZGRAF, Marie, « Histoires de réviseurs », *Circuit*, n° 31, 1990, p. 9-10.

ROBERT, Suzanne et Jean-Pierre LEROUX, « Les taupes de l'édition. Le métier de réviseur-correcteur-linguistique-de-manuscrits », *Liberté*, n° 162, 1985, p. 2-16.

SEDON-STRUTT, Hugh, « The revision of translation work », *Language International*, vol. 2, n° 3, 1990, p. 28-30.

SIMPKIN, Richard E., « Translation specifications », *The Translator's Handbook*, London, ASLIB, 1983, p. 129-139.

VAN SLYPE, Georges *et al., Mieux traduire pour mieux communiquer : Étude prospective du marché de la traduction préparée pour la Commission des communautés européennes, Direction générale Marché de l'information et innovation*, Luxembourg, Infotecture pour la Commission des communautés européennes, 1981, 174 p.

1.2.1 PRATIQUE DE LA RÉVISION ET TAO

CLAS, André et Safar HAYSSAM (dir.), *L'environnement traductionnel. La station de travail du traducteur de l'an 2001*. Deuxièmes Journées scientifiques du Réseau thématique de recherche « Lexicologie, terminologie, traduction » – Mons (Belgique), 25-27 avril 1991 –, Sillery (Québec), Presses de l'Université du Québec, 1992.

VASCONCELLOS, Muriel, « A comparison of MT postediting and traditional revision », Karl KUMMER (ed.), *Proceedings of the 28th Annual Conference of the American Translators Association*, Medford (NJ), Learned Information, 1987, p. 409-416.

1.3 PÉDAGOGIE DE LA RÉVISION

BRUNETTE, Louise, « La finalité-fidélité comme nouveau paramètre en révision bilingue; une approche pédagogique », Fatima Z. BELYAZID *et al* (dir.), *Actes des Huitièmes Journées de linguistique (1994)*, Québec, Centre international de recherche en aménagement linguistique, publication B-197, 1994, p. 31-35.

BRUNETTE, Louise, « Pour une didactique renouvelée de la révision anglais-français en situation de bilinguisme », Communication présentée au 7ᵉ Congrès annuel de l'Association canadienne de traductologie, Calgary (Canada), 1994 [Inédit].

BRUNETTE, Louise, « Le rôle de la logique du TA en didactique de la révision », Julie AUDETTE *et al.* (dir.), *Actes des Neuvièmes Journées de linguistique (1995)*, Québec, Centre international de recherche en aménagement linguistique, publication B-201, 1995, p. 21-25.

BRUNETTE, Louise, *Contribution à la pédagogie de la révision anglais-français en pays bilingue : le cas du Canada*, Villeneuve d'Arcq, Éditions du Septentrion, « Thèses à la carte », 1997.

DIEGUEZ, M.I. et M.I. MIZON, « Self-correction in translation courses: A methodological tool », *Meta*, vol. 41, nᵒ 1, 1996, p. 75-83.

GILE, Daniel, « Les fautes de traduction : une analyse pédagogique », *Meta*, vol. 37, nᵒ 2, 1992, p. 251-262.

HORGUELIN, Paul A., « La révision didactique », *Meta,* vol. 33, nᵒ 2, 1988, p. 253-257.

KLAUDY, Klinga, « Quality assessment in school vs professional translation », Cay DOLLERUP and Vikke APPLE (eds), *Language International Conference (Helsingdør, Denmark) Teaching Translation and Interpreting 3: New Horizons.* Papers from the Third Language International Conference, Elsinore, Denmark, 9-11 June 1995, Philadelphia, John Benjamins Publishing, « Benjamins translation library », vol. 16, 1996, p. 197-204.

MANNING, Alan, « L'évaluation des traductions peut-elle être pédagogique? », Communication présentée au 7ᵉ Congrès annuel de l'Association canadienne de traductologie, Calgary (Canada), 1994 [Inédit].

MOSSOP, Brian, « Goals of a revision course », Cay DOLLERUP and Anne LODDEGAARD (eds), *Teaching Translation and Interpreting: Training, Talent, and Experience*, « Papers from the First Language International Conference, Elsinore, Denmark, 31 May - 2 June 1991 », Philadelphia, John Benjamins, 1992, p. 81-90.

PAYNE, Jerry, « Revision as a teaching method in translating courses », *Translation in the Modern Languages Degree.* Proceedings of a conference held at Heriot-Watt University, Edinburgh, 5-7 January 1986, London, Centre for Information on Language Teaching and Research, 1987, p. 43-51.

TAZIR, Joan, « Training of revisors for an in-house translation service », Catriona PICKEN (ed.), *The Business of Translation and Interpreting*. Proceedings of the first Annual Conference of the Institute of Translation and Interpreting (London, 1-2 May, 1987), London, ASLIB, 1987, p. 63-66.

THAON, Brenda, « The role of a revision course in a translation program », Arlette THOMAS et Jacques FLAMAND (dir.), *La traduction : l'universitaire et le praticien*, Ottawa, Éditions de l'Université d'Ottawa, 1984, p. 297-301.

VINAY, Jean-Paul, « Enseignement de la traduction : plaidoyer en faveur d'un code de correction », Harold SOMMERS (ed.), *Terminology, LSP and Translation: Studies in Language Engineering in Honour of Juan C. Sager*, Philadelphia, John Benjamins Publishing, 1996, p. 143-159.

1.4 JALONS HISTORIQUES

BALLARD, Michel, *De Cicéron à Benjamin : Traducteurs, traductions, réflexions*, Lille, Presses Universitaires de Lille, 1992.

HORGUELIN, Paul A., *Anthologie de la manière de traduire. Domaine français*, Brossard (Québec), Linguatech, 1981.

SALAMA-CARR, Myriam, *La traduction à l'époque abbasside. L'école de Hunayn Ibn Ishaq et son importance pour la traduction*, Paris, Didier Érudition, « Traductologie », n° 6, 1990.

SALAMA-CARR, Myriam, « L'évaluation des traductions vers l'arabe chez les traducteurs du moyen âge », *TTR*, vol. 6, n° 1, 1993, p. 15-25.

VAN HOOF, Henri, *Histoire de la traduction en Occident : France, Grande-Bretagne, Allemagne, Russie, Pays-Bas*, Paris/Louvain-la-Neuve, Duculot, 1991.

2 LANGUE ET LINGUISTIQUE

2.1 OUVRAGES GÉNÉRAUX

BUISSERET, Irène de, *Deux langues, six idiomes*, Ottawa, Carlton-Green Publishing Co., 1975. (Réimpression, 1989.)

CAJOLET-LAGANIÈRE, Hélène, Pierre COLLINGE et Gérard LAGANIÈRE, *Rédaction technique et administrative*, 2e éd. revue et augm., Sherbrooke (Québec), Éditions Laganière, 1986.

CANADA. BUREAU DE LA TRADUCTION, *Le guide du rédacteur*, [Autrefois : *Guide du rédacteur dans l'administration fédérale*], nouv. éd. revue et augm., Ottawa, Ministre des Travaux publics et Services gouvernementaux Canada, 1996.

CLAS, André et Paul A. HORGUELIN, *Le français, langue des affaires*, 3ᵉ éd., Montréal, McGraw-Hill, 1991.

DUBUC, Robert, *Une grammaire pour écrire : essai de grammaire stylistique*, Brossard (Québec), Linguatech, 1996.

GUILLOTON, Noëlle et Hélène CAJOLET-LAGANIÈRE, *Le français au bureau*, 4ᵉ éd., Sainte-Foy, Les Publications du Québec, « Guides de l'Office de la langue française », 1996.

HENRY, Georges, *Comment mesurer la lisibilité?*, 2ᵉ éd., Bruxelles, Éditions Labor, 1987.

HORGUELIN, Paul A. (dir.), *La traduction, une profession. Actes du VIIIᵉ Congrès mondial de la Fédération internationale des traducteurs, Montréal, 1977*, Ottawa, Conseil des traducteurs et interprètes du Canada, 1978.

PERGNIER, Maurice, « Le triangle linguistique », *Le français moderne*, vol. 48, nᵒ 4, 1980, p. 327-335.

PERGNIER, Maurice, *Les anglicismes, danger ou enrichissement pour la langue française?*, Paris, PUF, « Linguistique nouvelle », 1989.

RICHAUDEAU, François (dir.), *Recherches actuelles sur la lisibilité*, Paris, Retz, « Actualité des sciences humaines », 1984.

RICHAUDEAU, François, *Écrire avec efficacité*, Paris, Albin Michel, 1992.

SAINDERICHIN, Sven, *Écrire pour être lu*, Paris, Entreprise moderne d'édition, 1975.

YAGUELLO, Marina, *Catalogue des idées reçues sur la langue*, Paris, Seuil, 1988.

2.2 NORME

BÉDARD, Édith et Jacques MAURAIS (dir.), *La norme linguistique*, Québec/Paris, Conseil de la langue française/Le Robert, 1983.

CAJOLET-LAGANIÈRE, Hélène et Pierre MARTEL, *La qualité de la langue au Québec*, Québec, Institut québécois de recherche sur la culture, « Diagnostic », nᵒ 18, 1995.

LABROSSE, Céline, *Pour une grammaire non sexiste*, Montréal, Les Éditions du remue-ménage, 1996.

OFFICE DE LA LANGUE FRANÇAISE, *Énoncé d'une politique linguistique relative aux québécismes*, Québec, OLF, 1985.

2.3 DIFFICULTÉS DE LA LANGUE

BERTHIER, Pierre-Valentin et Pierre COLIGNON, *Lexique du français pratique*, Paris, Solar, 1981.

BESCHERELLE, *L'art de conjuguer. Dictionnaire de 12 000 verbes*, LaSalle (Québec), Éditions Hurtubise HMH, 1991.

CANADA. SECRÉTARIAT D'ÉTAT. BUREAU DES TRADUCTIONS, *Vade-mecum linguistique*, Ottawa, Ministre des Approvisionnements et Services Canada, 1987.

COLIN, Jean, *Dictionnaire des difficultés du français*, Paris, Le Robert, 1993.

DAGENAIS, Gérard, *Dictionnaire des difficultés de la langue française au Canada*, Boucherville (Québec), Les Éditions françaises, 1990.

DARBELNET, Jean, *Dictionnaire des particularités de l'usage*, Sillery (Québec), Presses de l'Université du Québec, 1986.

DOPPAGNE, Albert, *Majuscules, abréviations, symboles et sigles. Pour une toilette parfaite du texte*, Paris, Duculot, « L'esprit des mots », 1991.

DOURNON, Jean-Yves, *Dictionnaire pratique d'orthographe et des difficultés du français*, éd. ent. revue, Paris, « Le Livre de Poche », 1982.

DUMAIS, Hélène, *Pour un genre à part entière. Guide pour la rédaction de textes non sexistes*, Québec, ministère de l'Éducation, 1988.

FOREST, Constance et Louis FOREST, *Le Colpron. Le nouveau dictionnaire des anglicismes*, Laval (Québec), Beauchemin, 1994.

GAUDET, Rollande (réd.), *Guide de la rédaction non sexiste. Pour un accord en tout genre*, Montréal, Hydro-Québec, 1991.

GIRODET, Jean, *Pièges et difficultés de la langue française*, Paris, Bordas, « Les référents Bordas », 1994.

GREVISSE, Maurice, *Quelle préposition?*, 3ᵉ éd., Paris/Louvain-la-Neuve, Duculot, « L'esprit des mots », 1992©1983.

GREVISSE, Maurice, *Le bon usage : grammaire française*, 13ᵉ éd. refondue par André GOOSE, Paris/Louvain-la-Neuve, Duculot, 1993.

HANSE, Joseph, *Nouveau dictionnaire des difficultés du français moderne*, 3ᵉ éd. avec la collaboration de Daniel BLAMPAIN, Louvain-la-Neuve, De Boeck/Duculot, 1994.

LASSERRE, E., *Est-ce à ou de? I. Répertoire des verbes, adjectifs et locutions se construisant avec une préposition*, 14ᵉ éd., Lausanne, Payot, 1980.

MARTIN, Jean-Claude, *Guide pratique de français correct*, Montréal, Éditions Études vivantes, 1990.

NIEDZWIECKI, Patricia, *Au féminin!, code de féminisation à l'usage de la francophonie*, Paris, Nizet, 1994.

OFFICE DE LA LANGUE FRANÇAISE, *Bien écrire son français*, Outremont (Québec), Éd. Québécor, 1994.

OFFICE DE LA LANGUE FRANÇAISE, *Guide concernant la féminisation des titres et des fonctions*, Québec, Les Publications du Québec, 1994.

PATAR, Benoît, *Dictionnaire actuel de l'art d'écrire*, Montréal, Fides, 1995.

RÉZEAU, Pierre, *Petit dictionnaire de chiffres en toutes lettres*, Paris, Seuil, 1993.

SAUVAGE, Claude, *Le français au fil du temps et des mots*, Montréal, Éditions Études vivantes, 1990.

THOMAS, Adolphe V., *Dictionnaire des difficultés de la langue française*, nouv. éd. revue et corr., Paris, Larousse, 1981.

VAN ROEY, Jacques, Sylviane GRANGER et Helen SWALLOW, *Dictionnaire de faux amis français-anglais*, 2ᵉ éd., Paris, Duculot, 1991.

VILLERS, Marie-Éva de, *Multidictionnaire de la langue française*, 3ᵉ éd., Montréal, Québec/Amérique, 1997.

2.4 PONCTUATION, ÉDITION ET TYPOGRAPHIE

Abrégé du code typographique à l'usage de la presse, 5ᵉ éd. revue et corr., Paris, Éditions du Centre de formation et de perfectionnement des journalistes (CFPJ), 1997.

COLIGNON, Jean-Pierre, *Un point, c'est tout! La ponctuation efficace*, Montréal, Boréal, 1993.

DIONNE, Pierrette, *Guide pour la rédaction et la révision linguistique des rapports annuels et administratifs*, Québec, Les Publications du Québec, 1990.

DOPPAGNE, Albert, *La bonne ponctuation. Clarté, précision, efficacité de vos phrases*, Paris, Éditions du Renouveau pédagogique, « L'esprit des mots », 1984.

DRILLON, Jacques, *Traité de la ponctuation française,* Paris, Gallimard, « Tel », 1991.

HUOT, Gilles, *Guide à l'intention des correcteurs-réviseurs, lecteurs d'épreuves, rédacteurs et traducteurs*, Toronto, ministère de l'Éducation [de l'Ontario], Direction des Communications, 1989.

IMPRIMERIE NATIONALE, *Lexique des règles typographiques en usage à l'Imprimerie nationale*, 3e éd., Paris, Imprimerie nationale, 1993.

LAUFER, Roger, *Introduction à la textologie : vérification, établissement, édition des textes*, Paris, Larousse, « L », 1972.

LE CROSNIER, Hervé, *L'édition électronique : publication assistée par ordinateur, information en ligne, médias optiques*, Paris, Cercle de la librairie, 1988.

RAMAT, Aurel, *Le Ramat de la typographie*, 3e éd., Saint-Lambert (Québec), Aurel Ramat, éditeur, 1997.

RICHAUDEAU, François, *Manuel de typographie et de mise en page*, Paris, Retz, 1989.

STATISTIQUE CANADA, *La division des mots en français*, Ottawa, Approvisionnement et Services Canada, 1978.

3 DICTIONNAIRES, ENCYCLOPÉDIES ET RÉPERTOIRES

3.1 DICTIONNAIRES

3.1.1 DICTIONNAIRES GÉNÉRAUX

American Heritage Dictionary, Boston, Houghton Mifflin, 1992 [Existe aussi en versions électroniques Windows et Macintosh].

Dictionnaire québécois d'aujourd'hui, nouv. éd., Montréal, Dicorobert, 1993.

Grand Larousse universel, dernière éd. revue et corr., Paris, Larousse, « Grand dictionnaire encyclopédique Larousse », 1989, 15 vol. [+ Supplément (1992)].

Harrap's Shorter. Dictionnaire Anglais-français/Français-anglais, Version PC, [CD-ROM], Paris, LiRisinteractive, 1998.

IMBS, Paul, *Trésor de la langue française*, Paris, Éditions du C.N.R.S., 1971-1994, 16 vol.

Petit Larousse illustré 1998, éd. ent. nouv., Paris, Larousse, 1997.

Petit Robert : dictionnaire de la langue française, [CD-ROM], Paris, LiRisinteractive, 1996.

Robert électronique, version Windows, [CD-ROM], Paris, Le Robert, 1991.

ROBERT, Paul, *Dictionnaire alphabétique et analogique de la langue française*, 2e éd., revue et enrichie par Alain Rey, Paris, Le Robert, 1986, 9 vol.

ROBERT, Paul, *Le Nouveau Petit Robert. Dictionnaire alphabétique et analogique de la langue française*, nouv. éd. remaniée et amplifiée, Paris, Le Robert, 1993.

ROBERT, Paul, *Le Petit Robert. Dictionnaire de la langue française – Version électronique du Nouveau Petit Robert* sous la direction de Josette Rey-Debove et d'Alain Rey, Paris, Le Robert, 1993.

ROBERT, Paul, *Le Petit Robert 2. Dictionnaire universel des noms propres, alphabétique et analogique*, nouv. éd. revue, corr. et mise à jour, Paris, Le Robert, 1994.

3.1.2 DICTIONNAIRES SPÉCIALISÉS DE LA LANGUE

BÉNAC, Henri, *Dictionnaire des synonymes*, Paris, Hachette, 1992.

BERTAUD DU CHAZAUD, Henri, *Dictionnaire des synonymes*, Paris, Le Robert, 1989.

BOUSSINOT, Roger, *Dictionnaire Bordas des synonymes, analogies, antonymes*, Paris, Bordas, 1988.

CAPELOVICI, Jacques, *Le français sans fautes. Répertoire des fautes les plus courantes de la langue écrite et parlée*, Paris, Acropole, 1990.

CRAIG, Doris, *Catch Phrases, Clichés and Idioms: A Dictionary of Familiar Expressions*, Jefferson (NC), McFarland & Co, 1990.

DES RUISSEAUX, Pierre, *Dictionnaire des expressions québécoises*, nouv. éd. revue et largement augm., Montréal, Bibliothèque québécoise, 1990.

DUBÉ, Jacques, *Lexique analogique*, éd. ent. revue et enrichie, [Ottawa], Travaux publics et services gouvernementaux Canada, Bureau de la traduction, 1997.

GENOUVRIER, Émile, Claude DÉSIRAT et Tristan HORDÉ, *Nouveau dictionnaire des synonymes*, [Éd. revue et corr.], Paris, Larousse, 1994.

KIRKPATRICK, Elisabeth McLaren, *Clichés: Over 1500 Phrases Explored and Explained*, New York, St. Martin's Press, 1997.

LAFLEUR, Bruno, *Dictionnaire des locutions idiomatiques françaises*, 2e éd., Montréal, Éditions du Renouveau pédagogique, 1991.

LANGLOIS, Gérard, *Le petit Guérin express : étymologies, synonymes, homonymes, analogies, difficultés*, Montréal, Guérin, 1985.

MAGNUSON, Wayne, *Canadian English Idioms: Sayings and Expressions*, Calgary, Prairie House Books, 1990.

NIOBEY, Georges *et al.*, *Dictionnaire analogique*, Paris, Larousse, « Expression », 1992.

NIOBEY, Georges *et al.*, *Dictionnaire analogique. Répertoire des mots par les idées, des idées par les mots*, Paris, Larousse, « Langue française », 1994.

PARTRIDGE, Eric, *A Dictionary of Slang and Unconventional English: Colloqualisms and Catch Phrases, Fossilised Jokes and Puns, General Nicknames, Vulgarisms and Such Americanisms as Have Been Naturalised*, Paul BEALE (ed.), 8th ed., London, Routledge & Keagan Paul, 1984.

PÉCHOIN, Daniel, *Thesaurus. Des mots aux idées / Des idées aux mots*, Paris, Larousse, 1995.

Picturesque Expressions: A Thematic Dictionary, Laurence URDANG, editorial director; Walter W. HUNSINGER, editor in chief, second edition; Nancy LAROCHE, editor in chief, first edition, 2nd ed., Detroit, Gale Research Company, 1985.

REY, Alain et Sophie CHANTREAU, *Dictionnaire des expressions et locutions*, Paris, Dictionnaire Le Robert, « Les usuels du Robert – Poche », 1994.

ROUAIX, Paul, *Trouver le mot juste. Dictionnaire des idées suggérées par les mots*, Paris, Armand Colin, 1989.

SOUFFLET, Pascal, *Expressions et locutions anglaises : exemples, emplois, traductions*, Paris, Bordas, 1994.

SPEARS, Richard A., *NTC's American Idioms Dictionary*, Lincolnwood (IL), National Textbook Co., 1987.

VEYRON, Michel, *Dictionnaire canadien des noms propres*, Montréal, Larousse-Canada, 1989.

3.1.3 DICTIONNAIRES ET RÉPERTOIRES DE LANGUES DE SPÉCIALITÉ

BERNARD, Yves et Jean-Claude COLLI, *Dictionnaire économique et financier*, 5ᵉ éd. mise à jour et enrichie, Paris, Seuil, 1989.

BIEF, *Répertoire des sigles et acronymes en usage dans la francophonie*, 1998. http://206.231.118.6/bief/bief3/S.

BUREAU DE NORMALISATION DU QUÉBEC, *Système international d'unités (SI) – Définitions, symboles et principes d'écriture*, Québec, BNQ, 1992.

CANADA. BUREAU DES TRADUCTIONS, *Répertoire alphabétique de titres de lois fédérales = Alphabetical List of Titles of Federal Acts*, 4ᵉ éd., Ottawa, Direction générale de la terminologie et de la documentation, Bureau des traductions, « Bulletin de terminologie », nº 144, 1986.

CANADA. COMITÉ PERMANENT CANADIEN DES NOMS GÉOGRAPHIQUES, *Noms géographiques du Canada approuvés en anglais et en français = Canada's Geographical Names Approved in English and in French*, Ottawa, ministère de l'Énergie, des Mines et des Ressources, 1994.

COMMISSION DE TOPONYMIE DU QUÉBEC, *Répertoire toponymique du Québec 1987. Supplément cumulatif 1997*, Québec, Les Publications du Québec, 1997.

Dictionnaire des industries : 36 000 définitions, index anglais-français, Paris, Conseil international de la langue française, 1986.

DUBOIS, Jean *et al.*, *Dictionnaire de linguistique et des sciences du langage*, Paris, Larousse, 1994.

DUTHU, Henri (dir.), *Nouvelle encyclopédie de la construction : 7000 mots clés*, 3ᵉ éd. revue et augm., Paris, Éditions du Moniteur, 1989, 2 vol.

GALISSON, Robert et Daniel COSTE (dir.), *Dictionnaire de didactique des langues*, Paris, Hachette, 1976.

GÉMAR, Jean-Claude et Vo HO-THUY, *Difficultés du langage du droit au Canada*, Brossard/Cowansville (Québec), Linguatech/Éditions Yvon Blais, 1990.

GINGUAY, Michel, *Dictionnaire d'informatique, bureautique, télématique, anglais-français*, 10ᵉ éd., Paris, Masson, 1990.

GINGUAY, Michel et Annette LAURET, *Dictionnaire d'informatique*, 5ᵉ éd., Paris, Masson, 1992.

GINGUAY, Michel, *Dictionnaire français-anglais d'informatique : bureautique, télématique, micro-informatique*, 6ᵉ éd. revue et augm., Paris, Masson, 1993.

GLADSTONE, William et Pierre J. ROCHE, *Dictionnaire anglais-français des sciences médicales et paramédicales = English-French Dictionary of Medical and Paramedical Sciences + Dictionnaire des sciences médicales et paramédicales + Dictionary of Medical and Paramedical Sciences*, 3ᵉ éd., Saint-Hyacinthe, Edisem, 1990.

MANUILA, A. et L. MANUILA, *Dictionnaire français de médecine et de biologie*, Paris, Masson, 1970-1975, 3 vol.

MÉNARD, Louis et Fernand SYLVAIN, *Dictionnaire de la comptabilité et de la gestion financière*, Toronto, Institut canadien des comptables agréés, 1994.

OFFICE DE LA LANGUE FRANÇAISE, *Répertoire des avis terminologiques et linguistiques*, 4ᵉ éd. revue et augm., Québec, Les Publications du Québec, 1997.

QUÉBEC. COMMISSION DE TERMINOLOGIE JURIDIQUE, *Termes juridiques : vocabulaire français-anglais*, 2ᵉ éd. augm., Québec, ministère de la Justice, 1993.

« Recommandations relatives à la présentation française des noms de composés organiques ou comportant une portion organique », *Journal canadien de chimie = Canadian Journal of Chemistry,* vol. 67, nᵒ 6, 1989, p. III-VIII.

TECHNIQUES DE L'INGÉNIEUR, *Lexique des termes techniques, anglais, français, allemand, espagnol*, Montréal, Les éditions Arts, Lettres et Techniques, 1997, 2 vol. [Aussi offert en version CD-ROM].

UNIVERSITÉ DE MONCTON. CENTRE DE TRADUCTION ET DE TERMINOLOGIE JURIDIQUES, *Juridictionnaire : recueil des difficultés et des ressources du français juridique*, Moncton (N.-B.), École de droit, Université de Moncton, 1991- .

WALKER, Peter M. B., *Chambers Science and Technology Dictionary*, Edinburgh, W. and R. Chambers, 1974.

3.2 ENCYCLOPÉDIES

3.2.1 ENCYCLOPÉDIES GÉNÉRALES

AUBRY, Alain, *Encyclopaedia Universalis*, Paris, Encyclopaedia Universalis, 1995-1996, 27 vol.

Britannica CD, Chicago, Encyclopaedia Britannica, 1997 [Contient aussi : *New Encyclopaedia Britannica, Merriam-Webster's Collegiate Dictionary*].

CD-ROM Universalis, version 1.0, [Logiciel], Paris, Encyclopaedia Universalis, 1995. 1 disque au laser; 1 guide de l'utilisateur.

Encyclopédie Encarta 98, [CD-ROM], Redmond, Microsoft Corporation, 1998 [Mise à jour annuelle].

La grande encyclopédie, éd. rev. et corr. de 1979, nouveau tirage, Paris, Librairie Larousse, 1988-1989, 21 vol.

Larousse multimédia encyclopédique, version Windows [PC ou Mac], [CD-ROM], Paris, LiRisinteractive, 1998.

The 1996 Canadian Encyclopedia Plus: The Complete Multimedia Reference Work on CD-ROM, Toronto, M & S Multimedia, 1996©1995 [Contient aussi : *Canadian Encyclopedia, Gage Canadian Dictionary, Columbia Encyclopedia, Enhanced Roget's U.S. Electronic Thesaurus*].

3.2.2 ENCYCLOPÉDIES SPÉCIALISÉES

Association pour le développement et la vulgarisation des techniques agricoles, *Techniques agricoles. Encyclopédie agricole permanente*, Paris, Éditions techniques, 1960-   .

Encyclopédie du marketing : techniques commerciales, nouv. éd., Paris, Éditions techniques, 1978, 7 vol. + mises à jour.

Encyclopédie Larousse des sciences, version 1.1, [CD-ROM], Paris, LiRisinteractive, 1996.

Encyclopédie médico-chirurgicale, Paris, Éditions techniques, 1929-   [Collection et fascicules irrégulièrement mis à jour].

GREENWALD, Douglas, *The McGraw-Hill Encyclopedia of Economics*, 2nd ed. [*Encyclopedia of Economics*], New York, McGraw-Hill, 1994.

SILEM, Ahmed (dir.), *Encyclopédie de l'économie et de la gestion*, nouv. éd. mise à jour, Paris, Hachette, 1994.

Techniques de l'ingénieur, Paris, Techniques de l'ingénieur, 1947- [Collection régulièrement mise à jour]. http://www.techniques-ingénieur.fr

4 TRADUCTOLOGIE

DARBELNET, Jean, « Traduction littérale ou traduction libre? », *Meta*, vol. 15, n° 2, 1970, p. 88-94.

DURIEUX, Christine, « Le raisonnement logique : premier outil du traducteur », Marianne LEDERER (dir.), *Études traductologiques en hommage à Danica Seleskovitch*, Paris, Minard, « Lettres modernes », 1990, p. 189-200.

DURIEUX, Christine, « La finalité : critère de taxinomie des traductions », *Contrastes*, n° A 10, 1991, p. 39-52.

HATIM, Basil et Ian MASON, *Discourse and the Translator*, New York, Longman, 1990.

LAPLACE, Colette, *Théorie du langage et théorie de la traduction*, Paris, Didier Érudition, « Traductologie », n° 8, 1994.

LAROSE, Robert (dir.), « L'erreur en traduction », *TTR*, vol. 2, n° 2, 1989.

LAROSE, Robert, *Théories contemporaines de la traduction*, 2ᵉ éd., Québec, Presses de l'Université du Québec, 1989.

MOSSOP, Brian, « Translating institutions: A missing factor in translation theory », *TTR*, vol. 1, n° 2, 1988, p. 65-71.

NEUBERT, Albrecht and Gregory SHREVE, *Translation as Text*, Kent (OH), The Kent State University Press, 1992.

NIDA, Eugene A. and Charles R. TABER, *The Theory and Practice of Translation*, Leiden, E.J. Brill, 1974©1969.

PERGNIER, Maurice, *Les fondements socio-linguistiques de la traduction*, éd. remaniée, Lille, Presses universitaires de Lille, « Étude de la traduction », 1993.

SÉGUINOT, Candace, « Understanding why translators make mistakes », *TTR*, vol. 2, n° 2, 1989, p. 73-81.

SÉGUINOT, Candace, « Interpreting errors in translation », *Meta*, vol. 35, n° 1, 1990, p. 68-73.

TABER, Charles R. et Eugene A. NIDA, *La traduction : théorie et méthode*, Londres, Alliance Biblique Universelle, 1971.

VERMEER, Hans J., « Skopos and commission in translational action », Andrew CHESTERMAN (ed.), *Readings in Translation Theory*, Helsinki, Oy Finn Lectura, 1989, p. 173-200.

VINAY, Jean-Paul et Jean DARBELNET, *Stylistique comparée du français et de l'anglais. Méthode de traduction*, nouv. éd. revue et corr., Montréal, Beauchemin, 1977. (1re éd., 1958.)

5 PÉRIODIQUES

CANADA. BUREAU DE LA TRADUCTION, *L'Actualité terminologique* = *Terminology Update*, Secrétariat d'État du Canada, Ottawa, « Bulletin du Bureau de la traduction ». [De 1968 à mars 1981, titre et texte uniquement en français. Par la suite, texte en français ou en anglais. Publié depuis 1994 par Travaux publics et Services gouvernementaux Canada. Irrégulier].

CONSEIL INTERNATIONAL DE LA LANGUE FRANÇAISE, *La Banque des mots*, Paris, PUF [Semestriel].

Meta = *Journal des traducteurs*, Montréal, Les Presses de l'Université de Montréal.

OFFICE DE LA LANGUE FRANÇAISE, *Infolangue,* Sainte-Foy (Québec), Les Publications du Québec, ©1996- [Fait suite à *Francisation en marche*; 4 fois par année].
[http://www.olf.gouv.qc.ca/service/pages/p10f.html].

OFFICE DE LA LANGUE FRANÇAISE, *Terminogramme. Bulletin de recherche et d'information en aménagement linguistique et en terminologie*, Québec, Office de la langue française [Irrégulier].

ORDRE DES TRADUCTEURS ET INTERPRÈTES AGRÉÉS DU QUÉBEC, *Circuit*, Montréal (Québec), Société des traducteurs du Québec/Ordre des traducteurs et interprètes agréés du Québec [4 fois par année].

RADIO-CANADA, *Que dire?* http://radio-canada.ca/comm/quedire [Irrégulier].

TTR/Traduction, terminologie, rédaction, Montréal, Association canadienne de traductologie, Université McGill.

6   CORRECTICIELS

Antidote 98, version 2, [CD-ROM], Montréal, Druide Informatique, 1998.

Correcteur 101 Pro, version 3.5, [Logiciel et CD-ROM], Montréal, Machina Sapiens, 1996.

7   DOCUMENTATION

HOPPER, Christophe et Christian VANDENDORPE, *Aides informatisées à l'écriture*, « Théories et pratiques dans l'enseignement », Montréal, Éditions Logiques, 1995.

LEBLANC, Sylvie, « Tous les chemins mènent au CD-ROM », *Circuit*, n° 48, 1995, p. 30-33.

8   QUELQUES SITES

http://www.olf.gouv.qc.ca/service/pages/p08.html : Office de la langue française du Québec.

http://www-rali.iro.umontreal.ca/TransSearch/TS-simple-ufr.cgi : Équipe de recherche en traduction assistée par ordinateur (TAO) du Centre d'innovation en technologies de l'information (CITI).

http://cidif.org : Centre international de développement des inforoutes en français.

http://www.users.skynet.be/sky37816/Ortho.html : Bibliographie (orthographe et typographie).

AGMV Marquis

MEMBRE DE SCABRINI MEDIA

Québec, Canada
2004